Yeni Büyük Çöküş

D1729456

Yeni Büyük Çöküş
Pandemi Sonrası Dünyanın Kazanan ve Kaybedenleri
JAMES RICKARDS

The New Great Depression
Winners and Losers in a Post-Pandemic World
© Penguin Group (USA) Inc.
Akçalı Telif Hakları aracılığıyla

©Scala Yayıncılık
Sertifika no: 44921

1. Basım Ocak 2021
ISBN 978-625-7191-13-5

Dizi Editörü
Hakan Feyyat

Çeviri
Ali Perşembe

Redaksiyon
Cengiz Ayvaz - Tuğba Atamtürk

Grafik Tasarım
Aydın Tibet

Ofset Hazırlık
Scala Yayıncılık

Baskı
Egem Basım Yayın Sanayi ve Tic Ltd.
Maltepe Mah. Gümüşsuyu Cad. Odin İş Merkezi
B Blok Kat: 2 No: 436 Topkapı / İstanbul
Serfika no: 43624

Scala Yayıncılık
İstiklal Cad. Han Geçidi Sok. 116-3B
Galatasaray Beyoğlu - 34430 İstanbul
Tel: (0212) 251 51 26
Faks: (0212) 245 28 43
e-mail: scala@scalakitapci.com

İnternet satış
scalakitapci.com

Yeni Büyük Çöküş

Pandemi Sonrası Dünyanın Kazanan ve Kaybedenleri

JAMES RICKARDS

Çeviri
Ali Perşembe

SCALA®
YAYINCILIK

Yeni virüsten mağdur olanlara, olacaklara ve ailelerine... Ve Yeni Büyük Çöküş mağdurlarına...
Ve Sara Kelsey'in anısına... "Ölmek için çok genç."

Ve gökte başka bir işaret gördüm, yüce ve harikulade, yedi melek son yedi belayı yaşıyor;

Çünkü içleri Tanrı'nın gazabıyla dolu.

Vahiy 15:1-İncil

İÇİNDEKİLER

Giriş

Tarihsel olarak, pandemiler insanları geçmişten kopmaya ve dünyalarını yeniden hayal etmeye zorladı. Bu da farklı değil. Bir kapı, bir dünya ile diğeri arasında bir geçit.

Arundhati Roy, *The Pandemic is a Portal* (Pandemi Bir Kapıdır). 3 Nisan 2020[1]

Eski normale dönmek zor olacak, özellikle eski normale dönemeyeceğimizin bize devamlı olarak hatırlatıldığı şimdilerde.

Lionel Shriver[2]

Bu kitap küresel bir çöküşe yol açan o virüs hakkında. Daha doğrusu, o virüse verdiğimiz tepkinin nasıl küresel bir çöküşe yol açtığı hakkında. Bir virüs hastalık ve pandemi yaratabilir, ama doğrudan ekonomik bir çöküş yaratmak bizim işimiz.

Viral saldırı netleştiğinde birçok seçim yaptık. Bu seçimler, bilim ve ekonomi ışığında bazen mantıklı bazen de yanlıştı. Virüs yeni bir şey olduğu ve bilim insanlarının hepsi aynı görüşte olmadığı için bilimin önümüze serdiği seçimler hem çelişkili hem de kafa karıştırıcıydı. İyi de, bu ekonomik seçimlerin çelişkili ve kafa karıştırıcı olduğunu söylemek pek işe yaramıyor. Ne olursa olsun, bilim insanları ve ekonomistler hastalığın aniden ortaya çıkışı ve ölümcüllüğünün yarattığı aşırı baskı altında en iyi niyetleriyle hareket ettiler. Yapabileceklerinin en iyisini yaptılar. Bu koşullar altında, başka bir uzman ekibin daha iyisini yapabileceğinden emin olamayız.

Her krizde olduğu gibi, bunda da kahramanlar vardı. Hemşireler, doktorlar ve hastane çalışanları yeni enfeksiyon vakaları altında ezildiler ve ilaç, koruyucu giysi ve tedavi ekipmanı kıtlığıyla mücadele ettiler. Hepsi bitkinliğin son noktasına kadar çalıştı. Bazıları virüs kaptı, bazıları da ne yazık ki hayatını kaybetti. İnsanlar hastane koşulları müsait değilken veya yetersizken virüs kapan sevdiklerine refakat etmek zorunda kaldılar. Temizlik ve sağlık çalışanları virüsü yok etmek için caddeleri ve binaları baştan sona, dıştan içe fırçalarla ovup yıkadılar. Hayır kurumları karantina altındakilere veya eve kapanmak zorunda kalanlara yiyecek götürdüler. Dini kurumlar çıplak arazilere çadır hastaneler kurdu. ABD Kara Kuvvetleri İstihkam Birliği, Ulusal Muhafızlar ve diğer askeri kurumlar New York kentindeki Javits Center gibi kongre merkezlerine ve açık kamu alanlarına bir gecede sahra hastaneleri inşa ettiler.

Gümrük ve sınır devriyeleri ülkeye gelenlere karşı bir sağlık kalkanı olarak iş gördü. US Navy (ABD Donanması) sistemleri aşırı zorlanan kentleri, ilave yoğun bakım ve ameliyat üniteleri ile desteklemek için iki hastane gemisi (Los Angeles'e USNS *Mercy* ve New York City'ye USNS *Comfort*) tahsis etti. İtalya, İspanya, Brezilya ve İngiltere gibi kötü darbe yiyen ülkelerde de aynı gayretlere şahit olduk. Daha birçok isimsiz kahraman var. Hepsi dualarımızı ve minnetlerimizi hak ediyor.

Yine de virüs mağdurlarının çektiği eziyet ve sağlık çalışanlarının fedakârlığı, farklı bir perişanlığı -Yeni Büyük Çöküşü- göz ardı etmemize yol açmamalı. Pandemi karşısında yapılan politik seçimler ABD tarihinin en büyük ekonomik çöküşüne neden oldu. Ve bu çöküş sadece ABD'ye özel değil. Pandemi Çin'de başladı. Eğer Çin'in açıkladığı verilere güvenecek olursak, vaka sayısı bakımından en çok etkilenen yer ABD oldu. Dünyanın en büyük iki ekonomisi olarak ABD ve Çin dünya gayri safi hasılasının yüzde 40'ını üretiyorlar. Eğer İtalya, Fransa, İspanya, Almanya ve diğer büyük ekonomileri içinde barındıran ve virüse 120 bin* kayıp veren Avrupa Birliği'ni de tek bir ekonomi olarak sayıp Çin ve ABD'ye eklersek, pandemi nedeniyle kapanan işlerden etkilenen küresel üretimin oranı yüzde 60'ı geçiyor.

Olayı 2008 küresel finans krizi, 2000 dot.com çöküşü ve 1998 finansal paniğiyle karşılaştırmak işin vahametini ıskalıyor. He ne kadar etkilenenler için vahim olsa da o krizler bugün karşı karşıya olduğumuzla karşılaştırıldığında hava cıva kalıyor. 1929-1940 arası süren Büyük Buhran daha iyi bir referans olabilir ama o felaket bile 2020'de olan bitenler ve daha başımıza geleceklerin çapı karşısında küçük. Büyük Buhran sırasında hisse senetlerinin yüzde 89,2 değer kaybedişi, 1929-1932 arasındaki 4 yıl içinde aşamalar hâlinde gerçekleşti. Hâlbuki Yeni Büyük Çöküş'ün neden olduğu 45 milyon iş kaybı (ABD'de) sadece 4 ay içinde oluştu ve gerisi de geliyor.

Bu kitap viroloji değil, ekonomi perspektifiyle yazıldı, Yine de konular iç içe. Virüsü (SARS-CoV-2)[3] tartışmadan Yeni Büyük Çöküş hakkında bir kitap yazmak 2005 yılında New Orleans'ta yaşanan ölümleri ve yıkımı Katrina Fırtınası'ndan bahsetmeden yazmak gibi olurdu. İşte virüs o fırtına. Çöküş onun patikasındaki yıkım. Hikâyenin tamamını görmek için her ikisini de anlatmak gerek.

Virüs nedir? Bilim insanları tam emin değiller. Virüs hakkında çok şey biliyorlar ama yüz yıllık müthiş bir bilimsel ilerlemeye rağmen tıp hâlâ fikir birliğine varmış değil.[4] Yazar John M. Barry'nin *The Great Pandemic* (Büyük Pandemi) isimli kitabında açıkladığı gibi virüsler hâlâ tam anlaşılamamış:

Virüsler gıda tüketmiyor veya oksijen yakmıyorlar. Metabolizmaya ait sayılabilecek bir süreçten geçmiyorlar. Dışkı da üretmiyorlar. Cinsel faaliyetleri yok. Kazaen

---

* Kitapta yer alan pandemiye ilişkin bazı rakamlar, kitabın yazıldığı döneme ait verileri yansıtıyor. (ç.n.)

veya kasten ürettikleri yan ürünleri de yok. Bağımsız olarak bile üremiyorlar. Tam da yaşayan bir organizma değiller ama durağan bir kimyasallar derlemesinin de fazlasılar.[5]

Şurası da önemli ki bilim insanları virüsün bir yaşam formu olduğundan emin değiller. Bazıları, virüsün, daha sonra kendisinden daha gelişmiş diğer yaşam formlarına evrilecek ilkel bir yaşam formu olduğu görüşündeler. Diğerleri virüsün evrim değil *tersine evrim* geçirdiğine, yani virüsün daha gelişmiş bir yaşam formundan basitleşerek geldiğine ve bugün gördüğümüz şekle dönüştüğüne inanıyor. Bir başka görüş de virüslerin canlı bir hücreden ayrılıp kendine has özellikleriyle ortaya çıkan ama tam olarak canlı sayılamayacak bir şekilde dünyaya geldiklerini savunuyor. Virüsün yaşayıp yaşamadığını bile bilmemek, insanoğlunun bu mikroskopik düşmanla mücadelesinin sadece başlangıcı.

Bildiğimiz şey virüsün bir çoğalma ustası olduğu. Bunu kendi başlarına yapmıyorlar. Aksine, yaşayan bir hücreyi işgal ettikten sonra ev sahibi hücrenin enerji ve DNA'sını ele geçirip kendi genlerini (DNA'nın daha basit bir şekli olan RNA ile kodlanmış) yerleştirerek ev sahibi hücreye virüsü çoğaltması için talimat veriyorlar. Zaman içinde hücre duvarı çatlıyor, kopyalanan virüsler dışarı çıkıyor ve tüm süreç baştan başlıyor, hem de çok daha büyük bir ölçekte. İşte viral akın başladı.

Bir virüs, içinde genetik kodu olan yumurta şeklinde bir kılıftan başka bir şey değil. Çoğalmanın anahtarı kılıfın yüzeyinde. Grip virüsünün iki tür yumrusu var. İlki hemaglütininden (kan kümeleştirici "H") oluşan bir mızrak. İkincisi nöraminidazdan (bir glikosid hidrolaz enzimi "N") oluşan dikenli bir çalı şeklinde. Hemaglütin mızrakları Barry'nin sözcükleriyle "adeta bir gemiye atılan korsan kancaları gibi" hedef hücreye ilişiyor ve genetik istilayı başlatıyorlar. Nöraminidaz da bir koç başı gibi hedef hücrenin yüzeyindeki siyalik asidi parçalıyor. Aslında hedef hücreden patlayıp çıkan çoğalmış virüslerin asit kaplamaya yapışmaları gerek ama nöraminidaz sayesinde o kaplama parçalanıyor ve yeni virüsler diğer sağlıklı hücrelere hücum etmekte serbest kalıyorlar.

H ve N kısaltmaları grip salgınlarını bilen herkes için aşinadır. Bilim insanları hemaglütinin için on sekiz, nöraminidaz içinse dokuz ögesel şekli tanımlamışlardır. 1918 İspanyol gribi H1N1 tipindeydi. Hâlâ dolaşımda olan 1968 Hong Kong Gribi H3N2 tipinde. SARS-CoV-2'nin yapısı tam olarak tanımlanmamış durumda ve nasıl davrandığı hakkında da hâlâ çok yoğun araştırmalar devam ediyor. Bu araştımalar, pandeminin bu erken aşamasında bile virüsün hızlı mutasyonu yüzünden sonuç vermekte gecikiyor.

Ekonomik çöküş nedir? Bilim insanlarının bir virüsün yaşayıp yaşamadığını yanıtlamakta zorlandıkları gibi ekonomistler de bu soruyu yanıtlamakta güçlük çekiyorlar. Bilim insanları en azından bu soruyu yanıtlamak için uğraşıyorlar. Ekonomistler "çöküş" fikrinden vazgeçip o sözcüğü lügatlerinden sildiler bile. Gerçek bir dünya sorunuyla karşılaşınca kafayı kuma gömme adeti ekonomistlerin tipik davranış şekli. Çöküş diye bir şey var ve şu anda birinin içindeyiz. Ve aynı virüsün sağlıklı bir hücreye saldırması gibi, şekil değiştirip evrilerek sağlıklı ekonomilere saldırmaya hazır hâle geliyor. ABD ekonomisinin çöküşe girme frekansı pandemiye girme frekansından daha fazla olmadı. Ne var ki çöküşe girildiğinde sonuç ölümcül olabiliyor. Aynı bilim insanlarının aşı arayışı gibi, ekonomistler de yüksek işsizlik, üretim kaybı ve çöken dünya ticareti gibi sorunların üstesinden gelmek için politik çözümleri arıyorlar. Bilim insanları henüz tüm yanıtları bulamadılar ama bulmak için sağlam yöntemleri var. Ekonomistlerin yok. İşte bu yüzden Yeni Büyük Çöküş pandemiden daha uzun sürecek, daha kalıcı ve olumsuz yan etkileri olacak.

Ekonomistler "resesyon" sözcüğünü sevmezler. Resesyon hemen her yerde işsizlik artarken GSYİH'nin iki çeyrek üst üste küçülmesi olarak tanımlanmıştır. Resesyon ve toparlanmanın yargıcı olan National Bureau of Economic Research'ın (NBER-Ulusal Ekonomik Araştırmalar Bürosu)* resmi tanımı biraz daha karmaşık ama "iki çeyrek küçülme" kuralı iyi bir temel kural. Ekonomistler NBER'in resesyon tanımını uygun buluyorlar, çünkü nesnel, ölçülebilir ve dolayısıyla her denkleme uyarlanabilir.

Çöküş kavramı ise bu nesnel testten geçemiyor. Daha belirsiz bir tanımı var. Ölçmeyi olanak dışı bırakan güçlü psikolojik doğası var, denklemlere kolayca uyarlanamıyor. O kadar seyrek oluşuyorlar ki, Wall Street'in sözde ekonomik markasının can damarı olan regresyon ve korelasyonlarda kullanılan zaman dizilerinde bir rol oynamıyorlar.

Çöküş sözcüğünü kullananlar bile anlamını çarpıtıyorlar. Çoğu, eğer bir resesyon üst üste çeyrek iki GSYİH küçülmesiyse, çöküşün o zaman belki de beş veya daha fazla çeyreklik küçülme olduğuna inanıyor. Başka bir ifadeyle, çöküş denen şey sanki sadece uzamış bir resesyon. Bu doğru değil. 1929'da başlayan ilk Büyük Buhran iki teknik resesyonu ihtiva ediyordu. İlki GSYİH'nin yüzde 26,7 daraldığı Ağustos 1929-Mart 1933 arasında oluştu. İkincisi Mayıs 1937'den Haziran 1938'e kadar sürdü ve ekonomi yüzde 18,2 küçüldü. 1933-1936 arasında güçlü bir büyüme görüldü. Hisse senetleri 1933'te yüzde 63,7, 1934'te yüzde 5,4, 1935'te yüzde 38,5 ve 1936'da yüzde 24,8 yükseldiler. Ardından 1937'de ikinci resesyon vurdu, hisseler yüzde 32,8 değer kaybetti. Buna rağmen, tüm 1929-1940 dönemi Büyük Buhran olarak tanımlanıyor. 1933-1936 büyümesi hisse senetlerinin 1929-1932 arasında kaybettiklerini yerine

---

* Kar amacı gütmeyen özel bir kurum olan National Bureau of Economic Research (NBER-Ulusal Araştırmalar Bürosu) ABD'de resesyonun başladığını veya durduğunu bildirmekle yetkili kuruluştur. (ç.n.)

koyamadı. Hatta hisse senetlerinin 1929 zirvelerini yakalaması tam yirmi beş yıl sonra, 1954'te gerçekleşti. İşsizlik 1933 yılında görülen yüzde 24,9 zirvesinden geri döndü ama 1941 yılına kadar yüzde 14'ün üzerinde kaldı. Başka bir ifadeyle, 1933 sonrasında ekonomi iyileşti ama işsizlik, üretim ve hisse senedi değerleri o kadar kötü seviyelerdeydi ki ekonomik çöküntünün etkisi daha uzun yıllar devam etti.

Benzer bir durum da 1873-1897 arasında, ekonomi tarihçilerinin Uzun Çöküş diye adlandırdığı dönemde gerçekleşti. O 24 yıllık süre içinde farklı uzunluklarda 6 farklı teknik resesyon ve 3 finansal panik (1873, 1893 ve 1896) vardı. Bu azalan üretim ve finansal çöküş dönemleri arasında kayda değer bir gerçek büyüme ve muazzam bir teknolojik inovasyon vardı. Uzun Çöküş sırasında İç Savaş'ta İttifak tarafını finanse eden ABD'nin ilk yatırım bankası Jay Cooke&Company gibi iflaslar da oluştu. Bu döneme Uzun Çöküş denmesinin ana nedeni üretimin daralması değil, borçların gerçek boyutunu artırarak şirketlere ve tarıma yük olan kalıcı deflasyondu (bu konuya 4. Bölüm'de değineceğiz). Eğer bu 24 yıl size uzun geliyorsa, bir de 1990'da başlayıp 30 yıl süren Japonya'daki çöküşü hatırlayın.

Bu da bizi çöküş kavramının gerçek anlamına getiriyor. Çöküş devamlı daralan üretim değil, çöküntü hâlindeki büyümedir. Eğer bir ekonomi yüzde 3 büyüme kapasitesine sahipken uzunca bir süre yüzde 2 büyüyorsa çöküntü hâlinde bir büyüme gösteriyordur. Bir ekonomik büyüme döneminde üretim daralmaları olabildiği gibi, bir çöküş döneminde de büyüme olabilir. Burada önemli olan çeyrek bazında performans değil, var olan potansiyele görece gerçekleşen uzun vadeli trenddir.

Çöküşün en iyi tanımını bize Keynes yaptı: "Ya toparlanmaya ya da tam bir çöküşe doğru bir gidiş eğilimi göstermeksizin normalin altında süregelen müzmin bir durum."[6]

Tarihe ve Keynes'in kullanışlı tanımına bakarsak, şimdi basit bir teknik resesyondan çok daha kapsamlı yeni bir çöküşün içindeyiz. Çöküşler sayısal oldukları kadar psikolojik birer olgudurlar. Üretim ve istihdam rakamları önemlidir ama davranışsal değişimler daha önemlidir. Büyüme geri döndüğünde -ki yakında dönecek- kazanımlar o kadar düşük seviyeden başlayacak ki pandemi öncesi üretim seviyelerine yıllar boyunca ulaşılamayacak. İşsizlik de düşmeye başlayacak ama çok yukarılardan gelindiği için milyonlarca işçi daha yıllar boyu zor zamanlar geçirecek. Rakamlar bir yana, davranışsal değişimler derin ve şiddetli olacak ve nesillere yayılacak. Beyaz Saray'ın "eski güzel günlerdeki gibi" kredi alın ve harcayın çığırtkanlığına rağmen insanlar daha az harcayıp daha fazla tasarruf edecekler. O eski güzel günler bitti.

Virüsler esrarengizler ve birçok bilimsel çalışmaya konu oldular ama gerçek olmalarına rağmen birçok ekonomist tarafından göz ardı ediliyorlar. Bu kitapta, virüs muammasının nasıl ortaya çıktığını ve ona gösterdiğimiz tepkinin nasıl küresel bir çöküşe sebebiyet verdiğini inceleyeceğiz. Virüsü çöküşün müsebbibi olarak gösteremeyiz; çöküşün müsebbibi, virüse verdiğimiz tepkiden dolayı biziz. İşte çöküşün gerçek nedeni bu tepki. Bunun acısını virüsün kontrol altına alınmasından sonra bile uzunca bir süre çekeceğiz.

Bilim hakkında da bir kelam edelim. Bazı epidemiyolog ve immünologlar ekonomi analistlerinin burunlarını tıbba sokmalarından şikayetçiler. Virüsler, grip, aşılar ve pandemiler bilimi hayli teknik. Konu hakkında ustalaşmak uzun uzmanlık eğitimi ve doğru uygulama klinik ve laboratuvar deneyimi gerektiriyor. Elbette öyle.

Ne var ki Başkan Trump'un danışmanı olan Dr. Anthony Fauci gibi immünologlar, kamu ekonomi politikalarının uygulanması konusunda işe burunlarını sokmaktan geri kalmadılar. Sadece kanıtlara dayalı önerilerde bulunup ekonomi politikasını başkalarına bıraktıklarını söylüyorlar ama bu doğru değil. İmmünologlar SARS-CoV-2 virüsünün yayılmasını önlemek için dünyanın en büyük ekonomisinin karantinaya alınmasını talep ettiklerinde aslında tarihin en güçlü ekonomik politika değişimini yürürlüğe koymuş oluyorlar. İkisini birden yapamazsınız. Bir yandan ekonomi politikası yapıcılarının immünologların işine karışmamalarını isteyip diğer yandan ABD ve dünya ekonomisini temelden değiştiremezsiniz (belki de on yıllarca).

Zamanı gelince, ABD ekonomisinin 2020 yılında karantinaya alınmış olması tarihin en büyük politik çuvallaması olarak görülecek. Kaybedilen servet ve gelir trilyon dolarlarla ölçülecek. Kurtarılan hayatlar veya önlenen zarara takılmayın, önümüzde aynı etkiyi gösterecek politika seçenekleri vardı ama denenmedi. Kırk beş milyon Amerikalının işini kaybetmesine yol açan politikalarda ısrarcı olan epidemiyologların; uyuşturucu, alkol, intihar ve ümitsizlik yüzünden kaybedilen hayatları hesaba kattıklarına dair elimizde bir kanıt yok.

1968-1969 arasında H3N2 grip suşu dünyayı kırıp geçirdi. Hong Kong Gribi olarak bilinen bu lânet dünyada yüz bini Amerikalı olmak üzere 1 milyonun üzerinde kişiyi öldürdü.[7] Ölüm sayısı bazında, 1957-1958 arasının Asya Gribi ve 1918-1920 yıllarının İspanyol gribinden sonra kayıtlara geçen en büyük üçüncü pandemiydi. Ölenler arasında CIA Direktörü Allen Dulles ve Hollywood efsanesi Tallulah Bankhead gibi tanınmış isimler vardı. Başkan Lyndon Johnson da enfekte oldu ama kurtuldu. Bir Apollo astronotu, Frank Borman, uzaydayken gribe yakalandı. Trajik sayıda can kaybına yol açan vahşi bir pandemiydi ama *karantina uygulanmadı*. Amerika'da hayat eskisi gibi devam etti. Bilim insanları bir aşı üzerinde çalıştılar (1969 Ağustos'unda bulundu) ve halk bilim insanlarına güvendi. Ama hayat devam etti. Woodstock konserleri bu pandemi sırasında yapıldı. Woodstock'ta sosyal mesafe diye bir şey yoktu.

Bu, bulaş önlemlerinin bugün kullanılmaması gerektiği anlamına gelmiyor. Kullanılmalı, ama 21 trilyonluk bir ekonomiye kilit vurmak isteyen immünologlar farklı görüşte olan analistlere de kulak vermeliler. Bu kitap için araştırma yaparken hem epidemiyoloji hem de ekonomi hakkında çok sayıda uzman meslektaşın incelemesinden geçmiş çalışma okudum. Her iki bilim de konuyu anlamak için gayret göstermek isteyen eğitimli ama meslekten olmayan kişiler için hayli ulaşılabilir. Ben bir epidomiyolojist değilim ama bilimden de gözüm korkmuyor. Herhâlde Johns Hopkins Üniversitesi'nden iki diploma almış olmak, işin içine doğa bilimleri girdiğinde yaşanan akademik kaygılara karşı bana bağışıklık kazandırdı. Elbette kamu politikası ve ekonomik analiz dünyasına en üst düzeyde aşinayım.

1. Bölüm SARS-CoV-2 virüsü ve COVİD-19 pandemisinin başlangıcı hakkında yapılan en iyi bilimsel çalışmaları inceliyor. 2. Bölüm küresel ekonomik karantinanın maliyet ve kaosunun resmini çiziyor. 3. Bölüm Yeni Büyük Çöküş'ü hem sayısal hem de düşüşe kapılan bireylerin perspektifinden tarif ediyor. Yakında toparlanma başlayacak ama yavaş olacak ve uzun sürecek ve hayat bu süreçten en çok etkilenecek olan düşük gelirli Amerikalılar için çok zor olacak. 4. Bölüm Federal Reserve'nin ortaya saçtığı 5 trilyon doların ve yine Kongre'nin 5 trilyonluk açık bütçe harcamasının neden işe yaramayacağını açıklıyor. Para basmak ve büyük harcamalar ekonomide ışıkların sönmemesine yardımcı olabilir ama bu politikaların "teşvik" anlamına geldiği sanılmasın. ABD, pek bilinmeyen bir politika uygulamasını hariç tutarsak, teşviklerin mümkün olabileceği o noktayı çoktan geçti bile. 5. Bölüm ne pandeminin ne de ekonomik çöküşün beklememiz gereken en kötü sonuçlar olmadığını gösteriyor. Toplumsal kargaşa her gün kendini her köşede gösteriyor. Medeniyetin yaldızı iyice incelmiş durumda ve kâğıdı hâlihazırda yırtık. 6. Bölüm yatırımcılara pandemi sonrası için somut yatırım stratejileri sunuyor. Sonra da, Sonuç bölümü ekonomiyi kurtaracak olan ekonomi politikasının ne olması gerektiğini anlatıyor. Bu politika politikacılar tarafından anlaşılmış değil ve ekonomistler tarafından da hor görülüyor. Hâlbuki, yirminci yüzyılda iki başkan tarafından kullanıldı ve her iki durumda da başarılı oldu. Politika yapıcılar ekonomiyi kurtarmak için bu planı kullanmasalar da servetinizi korumak ve pandemi sonrası dünyada başarılı olmak için siz kullanabilirsiniz. Umarım bu plan hak ettiği desteği bulur ve hem ekonomi hem portföyünüz serpilir.

Haydi bu yerle bir olmuş coğrafyadaki turumuza başlayalım ve daha iyi bir yere giden yolu bulup bitirelim.

Yeni Büyük Çöküş

Birinci Bölüm

Yeni Bir Virüs - Çin'den Yakınınızdaki Bir Kasabaya

Tüm gerçek bilim insanları sınırlardadır. En az tutkulu olanları bile bilinmeyenle cebelleşir, o bilinmeyenin bir adım arkasında olsa bile. Aralarındaki en iyiler yabanın derinliklerine, hemen hiçbir şey bilmedikleri yere doğru ilerlerler.

— John M. Barry, The Great Influenza (2005)

Dünya Wuhan'da doğan virüsün ömrünü tamamlamasını bekliyor. Bu hiçbir zaman gerçekleşmeyebilir.

Virüs normal mutasyonunda şiddetini azaltacak. Kitleler zamanın geçmesi ve virüse maruz kala kala grup bağışıklığı kazanabilirler. Yeni tedavi ve terapiler kötü sonuçları engelleyebilir ve hayat kurtarabilir. Ne var ki aşı, imkânsız olmasa da hâlâ çok uzağımızda olabilir. Bugüne dek bilinen altı koronavirüs için de bağışıklık kazandıran bir aşı bulunmadı. Medyada duyduğunuz o mucize ilaçlar, virüs yüzünden zayıf düşmüş hastalara fırsatçı bir şekilde saldıran grip gibi hastalıklara karşı bağışıklık kazandırabilir. Geliştirilme aşamasında olan bazıları da virüs enfeksiyonlarının neden olduğu komplikasyonları tedavi edebilir, acıyı azaltabilir ve hayat kurtarabilir. Bu ilaçlar gayet değerli ve dünyanın virüsle başa çıkmasına yardımcı olacaklar. Henüz, hiçbiri kesin tedavi değil. O tedavi hiçbir zaman geliştirilemeyebilir ve sadece görünmez bir saldırganla imzalanan geçici bir anlaşma olarak kalabilir.

Koronavirüs olarak bilinen virüsün ismi SARS-CoV-2. Virüsün neden olduğu hastalığın ismi de COVİD-19. Hastalığın kendisi bir sır. Kendisini normal bir nezleden biraz daha fazlası olarak öksürükle, az ateşle, baş ağrısıyla ve burun akıntısıyla gösterebilir. Bazı durumlarda, enfeksiyon bir semptom bile yaratmayabilir. Ancak daha sonra yapılan bir testle fark edilen, görünmez bir antikorun izleri haricinde hiçbir işaret bırakmadan avının içinden geçip giden bir hastalık gibi.

Ama bazı durumlarda da şiddetli ve ölümcül. Hastalar akciğer iltihaplanması sonucunda nefes almakta güçlük çekiyorlar. Akciğerlerdeki küçücük torbalar sıvıyla doluyor ve ciğerlerin kana oksijen iletmesini engelliyor. Yani bir bakıma hasta kendi bedensel sıvılarında boğuluyor, buna da akciğer ödemi deniliyor. Bazı hastalar akciğerlerde şiddetli ağrı çekiyor ve sanki kırık cam yutuyormuş gibi hissediyorlar. Yüksek ateş de hastaya sıkı bir darbe vuruyor.

O aşamadan sonra komplikasyonlar hızla artıyor. Oksijen girişi azalır azalmaz organ yetmezliği baş gösteriyor. Türlü şeyler olabilir: Böbrek yetmezliği, kalp krizi, kan pıhtılaşması, yüksek tansiyon veya kan zehirlenmesi. Hasta zayıf düşmüşken farklı virüs ve bakterilerin meydanı boş bulup hücum etmesiyle başka enfeksiyonlar da oluşuyor. Bunlar da grip ve hem bakteriyel hem de virütik zatürre ile sonuçlanıyor. Bu komplikasyonların bazıları teker teker tedavi edilebilir ama hepsine tek bir tedavi yok.

En kötü vakalarda, komplikasyonlar tıbbın hâlâ anlamadığı bir şekilde hemen her organı ve bedensel sistemi vuruyor. Bazı hastalar bilişsel bozukluklar ve halüsinasyonlara neden olan beyin zedelenmesi ve sinir sistemi arızaları yaşıyor. Koku ve tat kaybı çok yaygın. Felç ve bağırsak enflamasyonu da rapor edilmiş. Akut vakaların önemli bir yüzdesinde yüksek ateş, akut solunum yetersizliği ve birden çok enfeksiyon oluşuyor; bütün bunların hızla bir arada gerçekleşmesi ölüme yol açıyor.

Maruz kaldığımız enformasyon selinin içinde -ki bazıları uzman, bazıları pervasız- iki noktada açık ve net olmak çok önemli. COVID-19 bir tür grip veya zatürre değil. Bunlar COVİD-19 hastalarını vurabilecek farklı hastalıklar. Diğer COVİD-19 komplikasyonlarıyla bir araya geldiklerinde ölümcül olabilirler. COVİD-19 kendisi garip yeni bir hastalık. Saf hâliyle ve komplikasyonsuzken kendisini, benim de yüksek irtifada dağcılık yaptığım dönemde başıma gelen bir tür akut dağ tutması gibi gösteriyor. Bir dağcı için en iyi tedavi hemen alçalmak ki bazı aşırı durumlarda Gamow Çantası denilen portatif bir kompresyon odası veya ambulans helikopter gerekiyor. Aslında konu hızla daha fazla oksijen alabilmek. Bir COVİD-19 hastası için de bir sonda veya yüz maskesi ile uygulanan saf oksijen desteği en etkili tedavilerden biri.

Bu saf oksijen terapisi, İngiltere Başbakanı Boris Johnson'un Nisan 2020'de iki hafta sürecek olan akut COVİD-19 atağında kullanıldı. Johnson gazetecilere "Birkaç günde sağlığımın bu kadar bozulabileceğine inanmak hayli güç"[2] dedi. Johnson'un doktorları doğru seçimi yaptılar. Alternatifleri suni teneffüs cihazı veya yapay koma idi. Aşırı suni teneffüs cihazı kullanımının COVİD-19 vakalarında faydasından çok zararı olduğu ve birçok vakada ölüme yol açtığına dair şimdiki kanıtlar hayli güçlü.[3] Çoğu hastanın mekanik ventilasyona ihtiyacı yok. Oksijene ihtiyaçları var.

COVİD-19'un gizemini, hastalarda görülen bir dizi olağan dışı komplikasyon ve deneyimli profesyonellerin tamamıyla yeni bir hastalığa karşı gösterdikleri tepkiye odaklanan *The Wall Street Journal* gazetesi şöyle anlattı:[4]

> Virüsün garip etkileri, doktorların genelde diğer virütik enfeksiyonlarda gördüklerini söylediklerinin çok ötesinde. New York'ta akut böbrek yetmezliğinden yatan COVİD-19 hastalarına bakan nefrolog Maya Rao şöyle anlatıyor: "Bir sürü sisteme hücum ediyor, kimin kapabileceğini anlamıyoruz."
>
> ... Boston'da felç geçirmiş COVİD-19 hastalarına bakan nörolog Magdy Selim ise "Bazı enfeksiyonlarda benzer şeylerle karşılaşıyoruz, ama bütün bu kombinasyonlar tek bir hastada görülmüyor. Bunlar gerçekten kötü hastalar" diyor.

Aralık 2019-Mart 2020 arasındaki birkaç ay içinde COVİD-19 bölgesel bir salgından küresel bir pandemi hâline evrildi. 2020 Temmuz'unun başına gelindiğinde dünyada ölenlerin sayısı 500 bini geçmiş ve sürekli yükselmeye devam ediyordu.

Pandeminin bu kitabın konusu olan ekonomik etkilerine dönmeden önce SARS-CoV-2 virüsünün doğuşu ve yayılmasının izini sürmek önemli. Bu ne kadar tıbbi bir araştırma olsa da hâlâ gizem dolu. Neyse ki bol ipucu var. Virüsün yayılmasının jeopolitik sonuçları, Soğuk Savaş'ın 1991'de sona ermesi ve 1929-1940 arasının Büyük Buhranı gibi çığır açan olaylara rakip olacak vahamette. Bu yayılmayı anlamadan virüsün sosyal sonuçlarını anlamak mümkün değil.

Çin'in ihmali (veya daha kötüsü) yerel bir salgının pandemi hâline gelmesine yol açtı. Hayat ve servet kaybı açısından en büyük bedeli Amerika ödedi. Bugün tüm ülkeler virüsü kontrol altına almak veya ekonomik molozu temizlemek ya da her ikisini de yapmaya çalışmakla meşgul. Oysa, dünyanın bu iki süper ekonomik gücü arasında pandemi sorumluluğu bazında henüz kapanmamış bir hesap var.

H. G. Wells'in klasik hâline gelmiş, ilk kez 1898 yılında yayınlanan bilim kurgu romanı *The War of the Worlds*'de (Dünyalar Savaşı) Marslılar dünyayı işgal ediyor ve ısı ışınları ve savaş makineleri ile ortalığı cehenneme çeviriyorlar. Son derece merhametsizler, insanları gördükleri yerde öldürüyor, Marslıların beslenmesi için bazılarının da kanını çekiyorlar. Sonunda Marslılar yeniliyor ama insan orduları değil, bağışık olmadıkları bir bakteri tarafından. Wells'in kitabında gizemli bir mikrop barışı getiriyor ve insanlığı kurtarıyor.

Şimdi tam tersi oluyor. Gizemli bir virüs ölüm getirdi ve sonunda, hasar görmüş ve demoralize olmuş ABD ekonomisi yüzünden bozulan ABD-Çin ilişkileri nedeniyle savaş da getirebilir. Bu virüs gizemini aydınlatmak için virüsün patikasıyla başlayıp onun girdabında dünya ekonomisinin girebileceği patikalara bakalım.

Wuhan'dan Dünyaya

Pandemi, 11 milyon nüfuslu Wuhan kentinde başladı. Wuhan, Çin'in iç bölgesindeki Hubei Eyaleti'nde, Şanghay ile Çongçing arasında yer alıyor. Tibet yaylasında doğup Şanghay'da Doğu Çin Denizi'ne dökülen, hem Çin'in en önemli su yolu hem de Asya'nın en uzun nehri olan Yangtze Irmağı kıyısında... Yangtze Irmağı Çin Han kültürünün kalbinde yer alıyor ve Wuhan da o kültür içinde bin yıl boyunca merkezi bir rol oynamış.

Wuhan'a giden Amerikalılar genellikle ya iş için orada bulunanlar ya da Üç Boğaz seferinden dönenler. Üç Boğaz, Yangtze Irmağı'nın dik bir kanyon oluşturup çetin akıntılara sahne olan dar bir kesimi. Wuhan'ın batısındaki Üç Boğaz Barajı'nın açılmasından önceki kadar etkileyici olmasa da olağanüstü manzaralar sunuyor. Baraj ırmağın boğazdaki su seviyesini 90 metre kadar yükseltti, yükseltirken de çevredeki tarihi yerleri su altında bıraktı. Wuhan'a, barajın inşaatı başlamadan önce, 1993 yılında sırf Üç Boğaz'ı, o tufan öncesi hâliyle görebilmek için gittim. Herkesin yaptığı gibi akıntı yönünde değil tam tersine, Çongçing'e doğru seyrettim ki tekne daha yavaş gitsin ve bu deneyimi daha sindire sindire hissedeyim. Wuhan'dan ayrılmadan önce, teknedeki berbat yemeği yememek için, hamur çorbasını en iyi yapan sokak satıcılarını bulmak amacıyla kentin dar sokaklarında dolaştım. Yaşlı bir kadın aradığımı yapıyordu. Derin tavada, yanında Çin biberleriyle pişiriyordu. İçinde ne olduğunu sormadım bile. Bugün aynı hatayı yapmam.

Wuhan'da geleneksel imalat devam etse de 350 araştırma merkezi ve binlerce yüksek teknoloji firmasıyla kent artık teknolojide de liderlik yapıyor. Bu merkezlerin arasında üç üst düzey biyolojik araştırma tesisi var. Biri de dördüncü seviye* Wuhan Viroloji Enstitüsü. Enstitü Ocak 2020'den beri bilfiil Çin'in en ileri gelen askeri mikrobiyologu olan Halk Kurtuluş Ordusu tümgenerali Çen Wei tarafından yönetiliyor.[5]

South China Morning Post gazetesinin yazdığına göre, Çin hükûmeti verileri, resmi olarak ilk kayda geçen COVİD-19 vakasının tarihini 17 Kasım 2019 olarak veriyor.[6] Hasta, Wuhan yakınlarında ikamet eden 55 yaşında bir Hubei sakini. Bu kişinin sıfır numaralı hasta olduğu kesin değil. O kişiyi bulmak için 17 Kasım vakasının temas izini sürmek gerekir. 17 Kasım öncesinde de vakalar olduğuna dair bazı kanıtlar var ama konu hakkında soruşturma hâlâ devam ediyor.

Hastalık Kasım ayında o noktadan 9 vakaya (doğrulanmış) sıçradı; dört erkek ve beş kadın. 31 Aralık 2019 tarihine gelindiğinde doğrulanmış vaka sayısı 266'ya

---

* Yazar Wuhan'daki laboratuvarın biyogüvenlik seviyesine işaret ediyor. Wuhan Viroloji Enstitüsü'nde bulunan Wuhan Ulusal Biyogüvenlik Laboratuvarı, Çin'in, en yüksek biyogüvenlik (BSL-4) standartlarını karşılayan ilk laboratuvarı olarak kurulmuştu. (ç.n.)

ulaştı. Salgınlar katlanarak yayılırlar. Birkaç vakayla başlayıp yavaşça büyüyüp sonra o üssel işlev devreye girince aniden patlarlar. COVİD-19'da da bu oldu.

Ocak 2020 bittiğinde Çin'de doğrulanmış toplam vaka sayısı hâlâ 10 binin altındaydı.[7] Şubat'ın sonunda bu sayı 80 bine yaklaştı. O tarihlerde olay artık sadece Çin'in salgını olmaktan çıktı. Çin dışında 5 bin vaka rapor edildi. Bunların binden fazlası sadece İtalya'daydı. Artık salgından pandemiye geçiş başlamıştı.

Çin'de yeni vakalarda bir patlama yaşanırken aynı zamanda sayılar kesinlikle gerçeği yansıtmıyordu ve bir devlet yanıltması yapılıyordu. Wuhan ve Çin'deki gerçek yayılma çok daha kötü boyutlardaydı. Amerikan Girişimcileri Enstitüsü tarafından yapılan, güvenilir seyahat verilerine ve enfeksiyon oranları için makul varsayımlara dayanan bir çalışma Çin'deki COVİD-19 vakalarının sayısını 2,9 milyon olarak tahmin ediyor.[8] 200 bin Çinli ölmüş olabilir. Bu tahminleri destekleyen bir dolu anekdotsal ve ampirik kanıt var.

Görgü tanıkları 23 Mart 2020-4 Nisan 2020 arasındaki iki haftalık dönemde, Wuhan'da oturan ailelere günde ölen yakınlarının külleriyle dolu 500'den fazla vazo teslimatı yapıldığını söylüyorlar. Resmi Çin verileri, Kasım 2019-Haziran 2020 döneminde ülkede 4 bin 600 kişinin koronavirüsten öldüğünü gösteriyor. Hâlbuki veriler bu dönemde sadece Wuhan'daki ölü sayısının 7 bin olduğuna işaret ediyor.[9] Hem görgü tanıkları hem de Amerikan istihbarat kaynakları, Mart ve Nisan'da Wuhan'daki ölü yakma fırınlarının günde 24 saat çalıştıklarını ve neredeye 45 bin cesedin yakılmış olabileceğini söylüyorlar. Gerçeği hiçbir zaman öğrenemeyeceğiz, çünkü Çin'in çıkarına olan, gerçeği söylemek değil dünyadan saklamak.

Net olarak bilinen, Ocak ve Şubat aylarındaki o kritik aşamada Wuhan'dan milyonlarca kişi başka yerlere seyahat etti. Yüz binlerce kişi de Pekin ve Şanghay'dan dünyanın başka kentlerine gittiler. İşte Çin bu esnada virüs ihraç ediyordu. Seattle'de ilk vakalar belirmeye başladığında dünyanın bir sonraki sıcak noktası oluştu: İtalya.

İtalya'daki salgın, 18-24 Şubat 2020 arası yapılan Milano Moda Haftası için gelen Çinliler yüzünden başladı. Bu Çinliler sadece Moda Haftası katılımcıları değil, aynı zamanda Kuzey İtalya'daki moda endüstrisinin önemli bir bölümünün de sahibiler. Moda Haftası'nın sonuna doğru, 22 Şubat'a gelindiğinde İtalya'da sadece 62 doğrulanmış vaka vardı. Enfekte olanların ilk bir iki hafta asemptomatik olduğu göz önüne alınırsa vakaların 1 Mart civarında patlaması gerekirdi. Tam da o oldu. Doğrulanmış İtalyan vakalarının sayısı 1 Mart'taki bin 694'ten 8 Mart'ta 7 bin 375'e, 15 Mart'ta 24 bin 747'ye ve 22 Mart'ta 9 bin 138'e yükseldi. Vaka sayısı her hafta ikiye, hatta bazen üçe katlanıyordu. Temmuz'un başlarında İtalya'da 240 bin doğrulanmış vaka vardı. Bunların 35 bini ölümle sonuçlandı; ABD, Brezilya ve İngiltere'den sonra dünyanın dördüncü en yükseği.

İtalya'daki trajediyi nüfusun yaşlılığı ve sağlık tesislerine aşırı yük binmesi de körükledi. İtalya (diğer ülkeler gibi) başta pandemiye tepki vermekte yavaş kaldı, ama sonra daramatik bir şekilde önce yerel sonra da ülke çapında karantinaya gitti. 1 Nisan'a gelindiğinde yeni enfekte olanlar "eğrisini düzlemeyi" başardı. O tarihte günlük yeni vaka sayısı 5 binin altına indi. Mayıs ayının başlarında bu sayı 2 binin, 1 Haziran'da binin altına düştü. Altmış milyon nüfusu olan bir ülke için bu büyük bir başarı. Ne var ki salgını kontrol almadaki bu başarının yitirilen hayatlar ve çekilen acılar itibarıyla hesaplanamaz boyutlarda maliyeti oldu.

İtalya dünya için bir uyarıydı, çünkü evvelki Çin verileri düzmeceydi ve politika yapıcılar için güvenilir bir kılavuz görevi görmüyordu. Aksine, İtalyan verileri güvenilirdi ve korkunç bir bulaş ve üssel yayılma hikâyesi anlatıyordu. Her ne kadar hatalı olsa da Çin verileri virüsün önlenebileceği hissini veriyordu; işte bu yüzden diğer gelişmiş ülkeler koruyucu önlemleri devreye sokmakta geciktiler. İtalyan verileri salgının Çin'de kontrol altına alınamadığını ve diğer nüfusu yoğun alanlarda katlanarak büyüyeceğini gösterdi. İşte İtalya'da gözler önüne çıkan bu felaket, sonunda ABD ve Avrupa'yı da teyakkuza geçirdi. Yine de geç kalınmıştı. Mart başlarında virüs artık tüm dünyaya yayılmıştı, vaka sayılarındaki patlama İspanya, Fransa, Almanya ve ABD'yi sırasıyla vurdu. 15 Mart 2020 tarihi, küresel vaka sayısı grafiğinin tipik bir hokey sopası şeklini alarak tamamen dikey hâle geldiği tarih oldu. 15 Mart'ta küresel vaka sayısı 167 bin idi. Yalnızca iki hafta sonra, 31 Mart'ta bu sayı 858 bine vurdu. 1 Temmuz 2020'ye gelindiğinde 9 milyon doğrulanmış vaka vardı. Kentler ve ülkeler kendileri için eğriyi düzlemeye çalışıyorlardı ama küresel eğride hiçbir düzelme yoktu.

Virüs bundan sonra nereye gidecek? Bu bir muamma; bilim insanları SARS-CoV-2 virüsü ve COVİD-19 hastalığını daha yeni yeni anlamaya başlıyorlar. Genom biliniyor ama, H-N yapısı ve diğer özellikler açısından virüsün kompozisyonunu çözmek için hâlâ çalışılıyor. Bilinen genom bile hızla oluşan mutasyonların tamamını yakalamıyor.

Virüsün davranış biçimi ve COVİD-19'un hastalarda kendisini nasıl göstereceği hâlâ tam anlaşılmış değil. SARS-CoV-2 bir tür koronavirüs. Bunlar grip virüslerinden farklılar. Yine de benzer özellikleri var. COVİD-19'un sırrını çözmek için geçmiş pandemileri incelemekte fayda var.

1700'lerden beri en az sekiz büyük grip pandemisi geçirdik.[10] Bunların dördü 1900'den sonra oldu: İspanyol gribi (1918-1919), Asya gribi (1957), Hong Kong gribi (1968) ve domuz gribi (2009). Bu pandemilerin izledikleri yollar ve COVİD-19'la olan benzerlikleri yol gösterici.

Hem bu dört grip virüsü hem de SARS-CoV-2 yeniydi ve karşılarındaki insan nüfusunun pek de bağışıklığı yoktu. Her ne kadar herkes enfekte olmasa da veya ciddi bir şekilde etkilenmese de tüm dünya nüfusu virüs kapabilirdi. Hem SARS-CoV-2 hem de grip virüsleri son derece bulaşıcı ve hızlı hareket ediyorlar. Bu, karantina gibi azaltma önlemleri devreye girmese bütün dünyayı sarabilecekleri anlamına geliyor. Tüm bu virüsler, taşıyıcıların hapşırma, öksürme ve hatta normal nefes alması nedeniyle büyük damlacıklar ve havadaki küçük zerreciklerle kurbanının solunum sistemlerine yayılıyorlar. Diğer bulaşma yolları arasında taşıyıcıların dokunduğu kapı kulpları gibi şeylere değmek de var.

SARS-CoV-2 ile grip virüsü arasındaki farkların başında ilkinin daha bulaşıcı ve potansiyel olarak daha ölümcül olması geliyor. Enfekte olan hastanın herhangi bir semptom göstermeden virüsü başkalarına bulaştırabileceği kuluçka dönemi gripte 2-4 günken SARS-CoV-2'de 2-14 gün. Kuluçka döneminin daha uzun olması SARS-CoV-2 virüsünün yetkililer teyakkuza geçmeden ve belli bir beldede önlemler alınmadan daha da yayılabileceği anlamına geliyor. Center for Infectious Disease Research and Policy'nin (Bulaşıcı Hastalıklar Araştırma ve Politika Merkezi-CIDRAP) Nisan 2020'de işaret ettiği gibi bu uzun kuluçka süresi aynı zamanda hükûmetlerin, tam da sıkı önlemler devreye sokulması gerekirken kayıtsız kalmaları anlamına da geliyor.[11]

COVİD-19 enfeksiyonunun yayılma olasılığını artıran bir başka unsur da virüsün çok kolay bulaşması. Virüsün geçişkenliği, tüm nüfusun virüs kapabileceği varsayımıyla, bir kişiden kaç yeni kişinin kaptığını gösteren bir sayı olan üreme sayısı (Ro) ile ölçülüyor. Ro > 1 olması, her bir enfekte kişinin virüsü birden fazla kişiye bulaştırdığı ve hastalığın katlanarak yayıldığı anlamına geliyor. Ro < 1 ise her bir enfekte kişi virüsü birden az kişiye bulaştırıyor ve pandemi yavaş yavaş bitiyordur.

Tıp dergisi Lancet'in yaptığı çalışmada SARS-CoV-2 virüsünün Çin'deki geçişkenliği (Ro) 2.0 veya 2.5 olarak tahmin edildi.[12] Diğer çalışmalar Ro'ın nüfus yoğunluğu ve "süper yayıcıların" rolü hesaba katıldığında daha büyük olabileceğini tahmin ediyor. Hâlbuki geçmiş 100 yılın pandemilerinde Ro değeri ikiden azdı.

Kuluçka dönemi, asemptomatik nüfusun büyüklüğü, geçişkenlik (Ro) ve diğer unsurlar hesaba katıldığında, SARS-CoV-2'nin 1900'den bu yana yaşadığımız en azılı pandemilerden daha hızlı ve daha inatçı bir biçimde yayıldığı görülüyor. Bu SARS-CoV-2 virüsünün önceki grip virüslerinden daha ölümcül olduğu anlamına gelmiyor. 1918'deki İspanyol gribinin H1N1 grip virüsü bazı tahminlere göre 100 milyonun üzerinde insanı öldürdü. Buna karşın, SARS-CoV-2'nin grip virüslerinden daha güçlü ve insan nüfusunda daha kalıcı olduğu anlamına geliyor. Aynı zamanda, 2021'de ikinci bir enfeksiyon dalgası gelebileceği ve Aralık 2019-Haziran 2020 arasındaki ilk dalgadan daha da ölümcül olabileceği olasılığına açık kapı bırakıyor.

Bahsedilen dört grip pandemisinin biçimlerine, onlara sebebiyet veren virüslere ve SARS-CoV-2 ile benzerliklerine bakıldığında, önümüzdeki aylarda COVİD-19'un ne şekil alacağı konusunda şu üç senaryo en olası gözüküyor:[13]

Senaryo 1 enfeksiyonların arttığı bir dizi dalga, sonra azalan enfeksiyon sayısı ve sonra tekrar artış içeriyor. Burada iyi haber, virüs yavaş yavaş yok olurken (kısmen enfeksiyona yatkın nüfusun azalmasından dolayı) her dalganın bir öncekinden biraz daha küçük olması (artan sürü bağışıklığı nedeniyle). Kötü haber ise, bu senaryonun 2021 sonları veya 2022'ye kadar devam etme olasılığı. Aslında, mücadele önlemleri her yeni dalga ile artırılıp azaltılırken bile COVİD-19 ile yaşamayı öğreneceğiz.

Senaryo 2 de tekrar eden dalgalar içeriyor. Farkı, ikinci dalganın (2021 başında geliyor) genetik materyalin muhtemel bir mutasyonu veya yeniden birleşimi nedeniyle 2020 başındaki ilk dalgadan çok daha ölümcül olması. Bu oluşum 1918 İspanyol gribi, 1957 Asya gribi ve 2009 Domuz gribinde görülmüştü. Bu üç pandemide de ılımlı ama ölümcül bir dalga baharda başladı ve yazın başlarında duruldu. Sonra, sonbaharda, süper-ölümcül enfeksiyonlar dalgası geldi.

Senaryo 3 en iyimser olanı. Bu senaryoda, en kötüsü arkamızda kaldı. Yeni dalgalar gelecek ama gittikçe ve hatta bir dalga sayılamayacak kadar küçülen biçimlerde ve enfeksiyonlarda bir önceki aya veya çeyreğe nazaran nispeten küçük artışlar görülecek. CIDRAP'taki modelleyiciler bu şekle "ağır yanma" diyorlar.

Hangi biçim ortaya çıkarsa çıksın, her üç senaryoda da sosyal mesafe, maske, sıkça el yıkanması, toplanma büyüklüğünün azaltılması ve 65 yaşın üzerindekiler, solunum rahatsızlığı olanlar, şeker hastaları veya bağışıklık sorunu olanlar gibi risk gruplarında olanların kendilerini gönüllü karantinaya almaları gibi sağduyulu çözümler işe yarayacak. Hem Senaryo 1 hem de Senaryo 3 Mart-Haziran 2020 arasında ABD (ve dünya) ekonomilerinin maruz kaldığı aşırı sıkı karantina önlemlerini gerektirmiyor.

Asıl tehlike, 2020'nin ilk yarısında verdiğimiz savaşın gelecek olan dehşetin sadece bir ön gösterimi olarak kalacağı Senaryo 2'de. O durumda yeni kaldırılan sıkı karantina önlemlerinin geri gelmesini bekleyebiliriz.

Ne yazık ki 1918'den bu yana yaşadığımız dört pandemiden üçünün Senaryo 2'deki ikinci dalga biçiminde gelişmiş olduğu gerçeği ve COVİD-19 ile bu büyük grip pandemileri arasındaki benzerlikler, gelecek olan daha büyük ve daha ölümcül bir dalga olasılığını korkunç bir hayalet gibi önümüzde tutuyor. Dalgalar arasındaki sakin dönemin uzunluğu dört ila altı ay arasında değişiyor. İlk dalganın Ağustos 2020'de yatışması ikinci dalganın Ocak 2021 gibi vuracağını ima ediyor. Kuzey yarımkürenin erken kış ayları diğer grip türlerinin zirve yaptığı sezona tekabül ediyor. COVİD-19 grip değil ama bedenin bağışıklık sitemini, başka grip virüslerinin ve zatürre türlerinin kendi başlarına kurbanın bedenini işgal ederek büyük hasar verebileceği veya öldürebileceği safhaya kadar zayıflatabilir. Bu senaryonun gerçekleşmeyeceğini umut ediyoruz ama o ikinci dalga hâlâ gerçek bir olasılık ve olasılığı göz ardı etmek için henüz çok erken.

Enfeksiyon dalgaları göz önüne alındığında, COVİD-19'un başlangıçtan zirveye, zirveden etkisinin yok olmasına giden yolunun ne önlem alınırsa alınsın sekiz-on hafta sürdüğü görülüyor. Bu New York kentinde görülen biçime uyuyor. ABD'nin en çok kayıp veren kenti orasıydı. 15 Temmuz 2020 itibarıyla orada 22 bin kişi öldü. Bu ABD'deki toplam COVİD-19 ölümlerin neredeyse yüzde 20'siydi. New York kentindeki günlük ölüm oranı Mart 2020 başında hızla artmaya başladı, Nisan ortasında zirveyi gördü ve Mayıs ortasına gelindiğinde de hatırı sayılır bir şekilde dindi. Bu sekiz-on haftalık süreye cuk oturuyor. Vaka çalışmalarında bu hipotezi destekleyen güçlü istatistiksel kanıtlar var.[14]

Bu sekiz-on haftalık süre, eğer doğruysa her dalga için geçerli. Olası ikinci veya üçüncü dalgaların da kendi sekiz-on haftalık süreleri olması beklenir. Küresel beklentileri değerlendirirken, her bölgenin (bu bölge Kuzeydoğu ABD* veya İngiltere'nin tamamı kadar büyük olabilir) kendi özellikleri olacağını bilmek önemli ve her bölgedeki vakalar aynı anda ortaya çıkmayacak. Wuhan'ın ilk başlangıç yeri olduğu apaçık, ama hastalık New York kenti ve çevresindeki New Jersey'de patladığında salgın orada büyük ölçüde kontrol altına alınmıştı. Salgın Rusya'da nispeten geç başladı ve New York durulurken orada hızla şiddetleniyordu. Bu her bir dalganın süresi sekiz-on hafta olabilir ama hepsi eş zamanlı olmak zorunda değil. Hasta sıfırın belirmesinden sonra zincirleme olarak ilerliyorlar. Bu da gizemi artırıyor, çünkü çok sonra gelen ilk dalgalar küresel ikinci dalga ile karıştırılıyor.

Mayıs sonuna gelindiğinde, New York kenti hastanelerinde ve acil servislerinde hissedilen rahatlama meydanda. Pandemi sona ermemişti ama ölüyordu. Temposu hatırı sayılır bir ölçüde azalmıştı. Pek normal olmasa da hastane çalışanları Nisan ayında karşı karşıya kaldıkları o hasta ve ölü hücumundan ve izdihamdan sonra bir normale dönüş hissettiler.

Yine de yeni vakalardaki azalmanın getirdiği rahatlama yeni bir dalganın gelme olasılığının verdiği endişeyle karşı karşıyaydı. *The New York Times* gazetesi bu rahatlama ve endişe karışımını şöyle ifade etti:

---

* Northeastern United States. New York, Massachusetts ve Pensilvanya'nın da arasında olduğu 11 eyaleti kapsayan; kuzeyde Kanada, doğuda Atlantik Okyanusu ve güneyde Güney eyaletleri ile sınırlanan coğrafi bölge. (ç.n.)

"Acil servise başvuran günlük hasta sayısı, pandemi öncesindeki 200-250 rakamının bile yarısına düşen Brooklyn Hospital Center'in Acil Servis Müdürü Dr. Sylvie de Souza "Ürkütücü bir sessizlik" dedi. "Hiçbirimiz rahat değiliz. Adeta her an geri döneceğini bekler gibiyiz. Hepimiz geri dönerse onunla baş edip edemeyeceğimizi sorguluyoruz."[15]

Kişinin pandeminin gidişatına bakışı nerede olduğuna bağlıydı. New York'ta en kötünün geride kaldığı görüşü hâkimdi. Diğer eyalet ve kentlerde ise doğrulanmış enfeksiyon vakalarının ve ölümlerin sayısı hızlanarak artıyordu. Michigan, Pennsilvanya ve Illinois nispeten yavaş bir başlangıçtan sonra Mart ve Nisan'da büyük bir yayılma darbesi yediler. Aynı şekilde, Texas ve Florida başta virüsü iyi kontrol ettikleri için övgü aldıktan sonra büyük sıçrama gördüler. Texas'ta 27 Nisan'da 354 yeni vaka görülmesinden sonra 1 Temmuz 2020'ye gelindiğinde 113 bin doğrulanmış vaka ortaya çıktı.

Durum küresel olarak kötüye gidiyordu. Dünya çapında toplam yeni vakaların sayısı 12 Nisan'da 98 bin 800; 15 Mayıs'ta 100 bin 200; ve 26 Haziran 2020'de 191 bin oldu. Günlük vaka verilerinde zirveler ve vadiler vardı ama trendin ne yöne olduğu ve ne kadar olumsuz bir resim çizdiği hakkında kimsenin bir şüphesi yoktu. Hastalık yayılmaya devam ediyor, veriler hâlâ kötüleşiyordu. Endişe uyandıran ülkeler arasında günlük yeni vakaların 31 Mart 2020'de 501'den 11 Mayıs'ta 11 bin 700'e sıçradığı Rusya vardı. Rusya sıralamada ABD ve Brezilya'dan sonra üçüncülüğe yükseldi. Temmuz ayının başlarında Rusya'da 650 bin doğrulanmış vaka vardı (o zaman ABD'deki sayı 2,3 milyon idi). İngiltere, İtalya ve İspanya'nın içinde olduğu bazı ülkeler hâlihazırda (Mart ve Nisan aylarında) zaten yüksek ölüm sayılarına erişmişti. Brezilya 60 binin üzerinde kayıp verdi. Meksika, Hindistan ve İran da 10 bin-30 bin arasında kayıp verenlerin kervanına katıldılar.

Karantinada olanlar iyi haber beklerken işler daha da kötüye gitti ve virüsün etrafındaki sır perdesi kalınlaştı. 12 Haziran 2020'de yayımlanan bilimsel bir çalışma, virüsteki bir mutasyona -ki bazıları olası başlangıç yeri orası olduğu için ona İtalyan virüsü dedi- işaret ederek sağlıklı hücrelerin işgal edilmesini kolaylaştıran sivri proteindeki değişimlerin virüsün yeni kurbanları enfekte etme kabiliyetini artırdığını gösterdi.[16] G varyantı denilen bu mutasyon (ondan önceki D amino asidin aksine) tüm dünyada ilk virüs genomunun yerini aldı. Northwestern Üniversitesi virologu Judd Hultquist, "D'nin hakkından gelememiştik. Eğer G daha etkili yayılırsa onun da hakkında gelemeyiz" dedi.

Küresel enfeksiyon vakalarındaki artış amansızdı. 1 Temmuz 2020'ye gelindiğinde doğrulanmış vaka sayısı 10 milyonu geçerken 510 bin can kaybı rapor edilmişti. Ölümlerde açık ara liderliği 130 bin ile ABD yapıyordu. New York kentinde 22 bin kişi ölmüştü. Wuhan'da başlayan şey virütik bir hidrojen bombası gibi Times Meydanı'na düşmüş, çevredeki kasaba ve kentleri de yıkıp geçmişti. New York'ta bu virüs fırtınasından zarar görmüş veya hayatını kaybetmiş birini tanımayana rastlamak güçtü.

Artık bundan sonra göreceğimiz en iyi senaryo, tek-zirve formasyonunda bölgesel zirveler ve onu izleyen (hastalığın yönetilebilir bir şekle doğru mutasyona uğramasına dek) gittikçe küçülen dalgalar görmek olacak. En kötü senaryo ise Temmuz 2020 zirvesinden altı ay sonra çok daha büyük ölçekte ve daha şiddetli ölümlere yol açan ikinci bir zehir dalgasının gelmesi olacak. Tarih ve bilim bize bu olasılığın göz ardı edilmemesi gerektiğini ve hatta en gerçekleşebilir olasılık olabileceğini anlatıyor.

Bilinmeyen Bir Komplikasyon

COVİD-19 pandemisi Wuhan'da Kasım 2019'da başladı, belki de daha önce. Vaka sayısı, ölümler, salgının coğrafi kapsamı, yayılmanın takvimi ve insanların anlattıklarıyla ortaya çıkan epidemiyolojik kanıtlar bunu açıkça gösteriyor.

Virüs başta bir laboratuvardan mı yoksa ıslak bir pazar yerinden mi çıktı? Uzunca bir süre pandeminin sırrı olarak kalacak olan bu sorunun ABD-Çin ilişkileri ve küresel ekonomi üzerinde muazzam sonuçları olacak.

Salgını en başta yönetme sorumluluğu elbette salgının başladığı ülkedeki siyasi liderliğin omuzlarında. Yapılacak en iyi iş, hızla harekete geçmek, dürüstçe raporlama yapmak ve salgının kontrol altına alınmasına ve kurbanların tedavisine yardımcı olmaları için uluslararası bilim insanlarını davet etmek. Virüs araştırmacıları patojeni tanımlayıp tecrit edebilirler. Aşı ve tedavi araştırmaları hemen başlayabilir. Geçen her dakika önemli. Bunun için uluslararası bilim insanlarının ekip halinde çalışmaları gerekir. ABD ve diğer ülkeler ve aralarında Kızılhaç ve Kızılay gibi örgütlerin bulunduğu uluslararası kurumlar SARS-CoV-2'nin yayılmasını önlemek için Çin'deki mağdurlara yardım etmeye hazır ve istekliydiler.

Çin bu imkânı kullanmadı. Hem bölgesel hükûmet hem de Komünist Parti liderliği ilk önce inkârcı pozisyonundaydı. Aralık 2019 sonlarında tepki vermeye başladıklarında da ilk yaptıkları iş hastalığı örtbas etmeye kalkışmak oldu.

Wuhan Merkez Hastanesi'nde çalışan 34 yaşındaki bir oftalmolog, Dr. Li Wenliang, Aralık sonlarına doğru salgının ciddiyetini ilk idrak edenlerden biri oldu. 30 Aralık'ta meslektaşlarına önüne gelen vakalar ve yerel makamların ihmalkârlığı hakkında mesajlar gönderdi. Sağlık çalışanlarını hastalara hizmet verirken ameliyat eldivenleri ve diğer koruyucu giysiler giymeleri yönünde uyardı.

Onu takdir edip rehber almak yerine, yerel Kamu Güvenlik Bürosu, Li'nin merkeze gelmesini emretti. Ona "söylenti yaymaktan" sorgulama altında olduğu söylendi. "Yalan yanlış yorumlar" yapmakla suçlandı ve "kamu düzenini ciddi bir şekilde bozduğu" aktarıldı.[17] Bir yerinde "Seni resmi olarak uyarıyoruz: Densizlikte inat etmeye ve yasa dışı hareket etmeye devam edersen seni adalete teslim ederiz. Anlaşıldı mı?" yazan bir beyanname imzalaması emredildi.

Çin'in Li'nin şeffaflığından ders alması gerekirdi. Tam tersine, devlet mekanizmasını kullanarak gerçeği örtbas etmeyi seçtiler. 10 Ocak 2020'de, Dr. Li şiddetli öksürükle birlikte hastalığın belirtilerini göstermeye başladı. Tedavi ettiği bir glokom hastasından COVİD-19 kapmıştı. 13 Ocak'ta, yüksek ateş ve diğer komplikasyonlarla hastaneye yattı. Şubat başında da öldü. Li, dünyadaki milyonlarca kişi için bir kahramandı. Çin Komünist Partisi'ne göre ise susturulması gereken bir muhalif.

7 Ocak'ta, Komünist Çin'in Başkanı Xi sonunda, Wuhan'ın sert önlemler almasını emretti ve 23 Ocak'ta da kenti karantina altına aldı. Ama artık çok geçti. Kasım 2019'da salgının başlamasından beri Çin'den milyonlarca turist ayrılmış, hastalığı Seattle'ye, Milano'ya ve dünyanın diğer kentlerine yaymaya başlamıştı bile. Çin salgını artık bir pandemi hâline gelmişti. Bilim insanları, Çin olan biteni örtbas etmeye kalkmayıp diğer ülkelerden uzmanların yardımına kapılarını açsaydı küresel enfeksiyonların yüzde 95'inin önlenmiş olacağına inanıyorlar.[18]

Çin bu örtbas faaliyetine BM Dünya Sağlık Örgütü'nü de (DSÖ) bir güzel alet etti. DSÖ'nün başkanı Etiyopyalı Tedros Adhanom'dur. Devrimci Tigray Halk Kurtuluş Cephesi* ile bağlantısı olan Tedros, başkanlığa Mayıs 2017'de, Komünist Çin'in güçlü siyasi ve finansal desteği ile seçilmişti. DSÖ'deki makamını kullanarak virüs hakkında yalanlar yayan Tedros, borcunu bir güzel ödemiş oldu.

14 Ocak 2020'de DSÖ resmi bir tweet yayımladı: "Çin yetkilileri tarafından yayımlanan ön araştırma sonuçlarına göre Çin'in Wuhan kentinde tanımlanan yeni koronavirüsün (2019-nCoV) insandan insana bulaştığına dair kesin bir kanıt bulunamamıştır."[19] Bu tweet bir yalandı. Çin hastalıkla aylardır savaşıyordu ve binlerce vakada virüsün insandan insana bulaştığına dair kanıtlara sahipti. Aslında aksine bir kanıt bulunamamıştı. DSÖ sadece Çin parti ezberinin papağanlığını yapıyordu.

30 Ocak 2020'de DSÖ salgına "bir kamu sağlığı acil vakası" diyebildi ama o sırada hastalık Çin dışında 18 ülkeye sirayet etmiş olmasına rağmen "pandemi" sözcüğünü kullanmaktan imtina etti.[20] Bu sözcüğün kulanılmaması DSÖ'nün bir aldatmacasıydı, çünkü hastalığın küresel olarak yayılması hâlihazırda başlamıştı ve Çin'in yaşadığı deneyime bakıldığında pandeminin rotası artık açıkça görülüyordu. DSÖ, Çin'in bir propaganda kanalından başka bir şey değildi.

---

* Etiyopya'da, etnik bir gurubu temsil eden, silahlı, siyasi bir oluşum. Ayrılıkçı hedefleri olan örgüt, Etiyopya yönetimi tarafından savaş suçu işlemekle ve terörist faaliyetlerde bulunmakla suçlanıyor. (ç.n.)

14 Nisan 2020'de, ABD Başkanı Donald Trump, yeni bir incelemeye kadar DSÖ'yü fonlamayı durdurduğunu açıkladı. Trump bu kararı "Dünya Sağlık Örgütü'nün koronavirüsün yayılmasını yönetememesi ve örtbas etmekteki rolü"[21] nedeniyle aldı. 29 Mayıs 2020'de, Trump tehdidinin arkasında durdu ve ABD'nin DSÖ ile olan ilişkisine, daha önce DSÖ'ye tahsis edilen 400 milyon doların (DSÖ bütçesinin yüzde 15'i) diğer uluslararası sağlık girişimlerine yönlendirilmesi emrini vererek son verdi. Sonra şu açıklamayı yaptı: "Çin yetkilileri DSÖ'ye raporlama sorumluluklarını yerine getirmediler ve örgüte dünyayı yanıltması için baskı yaptılar."[22] Çin'in DSÖ'ye yıllık katkısı ise sadece 86 milyon dolardı. Bir bakıma ABD, bir zamanlar saygı duyulan ama şimdi Çin Komünist Partisi'nin sözcüsü hâline gelmiş bir örgütten çekiliyordu.

Çin hükûmetinin örtbas çabaları pandeminin boyutları bütün dünya için tartışılmaz bir noktaya geldiğinde dahi durmadı. Şubat 2020'de, *The Wall Street Journal* gazetesinin iki muhabiri ülkeden sınır dışı edildi. Mart ayının ortasında Çin yine *The Wall Street Journal*, *The New York Times* ve *The Washington Post* gazetelerinden başka muhabirleri de sınır dışı etti. Deneyimli gazetecilerin virüsün başlangıcını soruşturmasını istemiyorlardı.

Neden?

Çin'in gerçeği örtbas etme faaliyetleri, yalanlarını uluslararası alanda yayması için DSÖ'yü kullanması ve bağımsız gazetecileri sınır dışı etmesi gibi hareketlerinin hepsi saklayacak bir şeyleri olan kişilerin yapacağı şeyler. Çin neyi saklıyordu?

Çin'in saklamaya çalıştığı şey hastalığın kendisi değildi, bu mümkün olmazdı. Çin hastalığın *kaynağını* saklıyordu. Bu bir sorumluluktan kaçmak ve trilyonlarca doları bulacak tazminat taleplerine maruz kalmama gayretiydi. Virüsün yayılması konusunda suçsuz olduklarını, kasıtlı davranmadıklarını göstermek istiyorlardı. Hatta bir adım daha ileri gidip "Savaşçı Kurt Diplomasisi'"* olarak adlandırılan yönteme başvurarak ABD'yi virüsü salmakla suçladılar. Asıl amaçları virüsün gerçek kaynağının soruşturulmasını engellemekti. Gerçek kaynak hakkında uluslararası bir soruşturma olmadığı müddetçe Çin istediği hikâyeyi yaymakta serbestti.

Virüsün ortaya çıktığı ve insanlara ilk kez bulaştığı yer hakkında iki ana teori var. Birincisi, "ıslak pazar yeri" denilen teori. İkincisi "laboratuvar" teorisi. İkisinin arasındaki fark ABD-Çin ilişkilerinin geleceği için çok büyük önem taşıyor. Eğer

---

* Diplomaside genellikle sakin tavrı ile dikkat çeken Çin, ABD'li yetkililerin Kovid-19'u "Çin virüsü" olarak adlandırarak Çin'i hedefe koyması üzerine, alışılmışın aksine agresif bir strateji uyguladı. Çin'in yoğun propaganda faaliyetlerini içeren stratejisi, dünya kamuoyunda Çinli komandoların kahramanlığını anlatan, 2015 tarihli "Savaşçı Kurt" (Wolf Warrior) filminden hareketle "Savaşçı Kurt Diplomasisi" (Wolf Warrior Diplomacy) olarak adlandırıldı. (ç.n.)

iki ülke arasındaki iletişim koparsa bunun dünya ticareti için sonuçları çok büyük olur. Bu iki virüs kaynağı teorisi mevcut verilerle incelenebilir. Bu çözülebilir bir sır.

Çin'deki bütün kent ve kasabalar bu "ıslak pazar yerlerine" ev sahipliği yapıyor. Bu tabir, vahşi hayvanların kasaplar tarafından kesilip parçalandığı üstü açık pazarlar için kullanılıyor. Müşterilerin midelerine indirdiği gözde hayvanlar arasında köpekler, yarasalar, misk kedileri, pullu derisiyle karıncayiyene benzeyip eti aranan bir lezzet olan pangolinler var. Bu hayvanlar kafeslerde tutulup oracıkta kesildikleri için bu pazar yerleri kan ve dışkı içinde yüzüyor. Islak pazar yerleri Himalaya misk kedileri ve rakun köpeklerinde bulunan SARS CoV virüsünün kaynaklarından biri olarak belirlenmiş ve serolojik kanıtlar, virüsün hayvanlardan insanlara (buna zoonotik transfer deniyor) yakın temas ve kanla temas dolayısıyla geçtiği görüşünü destekliyor.[23]

Bilim, yarasaların da bazen zoonotik transferle insanlara bulaşabilen koronavirüs taşıdığı hakkında açık ve net. SARS CoV'nin insanlara bu ıslak pazar yerlerinde satılan misk kedilerinden geçtiğine dair kanıtlara bakıldığında, COVİD-19'a neden olan SARS-CoV-2 virüsünün, insanların ıslak pazar yerinde kesildikten hemen sonra herhangi bir endişeye kapılmadan hemen tükettikleri yarasalardan o zoonotik transferi yaptığı görüşüne katılmamak pek de zor değil. Bu Çin'in tercih ettiği hikâye, çünkü bu hikâye virüsün insanlara geçişinde kasıt olmadığını ve talihsiz bir kaza olduğunu anlatıyor.

İkinci teoriye göre, SARS-CoV-2 virüsü Wuhan'daki bir laboratuvarda yürütülen deneylerde çalışanlardan birine geçti, o da virüsü taşıyıp dışarıda başkalarına bulaştırdı.

Wuhan'da potansiyel olarak insanlara atlaması mümkün olan yarasa koronavirüsleri üzerinde biyolojik araştırmalar yapan iki büyük laboratuvar var. Biri Wuhan Viroloji Enstitüsü, diğeri de Wuhan Hastalık Kontrol ve Önleme Merkezi. Dr. Shi Zheng-Li'nin başka bir meslektaşıyla kaleme aldığı bilimsel bir çalışmaya göre, şeytan kuşu yarasalarında bulunan SARS'a benzeyen bir virüs üzerinde ters genetik sistem kullanılarak yapılan riskli genetik mühendislik deneylerinin sonucunda "özellikle solunum yolu hücrelerinde üreyebilen" yapay bir virüs (kimerik virüs) oluştu.[24] Dr. Shi, Wuhan Viroloji Enstitüsü'ndeki Yeni Gelişen Bulaşıcı Hastalıklar Merkezi'nin müdürü. Bu tür deneylerin mutlaka biyolojk savaşla ilgisi olması gerekmiyor; koronavirüsleri anlamak ve aşı geliştirmek için de yapılıyor olabilirler. Dr. Shi'nin çalışmaları, sağlayacağı faydalara göreceli olarak aşırı risk taşıdığı için diğer bilim insanlarınca sert bir şekilde eleştirildi.[25] Ocak 2018'de, Pekin'deki ABD Büyükelçiliği Washington D.C.'ye diplomatik telgraf mesajları yollayarak Wuhan Viroloji Enstitüsü'nün "ciddi boyutlarda uygun bir şekilde eğitimden geçmiş teknisyen sıkıntısı çektiği ve araştırmacıların bu sıkıca kapalı laboratuvar ortamında güvenli bir şekilde çalışmaları gerektiği" konusunda uyarılar yaptı.[26] Zaten Wuhan Viroloji Enstitüsü de internet sitesine ABD Büyükelçiliği'nden gönderilen bilim insanlarının ziyaretleri hakkında bir ilan koymuştu. Bu ilan Nisan 2020'de laboratuvar tarafından siteden silindi ama internette hâlâ bulunabilir. 24 Mayıs 2020'de, Wuhan Viroloji Enstitüsü, laboratuvarında üç canlı yarasa koronavirüs suşu bulunduğunu kamuoyu önünde kabul etti. Laboratuvar Müdürü Wang Yangi "Yarasalardan bazı koronavirüsleri izole edip ürettik" ve "Elimizde üç canlı virüs suşu var" dedi.[27] Müdür daha sonra yorumuna laboratuvardaki virüslerin SARS-CoV-2'ye pek benzemediğini de ekledi. Çin hükûmetinin beyanları hâlâ inandırıcılıktan uzak, çünkü virüs hakkında söyledikleri yalanlar ortada ve devam ediyor.

Sonuçta Wuhan Viroloji Enstitüsü'nün canlı yarasa koronavirüslerine sahip olduğunu, insana bulaşma riski taşıyan deneyler yaptığını ve yetersiz güvenlik prosedürleri olduğunu biliyoruz.

Islak pazar yeri teorisi sadece ağızdan ağıza dolaşan anekdotlara dayanıyor; virologlar tarafından yapılacak ilave araştırmalar olmadan çürütülemez veya ispat edilemez. Çin hükûmeti kendi onayladığı bilim insanları haricinde başkalarının konu hakkında araştırma yapmasını yasaklamış durumda. Çin ıslak pazar yeri hikâyesini kabul etmeyen bireyleri ortadan yok etti ve sosyal medya paylaşımlarını sildi. Hastalığın yayılışı, vaka ve ölü sayısı hakkında devamlı yalan söyledi. Bu belgelenmiş örtbas ve aldatmaca kalıbına bakıldığında Çin yetkililerinin yaptığı hiçbir araştırmaya güvenilmeyeceği açıkça görülüyor.

Zaten bu ıslak pazar yeri teorisinde ciddi hatalar var. *Washington Post* gazetesi yazarlarından David Ignatius, Çin hükûmetinin resmi olarak koronavirüsün çıktığı yer olarak kabul ettiği Wuhan'ın Huanan Deniz Ürünleri Pazarı'nda (virüsün yarasalardan pazarda satılan diğer hayvanlara bulaşmış olabileceği mümkün olsa da) yarasa satılmadığına dikkat çekti.[28] Ölümcül koronavirüsü taşıyan yarasa türü Wuhan'ın 100 mil etrafında yaşamıyor.[29] Tıp dergisi *The Lancet*, 24 Ocak 2020'de ilk belirlenen COVİD-19 vakalarının yüzde 75'inin (dörte üçü) daha önce hiç Huanan Deniz Ürünleri Pazarı'nda bulunmadığını gösteren bir araştırmayı içeren bir makale yayımladı.[30] Çin'in Hastalık Kontrol ve Önleme Merkezi Müdürü Gao Fu, kendi müfettişlerinin Ocak 2020'de Huanan Deniz Ürünleri Pazarı'nı incelediklerini ve test ettikleri hayvan örneklerinde koronavirüse rastlamadıklarını söyledi.[31]

Laboratuvar teorisi de eleştirildi. Bir makale virüsün genetik verilerinin, genetik manipülasyonun özelliği olan ters genetik sistemlerin kulanıldığına dair bir kanıt içermediğini, bu nedenle SARS-CoV-2'nin biyomühendislik yoluyla laboratuvarda üretilmiş olamayacağını iddia ediyor.[32] Hâlbuki, konu hakkında bilgisi olanlar orada biyomühendislik yapılıp virüs üretildiğini değil sadece ihmal yüzünden laboratuvardan sızdığını söylüyorlar. Bugün çoğu viroloji laboratuvarının kafeslerinde deneysel amaçlar için test hayvanları tutuluyor. Bu hayvanlarda doğal olarak SARS-CoV-2 bulunabilir ve virüsü kan, dışkı veya diğer beden sıvıları üzerinden insanlara bulaştırmış olabilirler. Virüsün mühendislik yapılarak üretilmediğini söylemek laboratuvardan gelmediğini söylemekle aynı şey değil. Bu yaygın şekilde referans olarak kullanılan makale, aslında virüsün kaynağı hakkında hiçbir şeyi ispat etmiyor. Zaten o çalışma kısmen Çin hükûmeti tarafından finanse edilmişti.[33]

Saygın bir virolog olan Flinders Üniversitesi Profesörü Nikolai Petrovsky, yaptığı daha yeni bir çalışmada SARS-CoV-2'nin laboratuvarda yapılan bir hücre kültürü deneyinde ortaya çıkmış olabileceğini öne sürüyor.[34] Petrovsky SARS-CoV-2'nin yarasa ve diğer koronavirüslerdekine benzeyen genetik özelliklere sahip olduğunu gözlemledi. Bunun da genetik mühendisliğin parmağı *olmadan*, iki virüsün doğal olarak genetik malzeme alışverişinde bulunmuş olmalarının sonucu olabileceğini söylüyor. Bu çalışma, laboratuvardan dışarı sızması göz önüne alındığında, SARS-CoV-2'nin biyomühendislikle üretilmediği görüşünde uzlaşıyor. Petrovsky hayvanlarda oluşabilecek virütik bir yeniden birleşim olasılığını silmiyor ama petri kabı* olasılığını daha yüksek görüyor ve "Sanki insanlara bulaşmak için yaratılmış" diyor.

Konu henüz kapanmış olmaktan çok uzak (zaten bilimde çoğu konu kapanmıyor). *Quarterly Review of Biophysics* dergisinde yayınlanan 28 Mayıs 2020 tarihli bir çalışma "SARS-CoV-2'nin dikenli yüzeyine yerleştirilmiş kesitlerin" varlığına dair kanıtlar olduğuna dikkat çekiyor.[35] Bu kesitler virüsün bulaşma ve öldürme potansiyelini artırıyor. Bu da virüsün biyomühendislikle üretildiğini anlatıyor. Makalenin yazarlarından biri olan Norveçli bilim insanı Birger Sørensen kendisiyle yapılan bir söyleşide, "Virüsün potansiyel pandemi patojenlerinin çok farklı özellikleri var ve bunların doğada varlığına daha önce hiç rastlanılmadı" dedi. Makalede, virüsün "patojenliğini veya bulaşılabilirliğini artırabilecek 'işlev kazancı' deneyleri" yapıldığı öne sürüldü.[36]

COVİD-19 salgınının Wuhan'da 2019 sonlarına doğru başladığı konusunda açık bir görüş birliği var. Bazı muhalif görüşler olsa da, SARS-CoV-2 virüsünün biyomühendislikle üretilmediği görüşü de genel kabul görmüş durumda. Genelde kabul edilen görüş, virüsün önce hayvanlarda bulunduğu ve ya zoonotic transfer ya da petri kabından insanlara bulaştığı yönünde. Bu transferin kazara bir ıslak pazar yerinde mi yoksa kazara bir laboratuvarda mı (herhâlde Wuhan Viroloji

---

* Biyologların kültür üretmek için kullandıkları cam veya plastikten üretilmiş, kapaklı kutu. (ç.n.)

Enstitüsü'nde) olduğuna dair bir görüş birliği yok. Bugün Wuhan Enstitüsü'nde canlı yarasa koronavirüs suşları bulunduğuna ve orada geçmişte insanlara bulaşıp bulaşmadıklarına dair riskli deneyler yapıldığına dair net kanıtlar var. Çin'deki ilk COVİD-19 vakalarının, hükûmetin tanımladığı ıslak pazar yeri olan Huanan Deniz Ürünleri Pazarı'nı hiç ziyaret etmediğine dair de kesin kanıtlar var.

Virüsün kaynağı hakkında var olan tüm diğer kanıtların pek fazla önemi yok. Çin sağlık yetkilileri SARS-CoV-2'nin ıslak pazar yerinde bulunup bulunmadığının test edilmesi olasılığını ortadan kaldırmak için tüm tezgâhları ilaçladılar. Çin yetkilileri de genom laboratuvarlarındaki virüs örneklerinin yok edilmesini emretti. Avustralya'nın *Daily Telegraph* gazetesi "Çin konuşan doktorları susturup Wuhan laboratuvarlarındaki kanıtları imha edip aşı üzerinde çalışan uluslararası bilim insanlarına canlı virüs örneklerini vermeyi reddederek koronavirüsü bilerek örtbas etti" diye yazdı.[37] Ocak 2020 ortasında, COVİD-19 salgınının Çin'de zirve yaptığı sıralarda, Çin hükûmeti salgını kontrol altına alma çalışmalarını yönetmesi için 54 yaşında bir virolog ve tanınmış bir biyokimyasal savaş uzmanı olan Halkın Kurtuluş Ordusu Tümgenerali Chen Wei'yi Wuhan Viroloji Enstitüsü'ne gönderdi.[38]

Kamuoyunun kulağına, ilk olarak virüsün Wuhan Enstitüsü laboratuvarından dışarıya sızdığı iddiaları girmiş olduğundan, Çin de sıkı bir küresel propaganda kampanyası başlattı ve virüsün kaynağının Amerikan ordusu olduğunu iddia edip Dışişleri Bakanı Mike Pompeo'yu alaya alarak, ABD'nin Frederick, Maryland'daki Fort Detrick'te yürüttüğü biyolojik deneyler hakkında açıklama yapmasını talep etti. Çin'in propaganda planı, *China Daily* gazetesinde çıkan bir makalede "Küresel öyküyü Çin'in öyküsünü anlatmak üzere şekillendir" başlığı altında afişe edildi.[39] O makale şunları söylüyordu: "Bir ülkenin mesajını uluslararası platforma taşıma kabiliyeti o ülkenin sözünün ne kadar geçerli olacağını belirler, öyküsü de küresel ilişkilerde önden gitme kabiliyetini. Uluslararası iletişim teorisinde 'öykü' o ülkenin özgül değerlerini uluslararası platforma taşıyan iletişim aracıdır... Etkili olmak için, öykünün yüksek kalitede içerikle desteklenmesi gerekir. Bundan sonra da uluslararası arenada gündemi belirleme kabiliyeti gelir." İşin doğrusu, eğer doğruyu söylüyorsanız bir öyküye ihtiyacınız yoktur.

İstihbarat analizi çoğu zaman eksiksiz bir gerçekler dizisiyle başlamaz. Ham madde girdisi; genelde bazı gerçekler, bazı akıllı varsayımlar ve aralarında Bayes Teoremi, davranış bilimi ve karmaşıklık teorisi gibi gelişmiş matematiksel araçların bulunduğu makul çıkarımların kullanılmasından oluşur. Eğer bütün gerçekler tepsideyse iş zaten kolaydır, ama hiç öyle olmaz.

Islak pazar yeri teorisi birkaç gerçekle desteklenip birçok gerçekle sorgulanan makul bir varsayım. Laboratuvar teorisi ise birçok gerçekle desteklenip hiçbir gerçekle sorgulanamayan makul bir varsayım. Bu sırrı çözmek isteyen bir istihbarat analisti şu soruları sorar:

Eğer virüs bir laboratuvardan çıkmadıysa Çin kanıtları neden imha etsin?

Eğer sorunun kaynağı Wuhan Enstitüsü değilse Çin neden oraya Halkın Kurtuluş Ordusu'nda tümgeneral olan bir biyolojik savaş uzmanını atadı?

İnsan öldüren bir virüsün, canlı yarasa koronavirüs suşları bulunan ve kötü bir güvenlik geçmişi olan bir laboratuvardan kazara dışarı sızma olasılığı nedir?

100 mil etrafında yarasa yaşamayan ve içinde yarasa satılmayan bir ıslak pazar yerinin bir yarasa koronavirüsü kaynağı olma olasılığı nedir?

Hastaların dörtte üçünün oraya gitmemiş olmalarına rağmen Wuhan'daki ıslak pazar yerinin insan koronavirüsünün kaynağı olma olasılığı nedir?

Eğer Çin'in saklayacak bir şeyi yoksa kabahati ABD'nin üzerine atabilmek için neden gelişmiş bir küresel propaganda kampanyasına girişti?

Bu soruların hiçbiri Çin hükûmetinin en üst seviyelerine erişmeden ve Wuhan'da zemin teftişleri yapmadan nihai olarak yanıtlanamaz. Bugün her iki kapı da soruşturmacılara kapalı. İlgili kanıtların çoğu da imha edildi. Anahtar görgü tanıkları ise yok edildiler.

Yine de sorular mevcut kanıtlar, çıkarımlar ve şarta bağlı olasılıklarla yanıtlanabilecek şekilde biçimlendirilmiş. Sonuçlara bireysel olasılıklar çarpılarak ulaşılıyor. Bu yöntemler kullanıldığında, kanıtlar kuvvetlice ölümcül virüsün Wuhan Viroloji Enstitüsü'nden dışarı sızdığı sonucuna işaret ediyor. Önümüzdeki on yıllar boyunca, belki de bir rejim değişikliğinden sonra, o gizli Çin arşivleri açılmadıkça kesin yanıtı bulamayacağız.

Virüsün ıslak pazar yerinden veya laboratuvardan geldiğinden bağımsız olarak, Çin'in ortaya çıkan küresel pandeminin neden olduğu can kaybı ve ekonomik zararla ilgili sorumluluğu inkâr edilemez. Virüs ıslak pazar yerinden gelmiş olsa dahi Çin'in olayı örtbas etmeye kalkışması bir suç.

İkinci Bölüm

100 Gün - Karantinanın Kronolojisi

İspanyol gribi 40 milyon kişiye dokunmuştu, yani dünya nüfusunun yüzde ikisi. Bu bugünün 150 milyonuna tekabül eder... Peki bu gaddar pandemi ekonomiyi niye imha edemedi? Yanıt çok basit: Esas itibarıyla insanlar, ya mecbur olduklarından ya da öyle tercih ettiklerinden dolayı kapanmayıp hayatlarına devam ettiler.
— Walter Scheidel, The Spanish Flu Didn't Wreck the Global Economy (İspanyol Gribi Ekonomiyi Mahvetmedi), 28 Mayıs 2020

Eğer salgın yayılırsa, moraller genişleyecek ve yine Milano cümbüşüne şahit olacağız, kadınlar ve erkekler mezarların etrafında dans edecekler.
— Albert Camus, The Plague (Veba) (1948)

Dünyayı Satan Duraklama

Virüs ABD'nin her tarafına yayılınca ekonomi karantina altına alındı. Bu gerekli miydi? Kısa yanıt, hayır, değildi.

ABD ekomomisinin karantina altına alınması ve Mart 2020'de sosyal hayatın kapatılmaya başlanması, tarihe yapılan en büyük hatalardan biri olarak geçecek. Karantina gereksizdi, etkisizdi ve hem resmi aldatmacalar hem de bilimin kötü kullanılması yüzünden yapıldı. Kapatmanın maliyetleri göz önüne alınmadı. Daha iyi seçenekler dikkate alınmadı. Büyük ölçüde anayasaya da aykırıydı. Amerikalılara aptal çocuk muamelesi yapıldı. Karantina, kendi alanlarında bile pek de uzman olmadıkları ortaya çıkan uzmanların kararlarının bir yansımasıydı. Her şeyin ötesinde, akıl çeşitliliği dairesini genişletip önden gidebilecek siyasilerin, bürokratların arkasına saklanıp bir önderlik zaafiyeti göstermesiydi.

İşin sonuçlarına bakmadan "karantina" sözcüğünü tanımlamamız gerek. Aslında yeknesak bir ulusal karantina uygulanmadı. Başkan Trump'un, nükleer bir savaş durumunda Amerika'nın nasıl yönetileceğine ilişkin olarak, çoğu 1950'lerde çıkarılmış yasalara dayanan muzzam bir acil hareket gücü vardı, bunların da bir kısmını kullandı.

Trump 31 Ocak 2020 ile 24 Mayıs 2020 arasında yayınladığı bir dizi kararnameyle Avrupa, İngiltere, İrlanda, Brezilya, İran ve bazı diğer başlangıç noktalarından ABD'ye girişleri yasakladı.[1] 16 Mart 2020'de de Amerikalıları seyahatlerini kısıtlamaya zorladı. Mart ve Nisan 2020'de hemen her gün kürsüye çıkıp yaptığı basın toplantılarında ve verdiği brifinglerde sosyal mesafe, el yıkama, el sıkmama ve kendi kendini karantinaya alma gibi sağduyulu davranış biçimleri tavsiye etti. Bunlar sadece tavsiyeydi, emir değil. Onun için ulusal bir karantina olmadı.

Tam tersine ülke; valiler, belediye başkanları ve diğer kamu görevlilerin talimatlarıyla eyalet eyalet, dura kalka karantina altına girdi. New York kenti okulları 15 Mart'ta kapandı. California karantinasını 19 Mart'ta başlattı. New York eyaleti 22 Mart'ta tam karantinaya geçti. Birçok eyalet Mart sonunda karantinaya girdi. En son (3 Nisan) karantinaya giren eyaletlerden biri Georgia idi. Güney Dakota hiç girmedi.

Karantina şekilleri de farklıydı. Birinci derecede önemi olmayan iş yerlerinin kapatılması, insanların evden çıkmalarının yasaklanması, dışarda olmak zorunda olanların maske takma zorunluluğu, park ve plajların kapatılması, birkaç kişiden fazla insanın toplanmasının yasaklanması ve kamu ulaşım sistemlerinin büyük bir kısmının devre dışı bırakılması gibi bazı talimatlar çok acımasızdı. Bazı eyaletlerde bu önlemlerin sadece bazıları devreye sokuldu. Güney Dakota'da her şey gönüllülük usulüne göre yürüdü.

"Birinci derecede önemi olmayan iş yeri" tanımı da çoğu yerde farklılık gösteriyordu. Silah dükkânları New Hampshire'de birinci derecede önemli, New Jersey'de değildi. Kaliforniya'nın silah dükkânı sınıflandırması ise muğlaktı. Silah dükkânı kapatma insiyatifini belediye başkanları üzerlerine aldılar. New Jersey ve Kaliforniya daha sonra davalardan ve halkın öfkesinden korkup silah dükkânlarını kapatma fikrinden vazgeçtiler. Nisan ayında ülke çapındaki silah satışları patladı.

Bazı eyaletlerin karantina talimatları tuhaftı. Michigan Valisi Gretchen Whitmer büyük mağazalardan halı ve boya satışını yasakladı.[2] Kimse nedenini bilmiyor.

Bazı yasaklar ölümcüldü. 25 Mart 2020'de, New York Valisi Andrew Cuomo bakımevi yöneticilerine şu talimatı gönderdi: "Bakımevleri hastaneden dönen sakinleri ivedilikle Kabul etmeli. ... Hiçbir bakımevi sakini, doğrulanmış veya şüpheli, sırf COVİD-19 teşhisinden dolayı reddedilemez."[3] Vali Cuomo 2 Nisan 2020'de, benzer bir talimat daha yayınlayarak aynı yaptırımı huzurevlerine de uygulamaya başladı.[4] Bakımevleri ve huzurevlerindeki insanlar COVİD-19'a karşı en büyük risk taşıyan insanlar ve eğer virüs kaparlarsa ölme olasılıkları çok yüksek. Virüs en kolay ölüm ve hastalıkların kuluçka adresi olan bakımevleri ve huzurevleri gibi nüfus yoğun mekanlarda yayılıyor. Cuomo'nun bu yaptırımının alternatifi,

COVİD-19'a yakalanmış hastaları başkalarını da enfekte edecekleri bakımevlerine ve huzurevlerine geri göndermek yerine karantina altına alınacakları geçici bir tesis tahsis etmekti. Cuomu'nun talimatlarıyla New York'ta 4 bin 500'ün üzerindeki COVİD-19 hastası bakımevleri ve huzurevlerine geri gönderildiler. Salgın sırasında bu bakımevleri ve huzurevlerinde 5 bin 800'ün üzerinde kişi öldü. Bu rakam bütün diğer eyaletlerdekinden daha fazla. COVİD-19 hastası olan babası Brooklyn Bakımevinde ölen Daniel Arbeeny, Cuomo'nun yaptırımını "adam öldürmek isteyen birisinin vereceği en aptal karar" olarak niteledi.[5]

Karantina uygulamaları ne kadar tutarsızsa yeniden açılış biçimleri de o kadar darmadağındı. Çoğu eyalet 31 Mayıs 2020 itibarıyla karantinayı durdurdu. Bazıları Haziran'da açtılar. Bazıları açılış tarihi bile ilan etmedi. Bazıları yeniden açılışları Faz 1, Faz 2, Faz 3 yaklaşımıyla yaptı. Önce dükkânlar, sonra restoran ve barlar ve en sonunda parklar ve plajlar açılacaktı. Bazıları ise tam bir kesmekeşti.

İlk itiraz, hastalığı kontrol altına almak için ekonomiyi böyle yamalı bohça gibi açma kapama yaklaşımına; gereksiz ve etkisiz. Karantinalar işlemiyor.

Michigan'da boyaya ihtiyacı olup da birinci derece riskli iş yerleri kategorisinde olduğu için yereldeki Home Depot'tan (ABD'de yapı malzemeleri satan perakende zinciri) alamayan kişiler, arabalarıyla komşu eyalet Ohio'ya gidip oradan istediği kadar boya alabilir. Dükkânların kapalı olduğu New Jersey'de silah almak isteyen birisi de arabasını Pennsilvanya'ya sürebilir. Konu boya veya silah değil. Konu, hastalığın yayılmasını önlemek. Karantinalar işlemiyor.

Eğer bulaşıcı bir virüs erkenden teşhis edildiyse, bulaşlar az ve sınırlı bir alan içerisindeyse sıkı bir karantina etkili olabilir. 1918'in İspanyol gribi salgınında bir adada bulunan askeri bir üs, silahlı muhafızların desteğiyle tam karantina uyguladı. İşledi; üste gribe rastlanmadı. Ne var ki ABD ne bir ada ne de küçük. Her sokağın başında silahlı muhafızlarımız da yok. İspanyol gribi hakkındaki *The Great Influenza* (Büyük Grip) isimli kitabın yazarı John M. Barry, sorunu şöyle açıklıyor:

O zamanki hiçbir ilaç veya geliştirilen hiçbir aşı gribi önleyecek durumda değildi. Milyonların taktığı kötü tasarlanmış maskeler işe yaramıyordu. İşe yarayacak tek şey virüsten uzak durmaktı.

> ... Gunnison, Colorado ve adalardaki bazı askeri tesisler gibi kendilerini tamamen izole etmiş yerler virüsten kaçabildiler. Çoğu kentteki kapama emirleri işe yaramadı; yeteri kadar mutlak değillerdi. Eğer kalabalıklar tramvaylara binecek, işlerine gitmeye devam edecek ve bakkala gideceklerse dükkânları, sinemaları ve kiliseleri kapatmanın bir anlamı yok. ... Virüs aşırı yaman, aşırı tahrip ediciydi ve yaptığını çok iyi yapıyordu. Sonuçta tüm dünyada istediğini yaptı.[6]

Hem sosyal hayat hem de ekonominin karantina altına alınması yerine uygulanabilecek bir sürü alternatif vardı. Gönüllü sosyal mesafe uygulama, el yıkama ve doğru dürüst maske (çoğu maske maksadına ulaşmıyor veya yanlış takılıyor; bazıları, enfekte olup da öksürüp tıksıranlara karşı iyi bir koruma sağlıyor) kullanmakta bir sorun yok. Zayıf ve risk grubunda olanların gönüllü olarak kendi kendilerini karantinaya sokmaları iyi bir fikir. Öte yandan, okul kapatma pek de bir işe yaramadı, çünkü çocuklar SARS-CoV-2'ye karşı zaten hayli dayanıklılar. Virüsü kaptıklarında da diğer çocuklardan değil yetişkinlerden kapıyorlar. Üstelik evde okuldan daha çok yetişkinle karşılaşacaklar.

Bu da bizi karantinanın arkasında yatan gerçek nedene ve resmi olarak yürütülen korku tellallığı kampanyasının arkasında yatan sebeplere getiriyor. Karantina uygulamasının asıl amacı virüsün yayılmasını önlemek değildi. Bu mümkün değil, çünkü o zaman bir sıkıyönetim ve tüm ülke nüfusunun ev hapsine girmesi gerekirdi. Hatta, bazı durumlarda virüsün yayılması istenen bir şey, çünkü en azından şimdilik, ölüm oranı düşük ve sürü bağışıklığı (antikor taşıyan ve bağışıklık kazanmış kitle) pandemiyi durdurmanın en iyi yolu. Karantina uygulamasının asıl nedeni, Ulusal Alerji ve Bulaşıcı Hastalıklar Enstitüsü Başkanı Dr. Anthony Fauci'nin sözleriyle "eğriyi düzlemekti."

Bu ne anlama geliyor? Amerikan halkı seçkinlerin düşünmediği kadar akıllıdır. Yine de, Fauci'nin basın açıklamalarından birini izleyen normal bir vatandaşın integral kalkülüste uzman olması beklenemez. Amerikalılara iki eğri gösterildi. Biri, yüksek sayıda SARS-CoV-2 enfeksiyonlarını gösteren yüksek zirveli bir eğriydi. Diğeri, zirvesinde daha az sayıda enfeksiyon görülen "düzlenmiş" eğri. Doğal olarak Amerikalılar daha az sayıda enfeksiyon olan eğriyi sevdiler ve eğriyi düzlemek ve vaka yükünü azaltmak için tam karantinaya yakın bir uygulama için ikna edildiler.

Onlara açıkça anlatılmayan (bilimsel dergilerin haricinde) toplam enfeksiyon ve ölüm sayısının zaman içinde karantinalı veya karantinasız aynı olacağıydı. Bir aşı çıkana dek (yakında pek olası gözükmüyor) virüs yayılmaya devam edecek. Eğriyi düzlemek demek, eğriyi uzatmak demek. Zirvede vaka sayısı daha az ama süre daha uzun. Toplam vaka ve ölümler eğrinin *altındaki* alanla tanımlanıyor, belli bir noktada eğrinin *yüksekliğiyle* değil. Eğriyi düzleyen tam bir karantina, sağlık sistemi için zirvedeki hasta sayısını azaltır ama uzun vadede toplam enfeksiyon veya ölüm sayısını azaltmaz. Hatta, sürü bağışıklığını (aşı yokluğunda bağışıklık kazanmanın tek yolu) geciktirerek artırabilir.

Bu, vaka sayısını zirveden indirme çabasının gerekçesi tıp literatüründe su yüzüne çıkarıldı. Boston'daki Brigham ve Kadın Hastanesi'nin Klinik Mikrobiyoloji Bölümü'nün Yardımcı Tıbbi Direktörü Dr. Michael Mina şöyle dedi: "Tüm bu eğriyi düzeltme nosyonunun amacının "sonra bize kamyon gibi çarpmasın" diye işleri yavaşlatmak olduğunu düşünüyorum. Eğer virüs çok hızlı yayılır ve acil servislerin önüne çok fazla insan yığılırsa sağlık hizmetleri altyapımızın dikişleri atmasın diye."[7] Evet, üzerine aşırı yük binmiş bir sağlık sisteminin omuzlarındaki zirve yükünü azaltmak geçerli bir politik amaç ve bazı hastalar uygun tıbbi bakımı alamazlarsa ölecek ama bu sorun ekonomiyi mahvetmeden de çözülebilirdi. Karantinalar sadece en fazla yük binecek yer ve zamanlarla kısıtlı kalabilirdi. Hastane gemiler ve geçici sahra hastaneleri gibi uygulamalarla bakım tesislerinin sayısı artırılabilirdi (bu New York kenti ve Los Angeles'ta yapıldı). Doktor ve hemşireler düşük riskli bölgelerden onlara daha fazla ihtiyaç duyulan bölgelere aktarılabilirdi (bu 1918 İspanyol gribinde yaygın biçimde uygulandı). Ülke çapında aşırı bir karantinaya ihtiyaç yoktu ve zaten işe de yaramadı.

Aşırı yük yüzünden, bu ölçekte bir karantina uygulamasının lehine argümanlar daha kuvvetli olsa bile bu neden Amerikan halkına açıkça anlatılmadı? Uzmanlar ve siyasiler düzlenen grafiklerinin arkasına saklanıp uzun vadede vaka ve ölüm sayısını azaltmaya değil zaman kazanmaya oynadıklarını gizlediler. En etkili silahları korkuydu. Güven ise ilk kurbanları.

İspanyol gribi salgınında da siyasiler ve kamu sağlık çalışanlarının karşı karşıya kaldıkları ikilem aynıydı. Yazar John Barry sorunu çok iyi açıklıyor:

> 1918'de her yeri dehşet sarmıştı. Gerçek dehşet.
>
> Hastalığın kendisi yeteri kadar korkunçtu ama kamu görevlileri ve medya o dehşeti pompalamaktan da geri durmadı, üstelik abartarak değil, insanlara moral vermek için küçülterek. ... Eğer 1918'den alınacak bir ders varsa o da bir kriz içindeyken hükûmetlerin halka doğruyu söylemesidir. Risk iletişimi gerçeği yönetmek demektir. Gerçek yönetilmez, anlatılır.
>
> ... Halk hiçbir şeye güvenemiyor, hiçbir şeyi de bilmiyordu. ... Toplumu parçalayacak olan hastalık değil korkuydu. Victor Vaughan -titiz, ölçülü, konuyu anlatmak için abartıya kaçmayan bir adam- birkaç hafta içinde medeniyetin yok olabileceği uyarısını yaptı.
>
> "1918'den alacağımız nihai ders, basit ama uygulaması çok zor bir ders. Yetkili makamlarda oturanlar toplumda herkesi yabancılaştıracak paniği dindirmeliler. Herkes başına buyruk hareket ederse toplum işlevselliğini kaybeder. Tanımı itibarıyla, medeniyet bundan canlı çıkamaz."[8]

Karantinanın bir başka gerekçesi de aşının geliştirilmesine zaman tanımaktı. Ekonominin kapısına kilit vurmanın maliyeti, aşı kitlelere ulaşmaya hazır olunca kurtarılacak hayatlarla telafi edilmiş olacaktı. Böylece virüs zararsız hâle gelecek, pandemi bitecek ve ekonominin bütün parçalarının nispeten risksiz bir şekilde açılmasına olanak doğacaktı.

Bu aşı gerekçesinin bir sorunu var. Ortaya çıkma olasılığı çok düşük. Stanford Üniversitesi Tıp Profesörü Dr. Jay Bhattacharya konuyu kısa ve öz açıkladı: "İnsanlara bulaşan koronavirüsler için bir aşı yok. ... Hiçbiri için tek bir aşımız bile yok."[9] Dr. Bhattacharya'nın sözleri Wall Street'in kuru gürültüsü, "sihirli değnekler" ve "mucize ilaçlar" amigoluğunda genelde duyulmuyor. SARS-CoV-2 bir grip virüsü değil. COVİD-19 da grip değil. Önümüzde yeni bir virüs ve anlamadığımız bir hastalık var.

COVİD-19'dan ölenlerin birçoğunun grip veya zatürre yüzünden öldüğü doğru. Bu her iki hastalık için de çıkacak yeni bir aşı COVİD-19 ölümlerini azaltacaktır. Rahatsızlıkları azaltmak, solunum sorunlarını çözmek veya akut semptomları tedavi etmek için geliştirme aşamasında olan her ilaç hastalığın daha iyi yönetilebilmesine yarayacaktır. Umarım o ilaçlar beklediğimiz gibi etkili olurlar. Ne var ki onların hiçbiri çare değil. HIV-AIDS iyi bir karşılaştırma. Birlikte alındıklarında AIDS'in yan etkilerini azaltan, semptomları hafifleten ve ilaç rejimlerine iyi uyulduğu takdirde hastaların nispeten daha uzun ve normal yaşamalarını sağlayan ilaçlar var. Bu bir nimet ama AIDS'e çare değil.

COVİD-19'a çare arayan birçok ve iyi finanse edilmiş araştırma var. Bu işten sıkı kârlar edilebileceği doğru ama bu aşamada arkalarındaki motivasyon gerçekten de hayatları kurtarmak ve pandemiyi yok etmek. Çoğu virolog çok daha uzun süreceğini söylüyor ama 2021 başlarında bir çare bulunabilir.[10] Bugüne dek bilimin herhangi bir koronavirüse çare bulamadığını da unutmayalım. Başarılı bir aşı bile virütik mutasyon bağlamında değerlendirilmeli. Tıp virüsün bir türü için antikorlar üreten bir aşı bulabilir ama o virüs bir süre sonra antikorlardan etkilenmeyen daha ölümcül bir şekle doğru mutasyon geçirebilir. Araştırmalar elbette devam etmeli ve desteklenmeli ama araştırma için zaman kazanmak ekonomiyi mahvetmek için hiçbir zaman iyi bir neden olmadı.

Belki de karantina için baskı yapan uzmanların en büyük hatası maliyetleri göz önüne almaktaki mutlak başarısızlıklarıydı. Karantinalar maliyetsiz olsa veya sadece ufak sıkıntılara yol açsaydı, beklentilere göre küçük kazanımlar bile maliyete değerdi ama karantinaların büyük maliyeti var.

Ekonomik üretimde 2 trilyon ve varlık değerlerindeki 4 trilyon dolarlık kayıp karantinanın maliyetiydi. Belki de epidemiyolog ve viroloğlar bilim dünyasına o kadar gömülüler ki gerçek ekonomi dünyasından haberleri yok. Eğer öyleyse, önderliği ele alıp rakip görüşler arasında bir denge kurmak görevi siyasi liderlere düşmeliydi. Doktorlar çoğu zaman yetkilerini aştılar ve politikacılar onları durduramadılar.

Ekonomik maliyetlerin yanında başka karantina maliyetleri de var. Bunların birincisi bağışıklık kaybı. SARS-CoV-2'den kaçmak için hepimiz evlerimizden çalışırken (eğer yapabildiysek) düzenli olarak karşılaştığımız uzun bir virüsler ve bakteriler listesine de kapıyı kapattık. Bu karşılaşmalar bağışıklıklarımızı korumaya yarıyordu. Evde kalarak bağışıklık sistemlerimizi zayıflattık. Tekrar dışarı çıktığımızda o virüs ve bakteriler bizi bekliyor olacaklar. Bağışıklığını çarçur etmiş birçok kişi hastalanıp ölecek.

Karantina hayatları COVİD-19'dan kurtarmak için uygulandı. Bu kısa vadede mümkün ama uzun vade için şüpheli. İyi de hayat kurtarmak için kaç kişi öldü? Bu kitabın yazıldığı sıralarda ABD'de 125 bin kişi ölmüştü. Önümüzdeki aylarda bu rakamın 700 bine ulaşması bekleniyor. Karantina uygulansın uygulanmasın, bu ölümlerin çoğu zaten olacaktı.

Centers for Disease Control and Prevention'a (CDC-Hastalık Kontrol ve Korunma Merkezleri) göre sırf karantina sayesinde önlenen ölümlerin sayısı nispeten az. Son CDC tahminlerine göre semptomatik olanlar arasındaki ölüm oranı yüzde 0,4 iken enfekte olup da asemptomatik olanların oranı yüzde 35. Bu da toplam enfeksiyondan ölenlerin oranını yüzde 0,26'ya getiriyor ki bu oran mevsimsel gripten daha fazla ama karantina uygulanmayan 1957, 1968 ve 2009 pandemilerinden daha düşük.[11]

Karantinanın sosyal maliyetleri de var.

Amerikan Ekonomik Araştırmalar Merkezi'nin bulgularına göre, ABD işsizlik oranındaki her yüzde 1'lik yükseliş morfin türevi uyuşturuculardan kaynaklı ölümleri yüzde 3,6 artırıyor. ABD işsizlik oranının karantina sonucunda muhafazakâr bir tahminle yüzde 20 olduğunu varsayarsak, bu morfin türevi uyuşturuculardan 28 bin 797 kişinin daha öleceği anlamına geliyor.[12] Diğer uyuşturucuların ve alkollü içkilerin kullanımı, intihar ve aile içi şiddet gibi karantinanın bozucu etkileri üzerinde bir tahmin yapılacak olursa karantinanın doğrudan 50 bin ilave ölüme daha yol açacağı öngörülebilir. Kaliforniya'daki doktorlar bu tahminleri teyit ettiler. Walnut Creek, Kaliforniya'daki John Muir Tıp Merkezi'nden Dr. Michael deBoisblanc "Önümüze eşi benzeri görülmemiş rakamlar geliyor. 21 Mayıs'ta sona eren dört haftalık süre içinde bir yılda ulaştığımız intihar rakamına ulaştık" dedi.[13]

Karantina maliyetleri sadece kaybolan trilyonlarca dolarlık servet ve on binlerce karantinaya bağlı ölümden ibaret değil. Birçok kişi hastanelerde COVİD-19 kapmaktan korkarak gerekli olan tıbbi işlemlerini geciktirerek kalp krizi veya kanserden hayatını kaybetti. Yalnızlık, tecrit ve umutsuzluğun yol açtığı zihinsel ve fiziksel sağlık sorunları da var. Özellikle genç kesimde, eğitsel gelişim de sekteye uğradı. İnsanlar harap oldu, saç kestikleri veya spor salonlarını açtıkları için girişimciler tutuklandı. Hukuk çiğnenerek insanların serbestçe dini ibadetlerini yerine getirmeleri, yaşama ve özgürlük gibi anayasal hakları çok görüldü. Dar görüşlü bürokratlar insanların federal, eyalet ve yerel düzeylerdeki hayatları üzerinde birer diktatör gibi güç sahibi oldular. Neden? Liderlik yapmaktan korkan paniklemiş siyasilerin yetkilendirdiği ama hukuk, ekonomi ve sosyoloji hakkında hiçbir fikri olmayan epidemiyolog ve virologlar servetlerin yok olmasına, hak mahrumiyet- lerine ve toplumların aşağılanmasına neden oldular.

Yüz maskesi gibi basit bir konu bile uzmanlar arasında tartışmalara yol açtı. Ulusal Alerji ve Bulaşıcı Hastalıklar Enstitüsü Başkanı Dr. Anthony Fauci, 16 Ha- ziran 2020'de bir gazeteciye şöyle dedi: "Maskeler yüzde 100 koruma sağlamıyor. Yine de hiç giymemekten kesinlikle daha iyiler."[14] 25 Haziran 2020'de, CDC'nin eski başkanı Dr. Tom Frieden, New York Times gazetesine, "Eğer dışarıda ve kim- seye yakın değilseniz maske takmanıza gerek yok. Covid olmayan bir topluluğun içindeyseniz de takmanıza gerek yok."[15] Aslında her iki uzman da kendi alanları dâhilinde haklıydılar ama, sözde "uzmanların" ağzından böyle çelişkili yorumlar duyan halkı, kafası karıştığı veya güvensizlik duyduğu için suçlayamazsınız.

Karantina uygulanmasını destekleyenler hayat kurtarmanın ekonomik ma- liyetleri olacağını savunarak eleştirileri geri püskürtmeye çalıştılar. Bu görüşü destekleyen en sözünü esirgemez seslerden biri de Nobel ödüllü ekonomist Paul Krugman idi. "Dow İçin Kaç Kişi Ölecek?" başlıklı makalesinde "Kaç kişi ölürse ölsün Trump ve partisi ekonomiyi yeniden açmak için tam gazla gitmek istiyor. ... Bilfiil Amerikalıların Dow için ölmeleri gerektiğine inanıyorlar."[16] Bir ekonomist olarak Krugman 1990'larda muhteşem işler çıkardı, ama ondan sonra bir köşe yazarı olarak yazdığı her şey yanlıştı.

Politika yapıcılar potansiyel ölümler ile günlük güvenlik ve etkililik arasında bir ödünleşim olacağına inanıyorlar. Hız sınırını saatte 65 km'ye indirmek hayat kurta- rabilir ama bunu yapmıyoruz, çünkü maliyetli ve verimsiz. Gerçekten bu konuda endişeleniyorsanız araba kullanmak zorunda değilsiniz. Fabrikalardaki güvenlik önlemleri işçileri korumak için uygulanır ama çok aşırıya kaçmazsınız, çünkü fabrika çalışmak zorundadır. İşçiler eğitimden geçerler ve riskler konusunda haberdar edilir- ler. Eğer bu riskleri kabul edilemez bulursanız başka yerde çalışmakta serbestsiniz. Mesele şu ki bu ödünleşmeler devamlı olarak bir politika perspektifi veya bireysel seçim sonucunda yapılır. Krugman'ın yukarıdan aşağı doktrini tipik bir akademis- yen yaklaşımıdır ve bürokrasinin neden totaliter çözümlere yöneltildiğini gösterir. Ekonomiyi tekrar açmak bazı ölümlere yol açtığı gibi bazı hayatları da kurtaracak. Bireyler evde kalmayı seçebilirler ve bazıları kalmalı da. Özgürlük dediğimiz şey bu.

Son olarak, zaten karantinanın bilimsel gerekçesi neydi ki? Büyük maliyetleri ile görünen küçük faydalar sağlayabilen karantina planının kökeni neydi?

CDC Kasım 2006'da yayımlanan raporunda karantinayla sonuçlanacak o planı gözden geçirdi.[17] Raporu yazanlardan biri, immünoloji veya epidemiyoloji konularında hiçbir deneyimi olmayan Sandia Ulusal Laboratuvarları Karmaşık Uyarlanabilir Sistemler Uzmanı Robert J. Glass idi. Diğer bir yazar da okul projesi olarak kompleks bir sistem modeli inşa etmiş olan 14 yaşındaki bir lise öğrencisiydi. Yazarların alıntı yaptığı katkıcılardan biri de Imperial College of London'da hastalık modellemesi yapan Neil Ferguson idi. Neil Ferguson, bir "düşünce hatası" yaptığını kabul ettikten sonra İngiltere hükûmetindeki işinden istifa eden ve pandemi sosyal mesafe modellemelerinin güvenilmez olduğu geniş ölçüde bilinen biri idi.[18] İşte o CDC raporu, CDC tarafından Şubat 2007'de yayımlanan 109 sayfalık karantina planının temelini oluşturdu.[19] O, 2006 CDC raporu ve özgün 2007 CDC planı, 2006'da ortaya çıkan kuş gribine karşı Başkan George W. Bush'un talep ettiği hareket planına istinaden yazılmışlardı. Bush kuş gribi salgını sırasında 1918 İspanyol gribi pandemisinin ayrıntılı bir tarihini okumuş ve olası yeni bir pandemiye karşı hükûmetin hazırlıklı olmasını istemişti.[20] Obama Hükûmeti'nin başlattığı beş yıllık bir gözden geçirmeden sonra CDC 2017 yılında o Bush planını güncelledi.[21] Son olarak da Trump Hükûmeti 2020 COVİD-19 pandemisi karantinasını bu plana istinaden uygulamaya soktu. CDC'nin ülkeye sunduğu şey Orta Çağ'a geri dönmek oldu.

Bu politikalar dizgesindeki asıl vebal 2006 raporunun yazarlarından biri olup hastalık konusunda bir uzmanlığı bulunmayan Robert Glass'ın omuzlarındadır. Robert Glass'ın mevcut koşullardaki programlanmış değişimlere karşı önceden programlanmış tepkisel işlevlere dayanan ve "otonom ajanlar" (bilgisayar programlamasıyla yaratılmış) denilen etkileşimler içeren kompleksite teorisi modellemeleri konusunda bilgisi vardı. Ben de Glass'ın çalışmalarını yürüttüğü Sandia'dan pek uzak olmayan Los Alamos Ulusal Laboratuvarı'nda benzer çalışmalar yapmıştım. Bu çalışmalar simülasyonlar ve bazı tahmin yöntemleri için çok değerli ama ciddi kısıtlamaları var. Gerçek insanları içermeyen bir kara kutuda yapılıyorlar, alternatif senaryolar ve ekzojen fırsat maliyetleri göz önüne alındığında zayıf kalıyorlar. Glass'ın modellemesinin çıktıları beş para etmezdi, çünkü kullanılan varsayımlar esnek değildi ve insan davranışını göz ardı ediyordu. İnsanlar hükûmet diktalarına karşı dururlar ve hangi kanal müsaitse orada sosyal etkileşime girerler. Glass bu kısıtlamaları göz ardı etti, esnek ve gerçekçi olmayan varsayımlarla karantina modellemeleri geliştirdi. Gerisini de CDC halletti.

Rapor, plan ve güncelleme çalışmalarının üçü de "Davranışsal Kurallar" ve "Toplum Yumuşatma Müdahaleleri" gibi başlıklar içeriyor. 2017'nin nihai planının kontrol listesinde "Geçici olarak okulları kapatmak. ... Büyük halk etkinliklerini modifiye etmek, ertelemek veya iptal etmek" ve "İnsanlar arasında fiziksel mesafe yaratmak" gibi tavsiyeler var.[22] Karantina senaryosunun tamamı; Bush, Obama ve Trump hükûmetlerinin sınırlarını çizdiği özellikler için tasarlanan ve hastalık, davranışsal psikoloji veya ekonomi hakkında hiçbir fikri olmayan bir bilim adamının ürettiği çalışmayı baz alıyordu. Bu zıvanadan çıkmış bürokrasiden başka bir şey değildi. Ve, gerçeğimiz hâline gelerek hayatlara mal oldu, trilyonlarca dolarlık serveti yok etti.

Bunu ifade eden uzmanlar da oldu. Bu bürokratik karantina planına karşı en güçlü ses Pittsburgh Tıp Merkezi'nin mümtaz hocalarından bir olan Dr. D. A. Henderson'dan çıktı. Henderson'un, Glass'ın çalışmasıyla CDC'nin yönergelerini çürüten, 2006 tarihli bir raporda imzası vardı.[23] Rapor şöyle diyordu: "Gribin bir ülkeye veya politik bir bölgeye girişi tarihsel olarak hiçbir zaman engellenememiş olduğu gibi belli bir hastalığı dindirme önleminin gribin yayılmasını hatırı sayılır bir şekilde yavaşlattığına dair pek fazla kanıt yok. ... Büyük ölçekli karantinanın olumsuz sonuçları o kadar aşırı ki (sağlıklı olanlarla birlikte hasta olanların zoraki olarak kapalı bırakılmaları; büyük nüfusun hareketinin tamamen yasaklanması...) bu çarenin tamamen masadan kaldırılması gerekir. ... Havalimanlarını kapatmak gibi seyahat kısıtlamaları ... tarihsel olarak işe yaramamıştır ... ve büyük bir olasılıkla modern çağda daha da az etkili olacaktır."

Epidemiyolog olmayanlarla bürokratlar karantina yolunda tam gaz ilerlerlerken, ciddi virolog ve epidemiyologlardan karantinaların işlemediğine dair uyarılar da geliyordu. Haklıydılar. Henderson ve rapora imzasını koyan diğerleri gönüllü öz karantina, el yıkama, koruyucu giysiler, solunum hijyeni gibi sağduyulu önlemleri desteklediler. Ulusal karantina gibi abartılı önlemlerin işe yaramadığına dair uyarılar yaptılar. CDC ve Başkan Trump'un Koronavirüs Görev Gücü (White House Coronavirus Task Force) varılan o sonuçlara kulak asmadı. Bunun bedelini Amerikan halkı ödedi.

Bir karantinanın dinamikleri hakkında en iyi açıklama, Laura Spinney'in İspanyol gribinin tarihini anlattığı *Pale Rider* isimli kitapta var.[24] Spinney'nin göstermeye çalıştığı şey karantinaların işe yaramayacakları değil, baskı ve güvensizlik yüzünden işe yaramadıkları. Şöyle yazıyor:

> Gelecekte olacak bir grip pandemisinde, sağlık yetkilileri karantina, okul kapatma ve toplanma yasakları gibi koruyucu önlemler getirecekler. Bunlar hepimizin ortak çıkarı için olacak ama bu önlemlere herkesin uymasını nasıl sağlayacağız? ... Deneyimler insanların mecburi sağlık önlemlerine karşı toleransının düşük olduğunu gösteriyor. Bu önlemler; gönüllü olarak uygulandığında, insanların özgür iradesine saygı duyulduğunda veya o iradeye

dayandırıldığında ve polisiye güç kullanımından uzak durulduğunda daha etkili oluyorlar. ... 2016 rakamlarını kullanırsak ... CDC böyle bir tavsiye kararı almadan önce 3 milyondan fazla Amerikalının ölmesi gerekirdi; bu da o örgütün güç kullanımının ne kadar ters tepen bir önlem olduğuna dair inancının ölçüsünü gösteriyor.

İyi de eğer hastalık insanlar kurallara uymayı kendi özgür iradeleriyle seçtiğinde en iyi şekilde kontrol altına alınabiliyorsa, o zaman o insanlara hastalığın doğası ve getirdiği riskler hakkında bilgi verilmeli. ... Sansür ve tehlikeyi hafifsemek çalışmaz; tarafsız ve zamanlı bir şekilde doğru bilgi aktarmak çalışır. ... Güven çabuk inşa edilebilen bir şey değildir. Eğer pandemi kendini gösterdiğinde orada değilse, bilgi ne kadar iyi aktarılırsa aktarılsın, muhtemelen kimse o bilgiye kulak asmayacaktır.

Spinney bunları COVİD-19 ortaya çıkmadan önce, 2017'de yazdı. Bunları 1918'de alınan derslerden yola çıkarak yazdı. Gönüllülüğü, özgür bireysel seçimi ve polis gücünden kaçınmayı önerdi. Dürüst konuşma ve güveni vurguladı. 2020'nin liderleri gönüllü değil zorunlu kuralları devreye soktular. Polis kaba kuvvet kullanarak yolları kapattı, insanları tutukladı. Resmi açıklamalar tehlikeleri göz ardı edip sahte güvenceler pompaladı. Güven başta zaten cılızdı, sonda ise tamamen yok oldu. Resmi hamleler tarihin derslerine ve sağduyulu görüşlere kulak asmadı. O zaman da karantinanın neden çalışmadığına şaşırmamalı.

Karantina işin sonunda hayatlar kurtardı mı? Evet. Herhâlde kurtardığından daha fazla öldürdü ama kurtardı. Sıkıyönetim de en azından kısa vadede daha fazla hayat kurtarırdı. Ama ülkeyi de mahvederdi.

Sadece kurtarılan hayatları saymak eksik olur. Çok daha az müdahaleci önlemlerle de hayatlar kurtarılabilirdi. Hükûmetin karantina planı gönüllü eylemlere ve sağduyuya yer bırakmadı. Umutsuzluk, azalan bağışıklık ve hayatları kurtarmak için kullanılabilecekken kaybedilen trilyonlarca dolarlık servet ve üretim gibi dış maliyetleri hesaba katmadı. Karantina gereksiz ve etkisizdi. Seçkin uzmanlığın nihai başarısızlığıydı. Alternatifler vardı. Karantina dünya çapında tarihi bir hataydı.

Şimdi dikkatimizi bu hatanın ceremesini çeken ekonomiye çevirelim.

Üçüncü Bölüm

Yeni Büyük Çöküş

Bu trajik COVİD-19 şokunu yiyeli daha birkaç ay oldu ama, daha şimdiden ana caddenin bağrı yanarken yine Wall Street'in serpildiği endişeleri belirmeye başladı. ... Eğer mevcut varlık fiyatları kesin bir ekonomik toparlanmayla onaylanmazsa, sadece ekonominin ve piyasaların değil aynı zamanda kurumların ve toplumun da uzun vadeli sağlığı risk altına girecek.

— Mohamed A. El-Erian, Foreign Policy, 29 May 29, 2020[1]

Piyasa çöküşleri genelde gelecek kuşaklar için takvimde silinmez bir iz bırakırlar. 24 Eylül 1869, Kara Cuma, Jay Gould ve Büyük Jim Fisk'in altın piyasasını ele geçirme girişimlerinin yıkıldığı tarih. 28 Ekim 1929, Kara Pazartesi, Dow Jones Sanayi Endeksi'nin bir günde yüzde 12,82 düşerek ilk Büyük Çöküş'ün tetiğini çektiği gün. Dow bir sonraki gün yüzde 11,73 daha düşerek iki günlük kaybı yüzde 23'e getirdi. Başka bir Kara Pazartesi de 19 Ekim 1987'de gerçekleşti. O gün Dow, tarihinin en büyük günlük yüzde düşüşünü (yüzde 22,6) gördü. Bugün hayatta olan çoğu kişi 15 Eylül 2008'i, tarihin en büyük iflasını, Lehman Brothers'ın çöküşünü hatırlayacaktır. O gün hisse senedi piyasası işin vahametini fark etmedi ve sadece yüzde 4,5 düştü. Hâlbuki o düşüş sadece bir başlangıçtı. 6 Mart 2009'daki dibi görene dek hisseler çığ gibi düştü ve Dow yüzde 39 daha değer kaybetti. Bu tarihler simgesel ama kendi kendilerine de oluşmadılar. 1869'daki altın piyasası çöküşünden önce piyasayı ele geçirme hamleleriyle birlikte fiyatlar dik bir zirve yapmıştı. 28 Ekim 1929'un Kara Pazartesi'nden önce, 24 Ekim'de, piyasaların, açılış çanıyla beraber yüzde 11 düştükten sonra toparlanıp günü yüzde 2 kayıp ile kapattığı Kara Perşembe vardı. Aynı şekilde Lehman Brothers'ın çöküşünden çok daha önce, Mart-Temmuz 2008 arasında, piyasalar art arda gelen Bear Stearns, Fannie Mae ve Freddie Mac'ın çöküş haberlerini sindiriyordu. Bütün büyük çöküşlerin evvelinde piyasaların büyük ölçüde göz ardı ettiği uyarılar vardı.

Şimdiki Yeni Büyük Çöküş 24 Şubat 2020'de başladı. O gün, piyasaların keskince aşağı kırdığı ve 23 Mart 2020'ye kadar yüzünü yukarı çeviremediği gündü.

Düşüş, Dow Jones Sanayi Endeksi değerinden yüzde 36 kaybedene kadar sürdü. 24 Şubat tüm zamanların en yükseği değildi. En yüksek birkaç gün önce gerçekleşmişti. 23 Mart'a kadar süren düşüş de düz bir çizgi hâlinde oluşmadı. Arada bazı yükseliş günleri de vardı.

24 Şubat'ın Kara Pazartesi'sini diğer olağan günlük piyasa volatilitesinden farklı kılan şey küresel pandemi haberlerinin yarattığı şoktu. Şok Çin'den gelmedi; o eski haberdi. Şok İtalya'dan geldi. İtalya'da açıklanan vaka sayıları sıfıra yakınken 21 Şubat'ta 17'ye, 22 Şubat'ta 42'ye, 23 Şubat'ta 93'e yükseldi.

23 Şubat Pazar akşamı bir fırtına uyarısı tweet'i attım:

> Wall Street koronavirüsün sebep olduğu bir kıyamet günüyle karşı karşıya. Kimse Çin verilerine inanmıyor. İyi de piyasa, yine o verilerdeki olumlu trendlere bakarak cesaretlenmiş durumda. Hangisi doğru? Bu arada Kore, Japonya, İran ve İtalya'dan gelen daha güvenilir veriler virüsün çığrından çıkmış olduğunu gösteriyor.

Piyasalar 24 Şubat'ta açıldığında piyasa işlemcileri İtalya'daki vaka sayısının bir günde üçe ve ertesi gün ikiye katladığını gördüler. İşlemcileri ürküten şey mutlak vaka sayıları değildi; o sayılar nispeten küçüktü. Esas ürkütücü olan üssel artıştı. Bu artış pandeminin artık zıvanadan çıktığının ve daha da kötüleşeceğinin kesin kanıtıydı. Hastalığın açıkça Çin'den İtalya'ya atladığı gerçeği daha büyük bir endişe kaynağıydı. Bu, dünyada herhangi başka bir yere daha gideceği ve hâlihazırda gitmiş olduğu anlamına geliyordu. Çin'in eninde sonunda bir şekilde kontrol altına alacağı bir sorunu olduğuna inanmak başka bir şey; virüsün yayılmasının önlenemediğinin ve bütün dünyayı tehdit ettiğinin farkına varmak başka bir şey. İşte piyasalar 24 Şubat'ta açılmadan önce değişen şey buydu. O gün Yeni Büyük Çöküş'ün başladığı gündü.

Yeni Büyük Çöküş kaybedilen servet ve üretim rakamlarının hikâyesidir. Daha önemlisi, kaybedilen işlerin, kapatılan şirketlerin ve yıkılan hayallerin hikâyesi. Nihayetinde de gelecekte ekonominin ne yöne gideceğinin hikâyesidir. Olaya üç ayrı kesimden bakacağız.

Düşüş

24 Şubat Pazartesi günü hisse senetleri yüzde 3,6 değer kaybetti. Gelecek karanlık günleri düşünürseniz bu küçücük bir düşüştü ve Dow tarihinin yüzdesel olarak en büyük 20 düşüşünün yanına bile yaklaşamamıştı. Ne var ki bir bakıma da gelecek kötü günlerin habercisi, piyasa katılımcılarının psikolojisinde de bir kırılmanın işaretiydi. 24 Şubat'tan önce, piyasada inişli çıkışlı günler devam ediyor

ve endeksler tarihi en yükseklerinde olmasalar da oralara yakın seyrediyorlardı. Piyasalar, "Wuhan gribi" ile yaşamayı öğrenmişti ve olaya sanki kontrol altına alınmak üzere olan bir Çin sorunu olarak bakıyordu. 24 Şubat piyasa katılımcılarının gözlerinin açıldığı gün oldu. Küresel pandeminin gerçek yüzünü gördüler ve hisse değerlemelerinin daha gerçekçi varsayımlara dayandırmaya başladılar. Hisse senedi piyasalarının geleceğe baktıkları ve cari fiyatlarda olayları göz ardı ettikleri yaygınca bilinir. Bunda bir gerçek payı var ama bu piyasalar her şeyi net görür demekle aynı şey değil. Piyasalar genelde olayların gerçekten çok uzak bir biçimini iskonto ederler. Bu olduğunda da gerçekle piyasanın algısı arasında stres birikmeye başlar. Gerçek her zaman kazanır ama bu bazen zaman alır. Ocak sonu ile 21 Şubat arasında piyasaların Çin ve COVİD-19 algısı nispeten olumluydu. Vaka sayısındaki artış duruluyor ve virüs kontrol altına alınıyormuş gibi bir sezgi vardı. 22-23 Şubat hafta sonunda gelen İtalyan verileri, Çin canavarı hakkındaki bir gerçekle yüzleşme oldu. 24 Şubat Pazartesi günü büyü bozuldu ve piyasaların küresel virüs krizi gerçeğine bakış değişti.

O günden itibaren düşüş acımasız oldu. 9 Mart 2020'de piyasa yüzde 7,79 düştü (Dow'da 2.013 puan düşüş). 12 Mart 2020'de yüzde 9,99 daha düşüş görüldü (2.352 puan). 16 Mart 2020'de yüzde 12,93 daha düşüş (2.997 puan). Bu üç düşüşün her biri, hisse senedi piyasası tarihinin en büyük yüzdesel düşüşleri sırlamasında ilk yirmi arasındaydı. 12-16 Mart arasında görülen düşüşler tarihin en büyük günlük puan düşüşleri arasında ilk beşe giriyordu. 16 Mart hareketi ikinci en büyük günlük puan düşüşüydü, hem ilk Büyük Buhran'ı başlatan günden hem de 19 Ekim 1987'de gördüğümüz tarihin en büyük yüzdesel düşüşünden (yüzde 22,6). Öyle olunca elbette o 1987 düşüşüne tepki olarak uygulanmaya başlayan işlem durdurmalar, yani "devre kesiciler" tekrar tekrar devreye sokuldu. Eğer düşüşler yüzdesel olarak değil de puan olarak ölçülürse, tarihin en büyük on düşüşünden sekizinin Şubat veya Mart 2020'de gerçekleştiği görülür. Dow'un 12 Şubat'taki (29.550) tüm zamanların zirvesiyle 23 Mart'ta görülen 18.591 dibi arasındaki mesafe yüzde 37'lik bir çöküşe tekabül ediyor. Bu tarihi bir çakılmaydı. Artık tarihin en büyük boğa piyasası sona ermişti.

Wall Street çığırtkanları finans medyasına çıkıp bu yüzde 37'lik çakılışın Büyük Buhran'ın yüzde 89,2'lik çöküşü ile karşılaştırılamayacağını söylemekte gecikmediler. İstatistikler, işlerine geldiği gibi o yüzde 89,2'lik düşüşün 1929-1932 arasındaki dört yılda gerçekleştiğini göz ardı ediyor. Dow 1929'da yüzde 17,2, 1930'da yüzde 33,8, 1931'de yüzde 52,7 ve 1932'de yüzde 22,6 düşmüştü. Yüzde 37'lik COVİD çakılışı dört yılda olmadı, altı haftadan daha kısa bir süre içinde gerçekleşti. Ve daha sonunu görüp görmediğimizi bilmiyoruz.

Hisseler Mart sonundan Haziran başına kadar etkileyici bir yükseliş gösterip kaybettiklerinin neredeyse yarısını geri aldılar. Wall Street kalabalığı hemen bunu en kötünün geride kaldığı, ekonominin hızlıca geri açılmaya başladığı ve "V" şeklinde bir toparlanma olacağı şeklinde ilan etti. Tarih ise bize başka bir hikâye anlatıyor.

1929-1932 arasındaki yüzde 89,2'lik düşüş sırasında da Dow en kötünün geride kaldığını ima eden etkileyici yükselişler kaydetmişti. 17 Kasım 1929-20 Nisan 1930 arasında hisseler yüzde 28,6 yükseldiler. 22 Haziran-7 Eylül 1930 tarihleri arasında yüzde 13,2'lik bir yükseliş oldu. 18 Ocak-22 Şubat 1931 tarihleri arasındaki yükseliş yüzde 17,5 idi. Son olarak, 31 Mayıs-28 Haziran 1931 arasındaki yükseliş de yüzde 22,2 olarak gerçekleşti. Bu çift haneli yükselişler tarihin en büyük çöküşü esnasında oldu. Fiyat bantı bize hikâyeyi açıkça anlatıyor. Dow'daki 1929 yükselişi 228'de başladı. 1930 yükselişi 215'te, Ocak 1931 yükselişi 163'te, Mayıs 1931 yükselişi 128'de. Bu yükselişler (ve diğer daha küçük olanlar) Dow'da 380'de başlayıp Temmuz 1932'de 42'de sona eren yavaş ve acımasız bir çöküş içinde oluştular. Yükselişler olmaz demiyorum. Bazı yatırımcılar para kazanmaz da demiyorum. Bu yükselişlerin, piyasanın yürürlükte olan temposu ve rüyalarından çok daha büyük güçler tarafından devinen uzun vadeli trendler hakkında bize hiçbir şey ifade etmediklerini anlatmaya çalışıyorum.

İlk Büyük Buhran sırasında oluşan bu ayı piyasası yükselişleri temel koşullar berbat olmakla beraber hem teknik (bazı aşamalarda piyasa öyle çok düştü ki işlemciler için tepki alımları gayet uygun gözüktü) hem de temel (Başkan Herbert Hoover'in toparlanma önlemleri sayesinde ara sıra gelen iyi haberler, hisse fiyatlarında da bir toparlanmaya neden oldu) unsurlarla açıklanabilir. Aynı şeyler; konut kredileri piyasası çöküşü (2007-2008), aşırı zayıf toparlanma (2009-2019) ve pandemi (2020) sırasında oluşan yirmi birinci yüzyılın piyasa yükselişleri için söylenemez. Şişmiş varlık değerleri, özellikle hisselerde daha çok pasif yatırım, endeksleme, borsa yatırım fonları (bir mini endeks), hisse geri alımları (Amerikan şirketlerinin CEO opsiyon paketleri ve teknik vergi avantajlarıyla pek de gizli olmayan bir şekilde tasfiyesi), algoritmik olarak diplerde alıma geçmek üzere programlanmış robotlar, hepsinin üzerinde Federal Reserve'nin para basması ve piyasaların düşmesini engelleyen «batmayacak kadar büyük» felsefesinin yaygınca devreye sokulması sayesinde oluştu. Bu koşullarda yatırımcıların da kervana katılmış olmaları yadsınamaz.

Bu yirmi birinci yüzyıl icatlarının hiçbiri sürdürülebilir değil. Ortalıkta adil fiyatı keşfedecek aktif yatırımcı kalmadığında pasif yatırım ve endekslemenin benzini biter. Borç bulunamıyor ve şirketin nakit akışları azalıyorsa hisse geri alımları tükenir. Gerçek para oyun dışına çıktığında bir düşüş öncesinde alım yapacak tek taraf olarak robotlar kalır. O zaman da programcılar başka meşgale ararlar. Fed, Fed'in pek anlamadığı psikolojik nedenlerden ötürü paranın dolaşım hızı çakılıyorsa para basmanın teşvik olmadığını idrak eder. Oyun bitti. Arkada kalanlar pandeminin, işsizliğin ve gelecek korkusunun daha ağır basan güçleri.

S&P 500 endeksinin seyri bu gerçekleri yansıtıyor. Endeks tarihi en yükseğini (3.386) 19 Şubat 2020'de gördü. Sonra da yayılan COVİD-19 pandemisine tepki olarak çakılmaya başladı. Kısa bir toparlanmadan sonra, zirve yapan vaka sayıları ve uçuşa geçmiş işsizliğe tepki vererek ikinci bir dalışa geçti. 23 Mart'ta 2.237 dibini görüp (yüzde 33 düşüş) sıkı bir yükselişe geçerek 5 Haziran'da 3.200'e geldi (dibin yüzde 43 üzeri).

S&P kapitalizasyon-ağırlıklı bir endekstir. Bu da piyasa değeri daha fazla olan şirketlerin hisse senedi fiyatlarının toplam endeksin performansında daha fazla etkisi olduğu anlamına gelir. S&P 500'deki yüksek piyasa değerli ağır toplar o bildiğimiz teknoloji devleri; Amazon, Apple, Microsoft, Netflix, Facebook ve Alphabet (daha çok bilinen adıyla Google). Bu hisselerin ortak yanı fiziki perakende satış alanına pek de ihtiyaç duymuyor olmaları. Apple'nin mağazaları var ama onlar da satış yerinden ziyade birer teşhir salonu ve danışmanlık butikleri. Amazon, Whole Foods'un sahibi ama o da Amazon portalından sipariş edilmiş bir eve teslim aracı. Bunların haricinde, bu şirketler büyük ölçüde yazılım, duraksız akış, arama, reklâm ve benzeri hizmetleri sunan çevrim içi dijital şirketler. Bu şirketlerin piyasa değerlerinin hâkimiyeti göz önüne alınacak olursa, S&P 500'e "S&P 6" demek daha gerçekçi olur.

Dow Jones Sanayi Endeksi'ndeki 30 şirkette de benzer bir durum var. Bu endeks kapitalizasyon ağırlıklı bir endeks değil ve karmaşık bir tescilli formülle hesaplanıyor. Bu endekste de Apple, Cisco, IBM, Intel ve Microsoft gibi teknoloji firmaları var. Verizon ve Disney gibi telekomünikasyon ve medya şirketleri, American Express, Goldman Sachs, JPMorgan Chase, Travelers ve Visa gibi finansal firmalar da endekse dâhil. Bunlar Dow'un yüzde 40'ını oluşturuyorlar. Pandeminin dokunmadığı bir şirket yok ama teknoloji, telekomünikasyon, medya ve finans şirketleri; imalat, ulaşım ve perakende şirketlerinden çok daha az etkilendiler. Aynı şekilde, Bileşik NASDAQ Endeksi'nin de teknoloji ağırlıklı olduğu bilinen bir şey. Kısacası, bizdeki büyük hisse senedi endeksleri reel ekonomiden kopuklar ve yeni işsiz kalmış 45 milyon Amerikalı ile neredeyse yok olmuş olan KOBİ'lerden pek etkilenmediler.

Bugün hisse senetleri insanlardan ziyade büyük ölçüde robotlarca alınıp satılıyor. Bu robotlar haber başlıklarını okumak, emirleri uygulamak ve derhal harekete geçmek üzere eğitilmişler. Temel veriler onlar için önemsiz (en azından kısa vadede). Eğer algoritma onlara "teşvik lafını duyarsan endeksi al" diyorsa, Jay Powell her konuştuğunda robotlar endekste alıma geçiyorlar. Eğer algoritma onlara "açık bütçe harcamaları lafını duyarsan endeksi al" diyorsa, Mitch McConnell ve Nancy Pelosi* yeni bir harcama konusunda her el sıkıştığında (veya dirsek tokuşturduğunda) robotlar endeks alıyorlar. Robotlar düşünmez, analiz yapmaz ve ileriye bakmazlar. Onlar sadece emirleri uygularlar.

Gerçek er geç yolunuzu keser. İflas, robotlar için bile bir uyandırma servisidir. Amerikalılar ikinci dalga virüs dinamiklerini pek anlamayabilirler ama iflasın ne olduğunu bilirler, çünkü ondan doğrudan etkilenmişlerdir. Eğer iş vereniniz iflas etseydi veya hisse senetleriniz sıfıra düşseydi siz de gayet iyi bilirdiniz. Henüz etkilenmemiş Amerikalılar bile sıradaki şirketin kendi şirketleri olabileceği endişesiyle yaşıyor. Belki gelecek ay işlerini kaybedecekler, belki de şirketler iflas edince portföylerinin değeri düşecek

Çöküşler sadece istatistikten ibaret değildir. Bir çöküş, işini kaybeden bireylerin uğradığı travmalar; kiranın ödenebileceğine, masaya yemek konacağına, çocukları okutabilmeye ve sağlık hizmetlerine ulaşabilmeye dair endişelerin o hesaplanamaz toplamıdır. İşini kaybetmek sadece maaşı değil aynı zamanda insan haysiyetini, öz güvenini ve gelecek için beslenen umutları etkiler. Çöküşler sadece iş kayıplarına yol açmaz. Şirketler ölür, en azından işleri bozulur. Bu dalgalar oralardan toplumlara, kentlerin bütününe ulaşırlar. Bir çöküşün etkileri derin ve uzun süreli olur; ilk Büyük Buhran'daki gibi kuşaklara yayılabilir.

İstatistikler; insanların, şirketlerin ve toplumların nasıl ve ne kadar kötü etkilendiklerinin derinliğini ölçmemize yarar. Aynı zamanda önümüzdekinin başka bir resesyon değil bir çöküş olduğunu gösterir. Bir baz oluşturması açısından 1929 ve 2008 finansal krizleri pek anlamlı değil. 1987 ve 1998 piyasa panikleri, her ne kadar küresel finansal istikrarı tehdit etmiş olsalar da hızlıca yatıştılar ve nispeten daha az insan etkilendi. Bu çöküş farklı ve veriler neden farklı olduğunu göstermeye yarıyor.

İlk ve en önemli konu, 1 Mart ile 1 Temmuz 2020 arasında 45 milyondan fazla Amerikalının işini kaybetmiş olması. Bu iş kayıplarının yeniden ve çabuk kazanılacağına dair görüşler yanlış. İş kayıpları önce yavaşlayıp sonra duracak. Bir toparlanma başlayacak. Bu 45 milyon Amerikalının işlerine geri döneceği anlamına gelmiyor. Önümüzdeki üç yıl boyunca her ay 1 milyon yeni iş yaratılması (ki tarihi olarak bu müthiş yüksek bir rakam) toplam istihdamı ancak Şubat 2020'deki seviyelerine getirebilir. Bu öngörü doğru çıksa bile (ki hayli şüpheli) kaybedilen bazı işler hiçbir zaman geri kazanılmayacak. Karantinada kapılarını kapatıp 20 kişiyi işten çıkarmış bir lokanta açıldığında o 20 kişinin hepsini geri işe almayacak. Belki

---

* Cumhuriyetçi Parti Kentucky Senatörü olan Mitch McConnell, Senato'da Çoğunluk Lideri görevini yürütüyor. Demokrat Partili Nancy Pelosi ise ABD Temsilciler Meclisi Başkanı unvanını taşıyor. (ç.n.)

10 kişi alıp bekle gör yapacak. İşler de büyük bir olasılıkla pek iyi gitmeyecek. Sosyal mesafe kuralları daha az masa ve daha az müşteri anlamına geliyor. Müşteriler de hâlâ endişeli olduklarından koşa koşa lokantalara akın etmeyecekler. Bu arada lokantaların yeniden açıldığını varsayıyoruz; çoğu açılmayacak, onlar bir daha geri dönmemek üzere kapandılar. Öte yandan, işe geri alınmamış garsonlar ve barmenler becerilerini ve iş çevrelerini kaybedecekler. Bazıları da, teknik olarak hükûmetin tanımına uymasa da işsizliğe sürüklenmiş olacaklar.

Lokanta vakası bir gerçek ama sadece bir örnek. Karantina sırasında her yerde #HES (hayat eve sığar) etiketini gördük. Herkes eve sığındı. İşverenler bu modelin, çalışanları kentin göbeğinde yer alan iş yerlerine tıkıştırıp yılda 1 milyon saatlik işe gidip gelme zamanı ve milyonlarca dolarlık kira, aidat ve sigorta harcamasına mal olan, ayrıca bir dizi masrafa ve lojistik maliyetlere yol açan eski modelden çok daha iyi çalıştığının farkına vardılar. Artık yeni iş yeri modeli, başkalarıyla paylaşılan toplantı mekanlarından oluşan birkaç kat, günlük rezerve edilen ofisler, bir resepsiyonist ve küçük bir yardımcılar grubundan oluşacak. Onlar oradayken ihtiyaç duyulan malzeme dolaplarda olacak ve giderlerken o malzemeyi dolaplara kitleyip gidecekler. Ya da evden çalışacaklar. Bu işverenler için iyi de boş ofisler, ödenmemiş kiralar, işten çıkarılmış temizlik personeli, sokak satıcıları, büfeler ve lokantalar, yarı boş trenler ve otobüsler ile öğlen arası alışverişine ne olacak? Bunların hepsi, hepsi olmasa da yüzde sekseni yok olacak. Hayat devam edecek ama tali istihdam ve üretimin tümü devam etmeyecek. İşte bu da resesyonla çöküş arasındaki fark. Çöküşlerde işler eski normale dönmez, çünkü artık normal diye bir şey yok.

Bu spekülasyon değil, hâlihazırda verilerin içinde... Mayıs 2020'de, perakende mağazaların sadece yüzde 32'si kira ödüyordu. Diğer sektörlerde bu oran şöyleydi: Lokanta ve barlar yüzde 32; otel ve diğer konaklama tesisleri yüzde 18; spor ve fitness salonları yüzde 26; oto galerileri ve diğer hizmet şirketleri yüzde 29; saç ve tırnak bakım salonları yüzde 25. Bu kira ödememe oranları diğer sektörlerde de aynı şekilde iç karartıcıydı. Bu işlere küçük iş diye bakmak körlük olur. KOBİ'ler istihdamın neredeyse yarısını ve GSYİH içindeki tüketimin yüzde 45'ini oluşturuyor. İstihdam ve üretim açısından toplu olarak Apple, Microsoft, Facebook ve Google'nin toplamından çok daha önemliler. Kira ödememek demek, bu şirketler kapanıyor (en kötü senaryo) veya daha düşük kira ödemek için pazarlık yapıyorlar (en iyi senaryo) demek. Bütçe açığı harcamaları, para basma veya borsanın yükselmesi bunlara çare değil. Bunlar sancılı, yarı kalıcı kayıplar.

Çoğu yerde karantinalar 100 günden fazla devam etti ama bazılarında hâlâ süresiz bir şekilde uygulanıyor. Tipik bir şirket para kazanmadan faturaları kasasından daha ne kadar ödeyebilir? Lokantalar için bu sayı 16 gün. Perakende mağazalar için

19 gün. Avukat ve muhasebeciler gibi profesyonel hizmetler 33 gün dayanabilirler. Berberler ve güzellik salonları ancak 21 gün dayanabilirler. Tüm diğer sektörler göz önüne alındığında ortalama dayanma süresi 27 gün. KOBİ'ler umumiyetle küçük işletme sermayeleriyle çalışırlar. Çalışanlara ve tedarikçilere ödeme yapmak için satış yapmaları gerekir ve nakit yastıkları incedir. Karantinanın, nakit dengelerinin destekleyeceğinden daha uzun sürmüş olması KOBİ'lerin ya kapılarını kapattıkları (sıfır satışa karşı mevcut nakitlerini korumak için) ya arayı kapatmak için borç aldıkları ya da iflas ettikleri anlamına geliyor. Doğal afetler veya 9/11 gibi facialar veya iç savaşları takip eden kısa süreli vakalar dışında bu ABD tarihinde hiç olmamıştı. İlk Büyük Buhran esnasında da iflaslar vardı ama geniş kapsamlı bir karantina yoktu. 1918 İspanyol gribi pandemisinde de büyük çapta bir karantina uygulanmadı (bazı kentlerde spor müsabakalarında kalabalıklar hâlinde toplanmak yasaklanmıştı). İspanyol gribinden 50 ila 100 milyon arasından insanın öldüğü tahmin ediliyor ama küresel ekonominin çarkları dönmeye devam etmişti ve çoğu gelişmiş ülkede pandemi sonrasındaki ekonomik büyüme kuvvetli olmuştu. COVİD-19 yüzünden ABD ekonomisinin başına gelenlerin bugüne dek eşi benzeri olmadı.

Karantinadan en büyük zararı, ciro kaybıyla KOBİ'ler görüyor ama büyük şirketlerin hasarsız atlattıkları da söylenemez. Mayıs 2020'deki büyük şirket (50 milyon dolardan fazla pasifleri olanlar) iflasları 2009'dan beri bütün mayıs aylarının en yükseğiydi. Hâlbuki 2009 Mayıs'ı tüm çarelerin tüketildiği ve nakdin suyunu çektiği 2007-2009 resesyonunun sonuydu. Mayıs 2020 Yeni Büyük Çöküş'ün başlangıcına yakın; büyük şirket iflasları önümüzdeki aylarda patlayacak. Bu çöküş zaten hâlihazırda J. C. Penney, Pier 1 Imports, J. Crew, Neiman-Marcus, Hertz, Frontier Communications, Chesapeake Energy, ve Gold's Gym gibi örnek şirketlerin kafasını uçurdu.[2] İflas avukatları yeni potansiyel dosyalar üzerinde çalıştıklarını teyit ediyorlar. Bu iflasların çoğu tasfiye değil, yeniden yapılanma başlığı altına giriyorlar. Bu, müflis şirketin kapılarını açık tutup işine devam ederken alacaklıların, mahkeme gözetimi altında tahsil edilecek borçlar hariç, yasal olarak oturup beklemek zorunda oldukları anlamına geliyor. Yeniden yapılanmadaki bir iflas koruma planı tipik olarak toplu işten çıkarmaları, fabrika kapatmaları, bozulan kira anlaşmalarını ve tükenmiş emeklilik ve kıdem tazminatlarını içerir. Şirketler hayatlarına devam eder ama istihdam ve tedarik zincirleri zarar görür. Tekrar ediyorum, bunlar kalıcı kayıplardır, iflastan çabucak zıplayarak geri çıkma diye bir şey yoktur.

Diğer ekonomik performans ölçütleri de daha iyi değildi. 8 Haziran 2020'de, özel bir kurum olmasına karşın resmi resesyonlar yargıcı olan NBER, ABD ekonomisinin Şubat 2020'de resesyona girdiğini beyan etti.[3] Elbette bu beyan sadece teknik bir resesyona atıfta bulunuyor; hiç çöküşten bahsetmiyor. Çok daha ciddi bir husus olan çöküş nedense NBER'in dikkatini çekmiyor. ABD'de askıdaki ev satışları Mayıs 2020'de geçen yılın aynı ayına göre yüzde 35 düştü. Bu 2007-2009 konut kredileri krizinde meydana gelen çöküşten daha büyük. Ward's Otomotiv Araştırmaları, ABD otomobil satışlarının Mart ayında 17 milyonun (yıllıklandırılmış) biraz altındayken Nisan'da 9 milyonun (yıllıklandırılmış) altına indiğini gösterdi. Bu bir ayda yüzde 47'lik bir çöküşe tekabül ediyor. Satışlar Mayıs ayında 12 milyonun hemen üzerine sıçradı ama bu rakam bile COVİD öncesi seviyelerin yüzde 30 altında. İmalat Sanayi Satın Alma Yöneticileri Endeksi (PMI), Mart 2020'de 51'den (ki pek de büyümeye işaret etmiyor) Mayıs'ta ciddi bir küçülmeyi gösteren 43,1'e indi.

ABD Ticaret Bakanlığı Nisan 2020 için 49.4 milyar dolarlık bir ticaret açığı açıkladı. Ticaret açıkları GSYİH üzerinde bir yüktür. Aslında bu rakam çok önemli değil. Açık denilen şey ihracatla ithalat arasındaki net farktır. İhracat Mart'tan Nisan'a yüzde 20,5 azalırken aynı zaman diliminde ithalat yüzde 13,7 daraldı. Ticaret fazlası veya açıkları dünya ticaretinin *seviyesi* kadar önemli değildir. Saygın ekonomik araştırma kurumlarından biri olan Capital Economics'in 25 Haziran 2020 tarihli raporuna göre dünya ticareti Nisan ayında "kayıtlara geçmiş en keskin daralışını" yaptı. Dünya ticaretinde geniş çaplı çöküşe şahit oluyoruz. İlk Büyük Buhran'ın en tanımlayıcı özelliklerinden biri de küresel ihracat rakamlarıyla (ulusal fazla veya açıklarla değil) ölçülen dünya ticaretindeki daralma idi. Aynısı şimdiki Yeni Büyük Çöküş'te oluyor.

ABD GSYİH'si 2020'nin ilk çeyreğinde yıllık bazda yüzde 5 daraldı. Bu düşüş 2007-2009 resesyonunun derinliklerinde, 2009'un ilk çeyreğindeki yüzde 4,4'lük daralmadan daha keskin. 2020'nin ilk çeyreğindeki düşüşün Ocak ve Şubat aylarındaki nispeten iyi performanstan destek bulmuş olması Mart ayındaki çöküşün ne kadar vahim olduğunu gösteriyor. İkinci çeyrek için ekonomide üç ardışık ayda o ilk Büyük Buhran'dakinden daha kötü bir daralma oranı bekleniyor. Tahminler ikinci çeyrek daralmasının yüzde 30 ila 40 (yıllık bazda) olacağını söylüyor. Federal Reserve Bank of Atlanta büyümenin ikinci çeyrekte yıllık bazda yüzde 45,5 daralacağını öngörüyor. Sadece tek bir çeyrek için olan bu yıllık oranı 22 trilyonluk bir ekonomiye uyguladığınızda ikinci çeyrekte *2,5 trilyon dolarlık bir üretim kaybı* ortaya çıkıyor. 2008-2009 bunun yanında devede kulak. 1929-1933 de... Bu ABD tarihinin en büyük tek çeyreklik üretim kaybı. Birleşik Devletler'deki her bir kadın, erkek, çocuk için kişi başı 7 bin 575 dolar gelir kaybına tekabül ediyor. Her bir dört kişilik aile için 30 bin dolar gelir kaybı. Bugüne dek daha böyle bir şey olmadı.

ABD'deki krize daha geniş bir açıdan bakılmalı. Dışarda durum daha iyi değil, çöküş küresel bazda. 2020 yılının tamamı için Avrupa'da öngörülen GSYİH düşüş oranları şöyle: Almanya yüzde 6,5 aşağı, Yunanistan yüzde 9,7 aşağı, İspanya yüzde 9,4 aşağı, Fransa yüzde 8,2 aşağı, İtalya yüzde 9,5 aşağı. Euro bölgesinin tümü için 2020'de yüzde 7,7 küçülme öngörülüyor. Avrupa Birliği'nin pandemi öncesi GSYİH'si 18.7 trilyon dolardı. Öngörülen yüzde 7,7'lik düşüş, 2019'a göre 2020'de 1,44 trilyon dolarlık bir üretim kaybı demek. Bu Avrupa Birliği'ndeki her bir kadın, erkek, çocuk için kişi başı 3 bin 230 dolar veya dört kişilik bir aile için 12 bin 900 dolar gelir kaybına tekabül ediyor. II. Dünya Savaşı'nın sonundaki tahribata benziyor.

IMF dünya büyümesi hakkındaki bu kasvetli değerlendirmeyle aynı fikirde. 24 Haziran 2020'de revize ettiği 2020 küresel büyüme tahminini yayımladı.[4] O tahminde ABD GSYİH'si için öngörü yılın tamamı için yüzde 8'lik bir düşüş idi. Bu II. Dünya Savaşı'nı takip eden tasfiyeden sonraki en kötü düşüş. IMF'nin 2020'deki küresel büyüme tahmini de yüzde eksi 3,9 idi. Bu da 1930'ların Büyük Buhran'ından beri en kötü küresel performans. Bu Beyaz Saray'ın anlattığı hızlı "telafi edici talep" patlaması hikâyesi ile çelişiyor. IMF'nin tahminleri herhâlde Beyaz Saray'ınkilerden çok daha doğru ve diğer uzman görüşlerin analizleriyle tutarlıdır.

Üretim kaybı şirketler için sadece ciro kaybı veya bireyler için sadece gelir kaybından ibaret değil. Üretim kaybı aynı zamanda federal devlet, eyaletler ve yerel idareler için vergi kaybı demek. Etkileri hâlihazırda hissedilmeye başladı. 24 Haziran 2020'de, New York kenti belediye başkanı Bill de Blasio birkaç ay içinde 22 bin belediye çalışanının işine son verilebileceği yönünde bir uyarı yaptı.[5] Bu 2012'den beri bir ilk ve 1970'lerde belediyenin iflasla karşı karşıya gelmesinden sonraki en büyük işten çıkarma olacak.

Bir sonraki bölümde Yeni Büyük Çöküş'e tepki olarak seçilen para ve maliye politikalarına yakından bakacağız. İşsizlik yardımları, sağlık, acil durum müdahaleleri, polis ve diğer acil ihtiyaçlar için yapılan harcamalar, tam da hızla yükselirken hükûmet gelirlerinin kuruması; her seviyedeki idarelerin multi-milyar dolarlık bütçe açıklarıyla (federal seviyede multi-trilyon dolarlık) karşı karşıya gelmelerine neden olacak, hem de kısa vadede bir toparlanma umudu olmadan.

Wall Street âlimleri hisse senedi piyasasının gidişatının, ekonominin hızla geri dönmeye başladığının bir ispatı olduğunu ve güçlü bir toparlanmanın eli kulağında olduğunu düşünüyorlar. Hisse senedi piyasası pandemide kaybettiklerinin yarısını Nisan sonu ile Haziran 2020 arasındaki güçlü performansıyla geri kazandı. Ne var ki bu ekonomik toparlanma hakkında bize bir şey söylemiyor. Hisse senedi piyasası bu aşamada reel ekonomiden kopuk durumda. Şimdiki değerlemeler; "diplerde alım" yapmak üzere programlanmış robotların haber başlıklarını takip ederek her şekildeki piyasa temposunu pekiştirmesiyle yapılıyor. Hisse endeksleri bugün çoğu şirket ve bireyin çektiği sıkıntılara karşı nispeten bağışık kalmış bir avuç şirket tarafından domine ediliyor. Nisan-Haziran 2020 arasındaki hisse senedi piyasası performansı, en azından kısa vadede, teknoloji ve finans sektörlerinin geleceği hakkında olumlu bir öngörüyü yansıtıyor ama işsizlik, büyüme, hükûmetin tükenen nakit akımları ve gelecek hakkında bize hiçbir şey anlatmıyor.

Yeni Büyük Çöküş burada. Veriler hikâyeyi anlatıyor. Hisse senedi piyasası mutabık değil ama eninde sonunda olacak. Gerçek hikâyeyi çöküşün insanların hayatını etkileyiş şekli anlatıyor. Şimdi o konuya bakalım.

İnsanlar

Amerikalılar ikinci bir SARS-CoV-2 dalgası için hazır veya değiller ama ikinci bir işsizlik dalgasına karşı kesinlikle hazır değiller. O dalga geliyor.

Pandeminin neden olduğu çöküş, Birleşik Devletler tarihinde daha önce görülmemiş ölçüde işten çıkarmaları getirdi. İşten çıkarmaların sayısı kadar ne kadar hızlı olduğu da dikkate değerdi. 2020'de işsizlik çöküş seviyelerine üç ayda ulaştı. Hâlbuki ilk Büyük Buhran'da bu süre üç yıldı. Bunun kötü olduğu yetmiyormuş gibi bir de bazı analistler hemen rahatladılar ve en kötünün geride kaldığını düşündüler. Onlara göre ABD artık önüne bakacak ve kaybolan işleri geri kazanarak daha tipik veya en azından pandemiden önceki istihdam seviyelerine dönecek. İyi de kanıtlar öyle demiyor.

İşsizlik 31 Mayıs 2020'de yüzde 13,3'e çıktı. Bu oranın sertçe geri düşeceği veya yıllarca sürecek bir tam istihdam seviyelerine yaklaşacağına dair elimizde bir sebep yok. Bunun iki nedeni var. Birincisi ekonominin pandemi öncesinde de zayıf olması. Beyaz Saray'ın "tarihin en iyi ekonomisi" iddiası sadece nominal GSYİH'ye bakarsanız geçerlidir ki bu yöntemle bakıldığında her zaman büyüme çıkar. Ne var ki bu tamamen anlamsız bir şey. Asıl önemli olan ve Amerikalıların ilgilendiği şey gerçek büyümedir, çünkü ancak gerçek büyümeyle yeni işler yaratılır, şirketler büyür ve inovasyon yapılır. 2009-2019 arasındaki son 10 yıllık dönemde ortalama büyüme, Birleşik Devletler tarihinin en zayıfı olan yüzde 2,2 idi. Çoğu yıllık büyüme oranı bu ortalamaya yakındı ve yüzde 3'ün üzerinde büyüme gösteren bir yıl olmadı. Başka önemli bir konu da Trump'un büyüme yıllarıyla (2017-2019) Obama'nınkiler (2009-2016) arasında dikkate değer bir fark olmaması. Bu yüzde 2,2'lik büyüme 1980'den sonraki dönemin büyüme ortalaması olan yüzde 3,2'nin yanında az kalıyor. 1950 ve 1960'lardaki ortalama yıllık büyüme oranı yüzde 4'ün üzerindeydi.

ABD ekonomisi pandemi öncesinde de zayıftı. Birçok şirket ancak geçiniyor, birçoğu da iflasa başvurmayı düşünüyordu. Pandemi zayıf şirketlerin çoklu işten çıkarmalar yapmaları, iflas korumasına başvurmaları, ofis ve mağazalarının tümünü veya bazılarını kapatmaları için mükemmel bir fırsat oluşturdu. İlk işten çıkarmalar (Mart-Haziran 2020) pürtelaş yapıldı. İkinci işten çıkarma dalgası (Ekim 2020'den 2021'e) daha planlı olacak.

İlk işten çıkarma dalgası; mağaza, otel, lokanta ve bar, berber ve güzellik salonu, otomobil galerisi, kafe çalışanları ve sözleşmeli çalışanlardan oluşan düşük maaşlıları hedef aldı.

İkinci dalgada, en zayıf performansı gösterenleri tanımlamak ve ilk dalganın getirdiği üretim kaybını değerlendirmek daha uzun zaman alacak. O süreç şimdi başlamış durumda ve işten çıkarmalar devam ediyor. İkinci dalga avukatlar, muhasebeciler, bankacılar, hemşireler, emlakçılar, inşaatçılar ve devlet ve belediye memurları gibi daha yüksek maaşlı profesyonelleri hedef alacak. Bazı çalışanlar ekonomik çöküşün olumsuz etkilediği hizmetlere olan talep azaldığı için işten çıkarılacaklar. Eğer daha az araba veya ev satılıyorsa daha az sayıda avukata veya bankacıya ihtiyaç olur. Bazıları da onları besleyen vergi havuzundaki kaynaklar hayli azaldığı için işten çıkarılacaklar. Eyalet ve beldeler, federal hükümet gibi bütçe açıkları vermeye devam edip para basamazlar. Gelirler kurur kurumaz (ki kurudu) o işler de kaybedilir. Bazı işler ise dayandıkları işler kapandığı için kaybedilecek. Bir lokanta kapandığında hemen garson ve aşçıların işine son verilir. Lokantalara mal ve hizmet satan çiftçiler, balıkçılar, şoförler, çamaşırhaneler ve diğer hizmet sağlayıcıların bu etkileri hissetmesi biraz zaman alır. O zaman geldi ve bu sektörlerde de işten çıkarmalar başladı. Bu durağan bir durum değil; hayli dinamik. Bu beyaz yakalı ve yan sektörlerde işten çıkarmalar yaygınlaşmaya başladığında o bireylerin lokantalar ve spor salonlarına olan talebi de düşer ve zaten sopayı yemiş olan sektörlerin yarasına biraz daha tuz basılır. İşte bir çöküşü bir resesyondan ayıran şey de bu döngüdür.

İstihdamın toparlanmasına karşı esen bir rüzgâr da ilk dalgada işini kaybeden mavi yakalıların biraz daha iyi durumda olmaları, hükûmet yardımlarıyla en azından kısa vadede... 4 Haziran 2020'de Kongre Bütçe Ofisi işsizlik yardımı alanların yüzde 80'inin çalışırken aldıkları maaştan daha büyük işsizlik çekleri alacaklarını açıkladı. Yardım politikasını veya yardım alanları eleştirmiyorum. Bunun sadece istihdamın hızlıca toparlanmasını kösteklediğini söylüyorum. O işler açılsa bile, o yardımı alanlar iş aramayacak veya eski işlerine dönmeyecekler. Hükümet verileri, kapılarını yeniden açan veya açmayı planlayan lokantacı veya diğer iş sahiplerinin, çalışanlarının işlerine dönmek istemediklerini anlatan anekdotlarıyla uyuşuyor. Bir defaya mahsus olarak tüm ülke çapında verilen hükûmet yardımları (yetişkinler için 1.200, her çocuk için 500 dolar) ve 2020 Kurtarma ve Ekonomik Güvenlik

Yasası (CARES) kapsamındaki Çalışanları Koruma Planı (Payroll Protection Plan) kredilerinin Mart ve Nisan 2020'de kaybedilen kişisel gelirlerin çok üstünde olduğu gerçeği ile de uyuşuyor. Bu yardımlar ve CARES Yasası kredileri bir defaya mahsus kurtarmalardı ve çöküş sürdükçe gelir kayıplarına kalıcı bir çare olmayacaklar. Bu ödemeler hedeflendiği gibi toplu işten çıkarmalarda bir yastık görevi gördüler ama sorun şu ki bu işten çıkarma ve gelir kayıplarının en kötü etkileri sırada bekliyor, arkamızda kalmadı.

Bu ekonomide istihdama tam olarak ne olduğunun çarpıcı bir kanıtını, 2003-2020 arasında ABD'deki toplam istihdama baktığımızda görüyoruz. İstihdam büyümesi 2001 resesyonundan sonraki sağlam toparlanmayla başladı. Toplam istihdam 2003'te 130 milyonken 2007'nin ortalarına gelindiğinde 137 milyona yükseldi. 2007 ortasından 2009 sonuna kadar süren küresel finansal krizde ABD'de 9 milyon iş kaybı gerçekleşti. 2010'a gelindiğinde toplam istihdam 2003 seviyesini yakalamıştı ama daha yüksek değildi. Adeta istihdam büyümesi altı yıl boyunca yerinde saymıştı. Takip eden on yılda, önce Obama başkanlığında, sonra Trump başkanlığının ilk üç yılında ABD'de 20 milyon yeni iş yaratıldı. Bu uzun toparlanma (2009-2020) zayıftı ama istikrarlıydı; ABD tarihinin kayıtlara geçmiş en uzun devamlı ekonomik büyümesi...

Sonra Yeni Büyük Çöküş geldi. ABD Mart ve Temmuz 2020 arasında 45 milyon iş kaybetti. Şimdi toplam istihdam 1990'lardaki seviyelerine inmiş durumda. İstihdam büyümesi adeta otuz yıldır yerinde saymış gibi ve bu gerileme sadece üç ayda gerçekleşti.

Bu iş kayıpları tarif edilemez seviyede. İstatistikleri nakletmek kolay ama insan üzerindeki etkisini anlatmak olanak dışı. Her bir iş kaybı, işten çıkarılmış kişinin ailesini besleyip besleyemeyeceğini, konut kredisini ödeyip ödeyemeyeceğini, eğitim veya sağlık harcamalarını yapıp yapamayacağını düşündüğü, hayli stresli bir girdaba düştüğü bireysel bir travmadır. Bu travma 70 milyonla çarpılırsa (sadece işsiz olan değil aile bireylerini de sayarsak) belki o zaman Amerika'yı vuran o toplu travmanın çapını anlamaya başlayabiliriz.

Olaya daha da uzun bir perspektifle bakarsak yeni bir çöküş içinde olduğumuzu daha da iyi anlarız. 1948'den beri geçirdiğimiz her resesyondaki iş kayıplarına bakalım. 1973-75, 1981-82 ve 2008 küresel finansal krizi ciddi boyutta resesyonlardı. Bu üç resesyonun hepsi için o zaman "Büyük Buhran'dan beri başımıza gelen en kötüsü" denmişti. Bu belki o zaman doğruydu ama her seferinde bir sonraki resesyon daha kötü olmuştu. Her ne kadar o resesyonlar (ve 1949 ve 1958'deki diğerleri) gerçekten ciddi boyutlarda olsalar da hiçbiri 2020'nin Yeni Büyük Çöküşü ile karşılaştırılamaz. Şimdiki iş kayıpları son dört resesyonda kaybedilenlerin toplamından daha fazla.

İş kayıplarından daha rahatsız edici bir gerçek daha var. O da işini yeni kaybedenlerin gelirlerine göre dağılımı. En üst gelire sahip olan yüzde 20'lik kesimde işini kaybedenlerin oranı yüzden 10'dan daha azdı. İşini kaybedenlerin yüzde 55'i, gelir düzeyi altta olan yüzde 40'lık kesimdekilerdi. İş kayıplarının yüzde 35'i en düşük gelir düzeyine sahip yüzde 20'lik kesimde yaşandı.

Reel ekonominin omurgasını mavi yakalı işler oluşturuyor. Bunlar lokantalar, oteller, kuru temizlemeciler, bankalar ve burada sayılamayacak daha bir sürü işte çalışanlar gibi günlük hayatımızda bel bağladığımız işçiler. KOBİ'ler GSYİH'nin yüzde 40'ını, toplam istihdamın da yüzde 50'sini sağlıyorlar. Bu işleri yok ederek ABD ekonomisini tamir edilmesi 10 yıl sürebilecek şekilde tahrip ettik.

Rahatsız edici bir başka gelişme de iş gücüne katılımın keskin bir şekilde düşüyor olması. Bu işsizlik oranından biraz daha teknik bir konu ama ABD ekonomisinin uzun vadede büyüme potansiyeli açısından daha önemli olabilir.

Her ay açıklanan işsizlik oranı, ister pandemi öncesindeki rekor düşük seviye olan yüzde 3,4 isterse de Mayıs ve Haziran 2020'de açıklanan ve 1940'lardan beri gelen en yüksek rakam olsun, dar kapsamlı bir şekilde hesaplanıyor. Bölünen toplam iş gücü. Bölen ise o iş gücü içinde işsiz olan ama iş arayan kişilerin sayısı. Toplam iş gücünü (iş arayanlar dâhil) işsiz olup iş arayanlarla bölerek finansal medyada büyük ilgi çeken işsizlik oranını buluyoruz.

Peki hem işsiz hem de faal olarak iş aramıyorsanız? Hükûmet sizi saymıyor. Eğer faal olarak bir iş aramıyorsanız, işiniz olmamasına rağmen işsiz sayılmıyorsunuz. Aynı nedenden dolayı iş gücünün içinde bile sayılmıyorsunuz. Sanki yoksunuz...

Ama varsınız ve işsizsiniz. İşsiz olup iş aramayan kişi ismine İş Gücüne Katılım Oranı (İGKO) denen farklı bir istatistiki kategoride sayılıyor. İGKO'nun hesaplanması işsizlik oranından daha basit. Elinden iş gelebilecek herkes (iş arayıp aramamları fark etmez) bölenin içinde. Çalışan herkes de bölünende sayılıyor. Yani İGKO temelde çalışanların, çalışıyor veya işsiz, iş arıyor ya da aramıyor olan her yetişkine oranı.

İGKO'nun 1970'lerdeki yüzde 60'tan 1990'ların sonlarındaki yüzde 67'ye sert yükselişi iş gücündeki kadınların sayısındaki artışı ve baby boomers kuşağının* yükselen iş gücüne katılımını yansıtıyordu. Her zaman çok sayıda, gayet iyi nedenden dolayı geleneksel işlerin peşinde olmayacak insanlar olacak. Bu çalışmayanlar öğrenciler, ev kadınları, erken emekli olanlar, nekahet döneminde olanlar veya nakit ödeme alıp gelirlerini beyan etmeyen tamirciler olabilir. Yüzde 67'lik bir İGKO gelişmiş bir ekonomide gayet yüksek sayılır ve ekonomik sağlamlığın

---

* İkinci Dünya Savaşı'nın hemen sonrasında, 1946'da başlayıp 1964'e kadar süren, doğum oranlarında olağanüstü artışların yaşandığı dönemde doğan insanları tanımlar.(ç.n.)

bir göstergesidir. İşte ABD ekonomisi 2000 yılında, Clinton'un patlama yıllarının sonunda oradaydı.

İGKO daha sonra istikrarlı bir düşüşe geçti. Düşüşün nedenleri 2001 resesyonu ve 2008 küresel finans kriziydi. Yaşlanan baby boom kuşağı emekliye ayrılmaya başladığında demografik unsurlar da rol oynamaya başladı. Sağlık sorunlarının (artan obezite, şeker hastalığı, ilaç bağımlılığı vs) ve hapse girenlerin oranının artmasıyla daha fazla işçi kenara atılmış oldu. 2015'e gelindiğinde İGKO yüzde 62,4'e düşmüştü. Takip eden beş yıl içinde, İGKO hafif yukarı eğilimli ama yüzde 62,4 ile 63,5 arasındaki dar bir alan içinde hareket etti.

2020'nin Yeni Büyük Çöküşü İGKO'yu neredeyse bir gecede tekrar 1970'lerde olduğu yere, yüzde 60'a indirdi. ABD ekonomisi, yine adeta bir zaman makinesinin içinde 50 yıl öncesinde olduğu yere götürüldü. Kadınların, azınlıkların ve yoksul kesimin 50 yılda kazandıkları göz açıp kapatıncaya kadar yok oldu gitti.

Haberler kötüleşecek. Hem işsizlik oranını hem de İGKO'yu hesaplayan US Bureau of Labor Statistics (BLS-ABD İş Gücü İstatistikleri Bürosu), işsizlik yardımı başvurularındaki ani artış, manşet oranların hesaplanması için gereken hane halkı araştırmalarının yüksek hacmi, eyaletlerden geç gelen raporlar ve tasnif sorunlarıyla başa çıkamadığını kabul etti. Sonra da analistleri, birikmiş verileri işlemeye başladıklarında önemli veri revizyonları geldiğini görünce şaşırmamaları yönünde uyardı. Bu revizyonlar daha yüksek işsizlik oranları ve daha düşük iş gücüne katılım oranları olacak. Bunlar ileriye dönük olarak ABD ekonomisi için iyi şeyler değil.

Toplam üretimi anlamanın basit bir yolu var. Toplam çalışan kişi sayısını alın ve ortalama işçi verimini ölçün. O kadar. Kaç kişi çalışıyor ve ne kadar verimliler? Bilmeniz gereken sadece bu.

Olgun bir ekonomide verimlilik çok oynamaz. Yine de biraz değişebilir. Son zamanlarda, verimlilik ekonomistlerin tam olarak anlayamadıkları nedenlerden dolayı hafifçe düşüyordu. Bu, yaşlanan nüfus veya teknolojiyi iş bitirmek değil de boşa zaman harcamak için kullandığımızdan olabilir. Pandemi öncesindeki on yılda büyümenin yavaş olmasının bir nedeni de verimlilik.

2000'lerden beri büyümenin ana nedeni iş gücünün büyüklüğüydü. İş gücüne katılım oranı da bunu ölçüyor. İş gücünden düşerseniz (sebebi ne olursa olsun) çalışmadığınız için verimliliğiniz sıfıra düşer. 2007'den 2010'a iş gücüne katılım oranındaki keskin düşüş küresel finansal kriz ve resesyon yüzünden oluşan üretim kaybına denk geldi. İGKO 2010'dan 2019'a kadar biraz yükseldi ki bu da muhteşem olmasa da istikrarlı büyümeyle uyumluydu.

İş gücüne katılım şimdi çökmüş durumda. Açıklanan veriler henüz gerçeği yakalamış değil. İGKO herhâlde yüzde 58'e veya daha aşağıya düşecek. Bunun bir nedeni de şimdi işsiz olanların bir kısmının artık emekli olmaya karar vererek böylece iş gücünden çıkmaları olacak.

Bu kayıplar bazen işsizlikte olduğu gibi geçici olmayacak. Beceriler, sosyal ağlar ve referanslar kuruyunca bu kayıplar kalıcı hâle gelecek. Bu tam bir yıkım. Yani, bazı işler yeniden açılsa ve bazı işsizler işlerine geri dönseler bile diğerleri asla iş gücüne geri dönemeyecekler. Verimlilik biraz artsa bile üretim kalıcı bir şekilde zedelenmiş olacak. İGKO'daki düşüş adeta uçurumdan atlamaydı. Sonuç olarak ekonomi suyun altında ve üretim de belki on yıllar boyunca suyun altında kalmaya devam edecek.

Çoğu Amerikalı ekonominin nerede olduğunu hissediyor. İşsizlik oranı ve işsizlik yardımı başvurularındaki şok edici yükselişten haberdarlar. Karantinadan, her yerdeki işlerin kapalı olduğundan, hükûmetin onlardan evlerinde kalmalarını, mümkün olduğu kadar az dışarı çıkmalarını ve çıkınca maske kullanmalarını istediğinin de farkındalar. Bunu anlıyorlar ama içselleştirmediler. Her şey o kadar çabuk oldu ki ekonomiyi kapatmanın şokunu henüz atlatmış değiller. Olan bitene bir anlam vermeye ve hatta sonuçlarını düşünmeye zamanları olmadı. Her şeyin ötesinde, kimse bundan sonra neler olacağını bilmiyor. Ekonomi yakında tekrar açılacak mı? 2020 biterken hayat normale dönecek mi? Veya karantina, en azından bazı yerlerde, devam edecek mi? En önemlisi, ülkeyi ve dünyayı gelecek yılın başında ikinci bir COVİD-19 dalgası vuracak mı? O ikinci dalga yeni yaşamış olduğumuz zirve dalgasından daha mı ölümcül olacak?

1918 İspanyol gribi pandemisinde tam da bu ikinci dalga oldu. Mart ile Haziran 1918 arasında amansız bir bulaş dalgası geldi. Dünyayı sardı ve milyonları öldürdü. Buna rağmen, o dalga Ekim 1918'de gelen ikinci dalganın yanında uysal kaldı. İkinci dalga o kadar ölümcüldü ki Philadelphia caddelerinde cesetler odunlar gibi yığılmış, hükûmet çaresiz kalmış, yerel idareler cesetleri zamanında toplayamamıştı. Kentlerde tabut, morglarda yer kalmadığından çarşaflara sarılı ve sadece dezenfektanla pudralanmış cesetler toplu mezarlara gömülmüştü.

İş ikinci bir COVİD-19 dalgasına gelince, hiçbir resmi görevli bu konuyu kamuoyu önünde konuşmak istemiyor; çoğu da ne anlama geleceğini bilmiyor. İkinci bir enfeksiyon dalgası tamamıyla aynı virüsün geri dönüşü yüzünden olmuyor. Virüsün ilk özgün şeklinden çok daha ölümcül olan bir varyantını yaratan mutasyon veya genetik rekombinasyon yüzünden geliyor. Tarih ve ilim bu dalganın geleceğini söylüyor ama kimse hazırlıklı değil. Çoğu kimse yıl sonunda bu beladan kurtulacağımızı varsayıyor. Bu tahminde herhangi bir kesinlik yok. 2021'de çok daha ölümcül bir dalga gelmesi açık bir olasılık.

Ekonominin hızla geri zıplaması konusuna gelince, başlarını ekonomik danışman Larry Kudlow'un çektiği Beyaz Saray bahtiyarlar tugayı her şeyin iyi olacağını söylüyor. "Bastırılan talebin" kükreyerek geri gelerek birkaç ay içinde kaybolan istihdam ve şirket kârlarını geri koyacağını çığırıyorlar. 2021'de ekonomi uçacak diyorlar. Hiç sanmıyorum.

Bir kere, karantinada kapanan birçok iş yeri bir daha asla açılmayacak. Bu karantina yaptırımları yüzünden değil, iflas ettikleri için. O iş sahipleri belki bir gün, başka bir yerde, başka bir iş açabilirler ama o eski iş gitti. Varlıkları haraç mezat satışta. Çalışanları eski işlerine asla geri dönmeyecekler. Kiralar ödenmiyor ve vitrinler boş. Amerika'nın birçok yeri için bu bir gerçek.

Bu eğilim önümüzde canlı cereyan ediyor. "Daha az harcadıklarını" söyleyen insanların sayısı birkaç ay içinde yüzde 32'den yüzde 51'e çıktı. "Daha çok harcadıklarını" söyleyen insanların sayısı yüzde 32'den yüzde 21'e düştü. "Daha az harcayanlar" ile "daha çok harcayanlar" arasındaki fark yüzde 30'a, 2008 krizinden sonraki en yüksek orana çıktı.

Bu daha fazla tasarruf etme ve daha az harcama trendi 2019'da, pandemiden bile daha önce başlamıştı. Amerikalılar adeta başlarına gelecekleri öngörmüşlerdi. Belki de bazıları gördüler. Bu ekonominin pandemi öncesinde de zayıf olduğunu yansıtıyor. Aradaki farkın daha da açılacağı anlamına geliyor. Tasarruflar artacak ve harcamalar keskince düşecek.

Bu işlerini ve portföylerini koruma endişesi içinde olan bireyler için akıllı bir strateji. Ne var ki ekonomik toparlanma için bir facia, en azından kısa vadede. Yüksek tasarruf oranı çoğu medya kâhini ve kamu görevlisinin tahminlerini tarumar eder. Ekonomi için keskin ve hızlı bir geri dönüş olmayacak. Büyüme başlayacak ama yavaş olacak. Etkilenen bireyler, girişimciler ve iş arayanlar için toparlanma uzun, zorlu ve sancılı olacak. İşverenler eski çalışanlarını bile geri çağırmakta zorlanır, giriş seviyesi işler buharlaşırken 2020 ve 2021'in üniversite mezunları bu işten, kendi paylarına düşenden daha fazla zarar görecekler.

Öngörü

Yeni çöküşün derinliği belli. Çoğu gözlemci için belli olmayan toparlanmanın doğası ve zamanlaması. Yanıt şu ki yüksek işsizlik yıllarca devam edecek; ABD 2019 üretim seviyelerine 2023'e dek ulaşamayacak; büyüme ise 2009-2019 toparlanmasının en zayıf büyüme oranından bile kötü olacak. Bu dünyanın sonu olmayabilir ama en kötümser tahminlerden bile daha kötü. Bu görünümü destekleyen kanıtlar meydanda.

Analizimize başlamak için altıncı sınıf matematiği yeter. 2019 ekonomik üretimini 100 olarak alın (gerçek rakam 21 trilyon dolar; "100" onun yüzde 100'ü; iniş çıkışları ölçmenin kullanışlı bir yolu). Ekonominin 2020'nin ikinci ve üçüncü çeyreklerinde yüzde 20 daraldığını varsayın (çoğu tahmin daha büyük daralma öngörüyor ama yüzde 20 muhafazakâr ama makul bir tahmin). Birinci ve dördüncü çeyreklerdeki büyümenin nette sıfır olduğunu varsayarsak altı ayda yüzde 20'lik bir düşüş, tüm yıl için daralmanın yüzde 10 olduğu anlamına geliyor. 100'den yüzde 10 düşüş = 90 (veya 2,1 trilyonluk üretim kaybı).

ABD'nin yıllık gerçek GSYİH büyümesi 1948'den beri hiç yüzde 10'u geçmedi.[6] 1984'den beri de yüzde 5'i. II. Dünya Savaşı'nın bitmesinden sonraki en yüksek büyüme yılları yüzde 8,7 ile 1950, yüzde 8 ile 1951 ve yüzde 7,2 ile 1984 oldu. 2021'de yüzde 6'lık bir gerçek büyüme olacağı varsayımı hayli cömert ve pek gerçekçi olmayan bir varsayım. Böyle bir büyüme "V" şeklinde bir toparlanma olur.

Yeni bazımız 90 ise (2019'da 100 idi) ve 2021'de yüzde 6 büyürsek, toplam üretimimiz 95,4'e gelir. 2021'e yeni bazımız 95,4 ile girer ve yüzde 5 daha büyürsek toplam üretim 2022'de 99,2'ye çıkar.

Sorun şurada: 2019 üretimini 100 baz olarak alıp ardı ardına 2021'de yüzde 6, 2022'de yüzde 5 gerçek büyüme gösterirsek (ki 1984'ten beri yıllık bazda bu hiç olmamış), ekonomi hâlâ 2019 üretim seviyelerini yakalayamıyor. Acı gerçek şu ki 99.2<100. 2019 üretim seviyesine yaklaşmak için kırk yıllık dönemde gerçekleşen en yüksek yıllık gerçek büyüme hızını hem de iki yıl ardı ardına yakalamak gerek. Yıllık gerçek büyümenin yüzde 5'ten daha az olacağını varsaymak daha gerçekçi olacaktır. Bu da ekonominin 2019 üretim seviyelerini ancak 2023'te yakalayabileceğini söylüyor.

UCLA Üniversitesi Anderson Fakültesi'nin yaptığı bir çalışma bu tahminle uyuşuyor. 24 Haziran 2020'de yayımlanan çalışma, gerçek ABD GSYİH büyümesini 2021 için yüzde 5,3 ve 2022 için yüzde 4,9 olarak öngörüyor ki bu da 2019 üretim seviyelerini yakalamak için yeterli değil.[7] Anderson tahmini şöyle diyor: "İçinde bulunduğumuz çeyrek için yüzde 42'lik bir yıllık gerçek GSYİH küçülmesi, daha sonra ... 2023'e dek 2019 zirvesini yakalayamayacak bir toparlanma bekliyoruz." Bu bir çöküş gerçeği. GSYİH'nin devamlı küçülmesi gerekmiyor. Çöküş öyle bir başlangıç yıkımı ki yıllarca sürecek yüksek büyümeler bile ekonomiyi kazdığı çukurdan çıkarmıyor.

Analistler toparlanmanın gücünü büyüme eğrisinin grafikteki şeklini taklit eden harflerle tarif ediyorlar. "V" şeklinde bir toparlanmada, toparlanma eğrisi dik bir şekilde düşüp üretimin tekrar başladığı seviyeye gelmesi için nispeten kısa bir süre içinde yine dik bir çıkış yapıyor. "U" şeklinde bir toparlanmada, eğri dik bir şekilde düştükten sonra hemen önemli bir yükseliş göstermiyor, sonra keskin bir toparlanma oluyor. "L" şeklinde bir toparlanmada, eğri dik bir şekilde düştükten sonra belirsiz bir süre boyunca düşük büyüme oluyor. Son olarak, "W" şeklindeki toparlanmada, toparlanma eğrisi dik bir şekilde düşüp hızla geri zıplıyor, sonra gücünü kaybedip ikinci kez düşüyor, sonunda toparlanıp eski üretim ve büyüme seviyelerine yükseliyor.

1982 resesyonundan sonra gelen 1983-1986 toparlanması klasik bir V şekliydi. 1982 resesyonu şiddetliydi ama 1983-1986 arasındaki büyüme çok kuvvetli oldu ve ekonomi kaybettiği üretimi geri kazanıp resesyon öncesindeki trend çizgisine geri döndü.

W şeklinde toparlanma pek ender olur ama ABD 1980-1983 arasındaki dönemde herhâlde bunu gördü. Ekonomi 1979 yılında yüzde 3,2'lik bir gerçek büyüme gösterdikten sonra 1980'de ılımlı bir resesyona girip 1981'de iyi bir toparlanma yaptı. 1982'de bir resesyon daha oldu ve sonra da 1983'de güçlü bir toparlanma gerçekleşti. O düşüş-yükseliş-düşüş-yükseliş formasyonu da bir W yapmış oldu.

U şeklindeki bir toparlanma 1944-1948'deki savaş zamanı ekonomisinden sivil ekonomiye geçiş dönemini iyi tarif ediyor. 1944'teki savaş yıllarının zirvesinde büyüme yüzde 0,8 idi. Savaş sanayisinin durulmaya başlayıp savaş gazilerinin yurda dönerek istihdam piyasasını istila ettiği 1945-1947 arasında ABD GSYİH'si üç yıldır düşmekteydi. Bu resesyon aşamasından sonra 1948'de yüzde 4,1'lik büyümeyle güçlü bir toparlanma izledi. 1945, 1946 ve 1947'deki o üç yıllık dönem işte U'nun o uzamış düz dibiydi.

Son olarak, 2009-2019 döneminde süregelen uzun büyüme L şekli toparlanmanın bir örneğiydi. 2007-2009 resesyonu dikti ama 2009-2019 toparlanması da zayıftı. 1980 sonrası toparlanmalarının ortalaması yüzde 3,2'lik büyümeydi. 2009 toparlanması ise sadece yüzde 2,2'lik bir büyüme yarattı. Gerçek bir toparlanmaydı ama eski trendle yenisi arasındaki üretim açığı hiçbir zaman kapanmadı. Eski güçlü trendle yeni zayıf trend arası baz alındığında ABD ekonomisi 4 trilyonluk bir servet kaybı yaşadı. O servet kaybı, Yeni Büyük Çöküş öncesinde bile gelir dağılımı eşitsizliği ve ulusal borç-GSYİH oranı açısından ABD için ciddi bir sorundu. Şimdi, o zayıf 2009 sonrası toparlanmasından bile daha düşük bir büyüme öngörülüyor. Yeni toparlanma, yüksek kamu borcu ve yüksek ihtiyati tasarruflar yüzünden yukarıda bahsettiğimiz yüzde 6 büyümenin çok altında, sadece yüzde 1,8'lik bir büyüme yaratabilir. Bu pandemi öncesindeki on yıllık büyüme ortalaması olan yüzde 2,2'den bile kötü. Bu art arda ikinci bir L şeklinde toparlanma. Şimdi L'nin dibi daha da düz bir çizgi gibi ve uzun vadeli trendle arasındaki üretim açığı daha da büyük olacak.

Bu zayıf büyümenin bazı nedenlerini yukarıda işledik. Bu nedenlerin arasında; ikinci bir işten çıkarma dalgası, işe dönmeyi geciktiren devlet yardımları, iflaslar, dünya ticaretinin yıkılışı, evden çalışma iş modelinin yaygınlaşması, düşen iş gücü katılım oranı ve üst pazar tedarik zincirlerinde zayıflığın daha da zayıflığa yol açtığı yinelemeli işlevler vardı. Bu trendleri domine eden ve büyümeyi düşük tutan başka bir unsur daha var; o da yüksek tasarruflar.

Yüksek tasarruf oranı arzu edilen bir sonuç gibi algılanır ve uzun vadede öyledir de. Tasarruflar yatırıma dönüşür, yatırımlar da ekonomik büyüme getiren istihdam ve daha yüksek verimlilik yaratır. Tabii yatırımların Çin de olduğu gibi gereksiz hayalet kentlerde ve diğer verimsiz altyapılarda çarçur edilmediğini varsayarsak. ABD altyapısında, eğitim ve araştırmada, bolca yüksek-verimli yatırım fırsatı var, dolayısıyla yatırımların büyümenin motoru olacağı doğru bir öngörü.

Yatırımın uzun vadede sonuçları iyi ama kısa vadede tüketim düşüyor. ABD ekonomisinin yüzde 70'i tüketimle çalışıyor. ABD yüksek açıklar verip dışarıya daha fazla borçlanmadığı müddetçe (kısa vadede) tüketimi öldürmeden (uzun vadede) yatırımları artırmanın bir yolu yok. Ne var ki ABD açıkları hâlihazırda rekor seviyelerde ve yabancı devletler zaten kendi ekonomik yıkımları ve kamu açıklarıyla uğraşıyorlar.

Piyasa araştırma firması Hedgeye'nin analisti Darius Dale, ekonomiyi ayakta tutan çoğu programın Mart 2020'den sonra miadının dolduğuna ve pek yakında dolacağına dikkat çekiyor. Nisan'da ödenmesi gerekirken uzatılan federal gelir vergilerinin yeni ödeme tarihi 15 Temmuz 2020 idi. 30 Eylül 2020 de ertelenmiş öğrenci kredilerinin tahsilat zamanıydı. Yine ertelenmiş konut kredilerinin ödeme tarihi de 31 Ekim 2020. 31 Aralık 2020 tarihi de ertelenmiş Maaş Koruma Programı kredilerinin ödeme günü. Bunlar ve benzeri diğer uygulamalar ilave fonlamalarla uzatılmaz veya genişletilmez ise zaten zayıf olan pandemi toparlanmasının altından destekler çekilmiş olacak. Bu da ekonominin Mart-Haziran 2020 arasında devlet müdahalesiyle durdurulmuş olan düşüşünün 2021'de hızla tekrar başlayacağı anlamına geliyor.

Önümüzdeki birkaç yıl boyunca yavaş büyüme olacağı tahminleri bile elimizdeki titiz çalışmalara bakıldığında fazla muhafazakâr gözüküyor. Yavaş büyümenin *otuz yıla* uzayacağına dair sağlam kanıtlar var. Mart 2020'de bir Federal Reserve ekonomisti ve Kaliforniya Üniversitesi'nden iki akademisyenin yaptığı "Pandemilerin Uzun Vadeli Sonuçları" başlıklı bir çalışma, 1347 yılındaki veba salgınından başlayarak en az 100 bin ölümle sonuçlanan pandemilerin ekonomik etkilerini inceliyor.[8] Yazarların vardığı sonuca göre "Pandemileri takip eden manidar makroekonomik etkiler 40 yıl devam ediyor ve gerçek getiri oranları hatırı sayılır bir ölçüde basık kalıyor." Şöyle devam ediyorlar: "Pandemi etkileri on yıllar boyu kalıcı oluyor... Bu etkiler sarsıcı nitelikte." Şunu bilelim ki COVİD-19 pandemisi bu çalışmada sözü geçen on beş pandeminin dördü hariç hepsinden daha fazla insan öldürme yolunda ilerliyor.

Artık tasarrufların artmasıyla tüketimin düşmesi ödünleşmesi üzerinde fazla durmaya gerek yok, çünkü Amerikalılar cüzdanlarıyla tavırlarını ortaya koydular bile. Mayıs 2020'de ABD'de tasarrufların harcanabilir gelirlere olan oranı yüzde 7,5'ten yüzde 33'e fırladı. Amerikalılar harcamıyor tasarruf yapıyorlardı. İşsizseniz ve bir sonraki otomobil veya konut kredisi taksidini nasıl ödeyeceğiniz konusunda endişe duyuyorsanız bu akla yatkın. İşiniz var ama işine son verilecek bir sonraki kişinin siz olabileceğinden korkuyorsanız da akla yatkın. İşiniz ve geliriniz emniyette olsa dahi, deflasyon öngörüleri bağlamında daha fazla tasarruf etmeye yönelebilirsiniz. Bir deflasyon sürecinde en iyi performans gösteren varlığınız nakit olabilir, çünkü hayat pahalılığı azalırken nakdin gerçek değeri artar.

Bütün bu unsurlar -daha fazla işten çıkarma, daha fazla iflas, geri besleme döngüsü ve daha yüksek tasarruf sonucunda harcamaların durması- toparlanmanın yavaş olacağı ve işsizliğin yüksek kalacağı anlamına geliyor. V şeklinde bir toparlanma olmayacak. Medyadan duyduğunuzun aksine yeşil filizlenmeler yok. Yeni Büyük Çöküş'ün içindeyiz ve yıllar boyu içinde kalmaya devam edeceğiz.

Dördüncü Bölüm

Borç ve Deflasyon Toparlanmayı Raydan Çıkarır

> Bugün ABD ve diğer gelişmiş ülkeler özellikle güçlü bir ikiz şokun ikinci dalgasını yaşıyor. Birer birer bakıldığında, 2008'in küresel finansal krizi veya 2020'nin küresel pandemisinin her biri hükûmetleri serbestçe para yaratmaya ve borç almaya iterek kamu finansmanını değiştirmeye yeterdi. Şimdi bu iki kriz birden devletin harcama gücünü dönüştürecek. ... İsterseniz buna sihirli para çağı deyin.
>
> — Sebastian Mallaby, Foreign Affairs, 29 Mayıs 2020

Nereye gidiyoruz? SARS-CoV-2 belası ortaya çıkıp ekonomik çöküşün yıkımının her evde hissedilmeye başlamasından sonra herkes bundan sonra neler olabileceğine odaklanmış durumda. Bireyler, şirketler ve halk pandeminin, karantinanın, çöküşün ve büyük Amerikan kentlerindeki ayaklanmaların eş zamanlı etkilerinden sendelemiş durumdalar. İç Savaş ve Büyük Buhran'ı izleyen ekonomik restorasyonun gösterdiği gibi dayanıklılık Amerikan kişiliğinin bir özelliği. Restorasyon; umut, önderlik ve zararları telafi etmek, yön tayin etmek, insanların ve ticaretin tekrar risk almaya, istihdam yaratmaya ve çok çalışmaya başlaması için tasarlanmış bir dizi politik karar gerektirir. İç Savaş'ı, 1870 civarlarında başlayan bir yeniden kalkınma, demiryolları inşaatı ve kalıcı bir teknolojik inovasyon dönemi izledi. Büyük Buhran'ın acıları, önce Grand Coule Barajı (1933) gibi altyapı harcamaları ve sonra ABD küresel çatışmalara müdahil olunca savaş sanayisine yapılan müthiş yatırımlar sayesinde dindi. İkinci Dünya Savaşı'ndan sonraki tasfiye nedeniyle oluşan resesyonlar ve zayıf büyüme; 1950'lerde artan ulusal savunma harcamaları, Eisenhower Eyaletlerarası Otobanı gibi devasa altyapı projeleri ve Doğum Patlaması'nın getirdiği demografik destekle telafi edildi. Bu tepkilerin hiçbiri münferit sihirli değnek çözümü değildi; diğer politikalar ve daha büyük trendlerle etkileştiler ve bu etkileşimler zaman aldı. Yine de önemli kamu politikalarının açıklanması ve uygulanmasının istihdam ve tüketim açısından somut faydaları oldu. Öz güvenin geri gelmesini, özel sektör yatırımlarına ve girişimciliğe bir sıçrama tahtası oluşmasını sağlayan önemli psikolojik etkileri vardı. Bu, terimin bugünkü kullanılış şekliyle belli bir programa dayalı bir "kamu-özel sektör ortaklığı" değildi. Hükûmet girişimlerinin, kamuyu destekleyen büyümeyi getirecek ve vergi gelirlerini artıracak özel sektör hamlelerini teşvik edici organik bir yinelemeli işleviydi.

Peki Yeni Büyük Çöküş ve ona sebep olan pandemiye karşı politik tepki ne oldu? Geniş anlamda taahhütler, para basma ve gerektiğinde artırılan likidite şeklinde devasa para politikası uygulamaları oldu. Artırılan işsizlik yardımları, maaş destek kredileri; etkilenen havayolu şirketleri, otel ve tatil tesisleri ve çöküşten büyük zarar gören diğer sektörlerin kurtarılmasını içeren eşi benzeri görülmemiş bir maliye politikası da devreye alındı. Bu multi trilyon dolarlık açık ve borçlanarak para yaratma hamlelerinin arkasında borçların sürdürebilirliğine yönelik endişeleri giderdiği iddia edilen ve ismine *modern para teorisi* (MPT) denen yapay bir ekonomik karışım var. Yakın zamana kadar MPT, biraz aşırı sol cenahtan destek bulan bir uç görüştü. Bugün, çoğu kanun yapıcı ismini dahi duymamış olmasına rağmen ülkenin fiili olarak ekonomik yasası hâline gelmiş durumda.

Aşağıdaki bölümlerde, krize verilen tepkiler olarak MPT, para ve maliye politikalarını inceleyeceğiz. Bu politikaların hiçbiri çöküşü sona erdirmek, kaybolan istihdamı geri kazanmak ve tekrar gerçek büyümeye dönmek olan amaçlarına ulaşmıyor. Bu politikaların başarısız olacağına dair hem deneysel hem de davranışsal olarak geçerli nedenler var. Son olarak, tehlikelerin en büyüğü olan deflasyona ve görünürde sınırsız para basma ve harcamanın neden ona çare olamayacağına bakacağız. Deflasyonun bir ilacı var (Sonuç bölümünde ele alacağız) ama o ilaç bugün merkez bankacılarının ve kanun yapıcıların entelektüel alet çantasında bulunmuyor. Bu diyafram boşluğu yıllar sürecek bir düşük büyümeye işaret ediyor. Bu da önümüzdekinin basit bir resesyon değil tam bir çöküş olduğuna ve neden yatırımcıların servetlerini yitirmemek ve fırsatları kaçırmamak için uyanık bir şekilde ileriyi görür olmaları gerektiğine dair başka bir neden.

İmdada Yetiş MPT

COVİD-19 pandemisinin neden olduğu, ekonomik şoka tepki olarak para harcama ihtiyacı, bu sözde modern para teorisini ekonomi politikalarının aşırı uçlarından alıp merkezi bir konuma oturttu. Bard Üniversitesi profesörlerinden L. Randall Wray ve yatırımcı Warren Mosler gibi modern para teorisyenleri, ilerlemecilik ile Keynes öncesi bir yaklaşım olan Chartalism'in* bileşiminden oluşan garip bir harman öneriyorlar. Modern Para Teorisi (MPT) yandaşları, dünyaya dünyanın en çok istediği şey olan bedava parayı sunan küçük ama yükselen bir zümre.

MPT kehanetinde anahtar rol oynayan iki kurum Federal Reserve ve ABD Hazine'sidir. Fed ve Hazine ayrı ayrı kuruluşlardır ve ayrı denetim ve gözetim sorumlulukları vardır ama pek çok konuda birlikte çalışırlar. Hazine'nin Fed'de hesabı vardır ve Fed bastığı parayla Hazine borçlarını satın alıp kârlarını Hazine'ye devreder. Bu iki kurumun ekonomistler ve politika yapıcılar tarafından riayet edilen sınırları bulunur. Hazine para yaratmaz. Kongre onaylamaz veya Fed varlık alımı yaparak ve faizleri düşük tutarak işi mümkün kılmazsa Hazine para harcayamaz.

MPT bu kısıtları reddeder. Fiiliyatta, MPT hocaları Hazine ve Fed'e tek bir kurummuş gibi bakarlar. MPT modelinde, Hazine harcama yaparak para yaratır. Hazine para harcadığında Fed'deki hesabı azalır ve Hazine harcamalarının gittiği yer olan vatandaş ve şirketlerin özel sektör banka hesaplarındaki para artar. Bu görüşe göre, Hazine harcamaları sayesinde özel sektörün serveti büyür. Hazine ne kadar çok harcarsa, özel sektör o kadar zenginleşir. The MPT cemaati hep cevabını bildiği şu soruyu sorar: "Hazine harcamasaydı para nereden gelecekti ki?"

Para, MPT savunucuları için Hazine harcamalarıyla başlatılan ve devlet gücü tarafından desteklenen bir muhasebe uygulamasıdır. Devletin harcayabileceği paranın bir sınırı yoktur. Eğer bu doğruysa, yoksulluktan altyapıya, altyapıdan eğitime, daha fazla para harcayarak çözülemeyecek bir sosyal sorun kalmaz. Hazine borç alıp harcadıkça ülke fakirleşmez, tam aksine zenginleşir, zenginleşir çünkü Hazine harcamalarının gittiği kişiler ve şirketler zenginleşir.

Modern Para Teorisi, açık bütçe harcamalarını bir yıl içinde George Washington'dan Bill Clinton'a kadar tüm başkanların yarattığı toplam ulusal borçtan daha fazlasına artırmak isteyen o Kongre üyeleri için bir talih kuşu oldu. Kongre para harcamayı kafasına takmaz ama tek bir yıl içinde GSYİH'nin yüzde 20 üzerine taşması öngörülen açıkları haklı göstermek için entelektüel bir hikâyeye ihtiyaçları var. İşte, âlimane bir dolandırıcılık olsa dahi Modern Para Teorisi tam da bu işe yarıyor. Gerçek dünya açıkları gün ışığına çıktığında para çoktan gitmiş olacak ve Amerikan halkı zararın yaralarını sarmak zorunda bırakılacak.

Modern Para Teorisi yeni şişelere konmuş eski bir şarap gibidir. Eski şarap, paranın değerinin hükûmet diktası tarafından yaratıldığı ve hacminin sınırsız olduğuna dair inançtır, çünkü hükûmet, vatanadaşlarına o parayı vergilerinin ödemek için

---

* Paranın değerini, esasta değil para kullanımını düzenleyen yasalarda ve devlet otoritesinde temellendiren görüş. Charta Latincede "kâğıt" anlamına gelir, dolayısıyla bu görüşe göre paranın içsel değeri yoktur, değerini yasalardan alır. (ç.n.)

kullanmaktan başka bir seçenek bırakmaz. Hükûmet parası vergilerin ödenmesi için tek araç olarak kaldığı müddetçe vatandaşlar vergi kaçırma suçundan hapse girmemek için o onanmış parayı almak zorundadırlar. Bu kaçışı olmayan kapalı bir sistemdir. Yeni şişeler ise sağlık yardımları, bedava eğitim, bedava çocuk bakımı ve garanti altına alınmış baz maaşlar gibi bir ilerici programlar istek listesine iliştirilmiş MPT'dir. Geçmiş yıllarda, bu politika teklifleri "Buna gücümüz yetmez" diyen uzmanlar tarafından kolayca püskürtüldü. Bugün, MPT yandaşları küflü bir kuramsal saygınlıkla "Yeter" diyorlar. Daha önce açık bütçe harcamalarının bir sınırı olması gerektiğini düşünecek kadar sağduyuya sahip olan (liberaller ve muhafazkârlar bu sınırın ne olması gerektiğinde anlaşamamış olsalar dahi) ama şimdi pandemi ve ekonomik çöküşün yarattığı sorunlara kısa vadede çare olması için sınırsız harcamalar yapıldığını gören kanun yapıcılar da iki arada bir derede kalmış durumdalar. Mart ve Temmuz 2020 arasında 5 trilyon dolarlık yeni açık bütçe harcaması lehine oy kullanan Kongre üyeleri belki de MPT'nin ne olduğunu bilmiyorlar ama fiiliyatta onu onaylamış oldular.

En parlak MPT yandaşlarından biri de Stony Brook Üniversitesi'nden Profesör Stephanie Kelton. Görüşlerine *The Deficit Myth: Modern Monetary Theory and the Birth of the People's Economy* (Bütçe Açıkları Efsanesi: Modern Para Teorisi ve Halk Ekonomisinin Doğuşu) isimli, 2020'de yayınlanan yeni kitabında yer vermiş.[1] Kelton'un MPT yorumuna göre eskiyen altyapı para harcanarak hemen ıslah edilebilir. Aile kurmayı engelleyen ve Y kuşağını borç kölelerine dönüştüren 1.6 trilyonluk öğrenci kredileri borç dağı, borçların affedilmesiyle eritilebilir. İşsizlik ve eksik istihdama, çalışmalarını talep etmeden ve başka koşullar öne sürmeden her Amerikalıya gönderilecek aylık çekler şeklindeki baz maaş garantileri ilaç olabilir. Bunlar ve diğer hükûmet programları, Hazine harcamaları ve Fed'in borçları satın almasıyla fonlanabilir.

MPT'nin Kelton'un kapısını araladığı bir de karanlık tarafı var: Hükûmetin şiddet kullanma tekeli ve bu şiddeti devlet parasını kullanmayı reddeden vatandaşlara karşı uygulama isteği. MPT görünürde kamu finansmanı ve ekonomik büyüme sorunlarına karşı bir yirmi birinci yüzyıl yaklaşımı. Aslında MPT yandaşları Chartalism'in babası olan George Friedrich Knapp'ın yüz yıl önce (1924) yayımlanan kitabı *The State Theory of Money*'de (Paranın Devlet Teorisi) yer alan Chartalism doktrinlerini benimsiyorlar.[2]

Kelton ve Knapp'a göre paranız değerli, çünkü devlet öyle diyor. Buradan yola çıkarak Kelton ve Kelton gibiler her yöne dağılıyorlar. Eğer para devlet ne diyorsa odur diyorsak, o zaman altın da dâhil olmak üzere her şey para olabilir. Yirminci yüzyılın sonlarından önce, çoğu devlet parası altın idi. Kelton altının nadir bulunurluğu veya işe yararlılığından değil, ihtiyaçtan ziyade gelenek olarak devletin onu para ilan etmiş olmasından dolayı para olduğunu savunur. Kâğıt bu ilanın konusu olur olmaz altın kenara atıldı ve kâğıt para oldu.

Kelton farklı perspektiflerden bakıldığında borç ve kredinin aynı şeyler olduğunu savunuyor. Eğer devlet vatandaşlarına dolar aktarıyorsa, o zaman devlet borçlu durumuna girer, çünkü dolarlar Merkez Bankası yükümlülükleridir. Diğer tarafta vatandaşlar da dolarları kabul edip tuttukları için kreditör durumundadırlar. Bu para = borç kavramı Kelton'un kendi deyimiyle bir "para hiyerarşisi" yaratılmasına imkân tanıyor. Hiç abartısız herkes bir borç senedi ihraç ederek bir şekilde para yaratabilir. Adeta Federal Reserve para arzı tanımlarını Mo, M1 ve M2'den M4, M5, M6 ve sonrasına genişletmiş gibi. Hepsi aynı anda para, borç ve kredi.

Kelton bu sistemin çalışabilmesi için devlet gücüne ihtiyaç olduğu konusunda dürüst. Şöyle yazıyor: "Sadece devlet, vergi yasaları çıkarma ve uygulama gücüyle, eğer ceza yemek istemiyorlarsa, tebaasının kabul etmek zorunda olduğu borçlar ihraç edebilir."[3] Bu cezaların mala el koymayı ve vergi denmediği için hapsi içerdiğini açıkça söylemiyor ama bunu ima ettiği kesin. Devlet parasının kökünde devlet gücü var.

Devlet gücünün hangi tür parayı vergi ödemesi olarak kabul edeceğini beyan etme yetisi olduğu doğru. Vatandaşların vergilerini ödeyip hapse girmemek için beyan edilen bu türe para olarak bakacakları da doğru. Merkez Bankası'nın devlet borcunu satın alıp devleti fonlayarak sınırsız para yaratmasını ve hükûmetin sonsuz para harcamasını desteklemesi için Merkez Bankası ve Hazine'nin bir "maliye egemenliği" içinde birlikte çalıştıkları da doğru. Son olarak, hükûmet harcamalarının birilerinin cebine gittiği ve o birey veya şirketi, en azından geçici olarak, o kadar zenginleştirdiği de doğru.

MPT ne söylediğinden değil neyi göz ardı ettiğinden dolayı işlemeyecektir. Konu, para yaratmanın yasal bir sınırı olup olmadığı değil, psikolojik bir sınırı olup olmadığıdır...

Paranın saygınlığının gerçek kaynağı devlet gücü değil güvendir. Eğer iki taraf da ve diğerleri de aynı fikirdeyse, o zaman toplumun geniş kesiminde para olarak kabul edilir. Geçmişte bu güvene altın, gümüş, boncuklar, tüyler, kâğıt simgeler ve çeşitli rozetler layık olmuştu.

Güvenin zor olan kısmı kırılgan, kolaylıkla kaybedilebilir ve geri kazanmanın imkânsız olmasıdır. MPT'nin en büyük hatası güveni çantada keklik saymasıdır. Güveni göz ardı etmenin nedenleri sayısal modellere aşırı bağımlılıktan devlet gücüne aşırı bağımlılığa kadar uzanır. İlkinden bahsedecek olursak, sırf sayısal denge modellerine cuk oturmadığı için psikolojiyi göz ardı etmek bilerek cahil olmaktan daha az bir şey değil. İkincisine gelince, sadece o uzun batık devletler listesine bakmak yeterli ki onların arasında bugün Venezuela, Somali, Suriye, Yemen ve Kuzey Kore var. Devlet gücü ne mutlak ne de kalıcı.

MPT'nin diğer kör noktası da paranın dolaşım hızı. Bu konu MPT literatüründe pek yer almıyor. Kelton ve Wray gibi MPT önderleri devlet parasına olan güven eriyip gittiğinde gelen hiperenflasyon tehlikesini ancak paranın dolaşım hızını göz ardı ederek kafalarından çıkarabiliyorlar. Bir tür paraya olan güvenin kaybolması durumunda gösterilen tepki ya mümkün olduğu kadar hızlı para harcamak ya da başka bir tür paraya geçmek. Enflasyonun gerçek nedeni para basmak değil, işte bu davranışsal uyarlanma. Güven ve paranın dolaşım hızı ters orantılıdır ve ikisi de MPT'nin zayıf karnıdır.

Bunlar Kelton'u endişelendirmiyor. 9 Haziran 2020'de The New York Times'a yazdığı makalede pandemiyle alakalı finansal kurtarmaları şöyle tarif etti: "Kanun yapıcılar harcama tasarılarını onaylayarak hükûmetin bankası olan Federal Reserve'den bilfiil trilyonlarca dolar sipariş etmiş oldular."[4] Olaya bu kadar basit bakmak siyasi olarak cazip olabilir ama bu aşırı borç büyümesine eşlik eden davranışsal uyarlanmaları göz ardı ediyor. O daha yüksek mevduat faizleri ve azalan tüketim gibi uyarlanmalar, oluşmakta olan likidite tuzağını daha iyi değil, daha kötü yapıyor.

MPT'nin entelektüel kusurları önümüzdeki birkaç yıl içinde daha da görünür olacak. Sonuç kalıcı deflasyon (çünkü MPT politikaları büyüme yaratamaz) veya enflasyon (MPT politikaları devlet parasına olan güveni yıktıkça) olabilir. Büyük bir olasılıkla her ikisi de ortaya çıkacak: önce deflasyon, sonra onu izleyen enflasyon.

Şimdilik, MPT önemli gözüküyor. Çalıştığından değil (çalışmıyor), Kongre'ye sınırsız miktarda para harcaması ve Federal Reserve'e bu borçları fonlaması için bir kılıf yarattığından. Şu anda, Yeni Büyük Çöküş karşısında ABD ekonomisini "canlandırmak" için hem para hem de maliye politikaları beşinci viteste gidiyorlar. İzleyen bölümlerde göreceğimiz nedenlerden dolayı ne para basma ne de harcama bu canlandırmayı yapamaz. MPT'nin akademik makyajlı parıltısı bu sonucu değiştirmez.

Para Politikası Neden Teşvik Değildir

2007'den beri, Fed hata üstüne hata yaptı ve her yeni hata bir öncekinden daha büyük olduğu için eskilerin üstü örtüldü. Artık oyunun sonuna yaklaşıyoruz. Bunu anlamak için nerelerden geldiğimize bakalım.

Fed'in daha sonra ortaya çıkacak olan 2008 küresel finansal krize olan tepkisi Ağustos 2007'de, Bear Stearns'ın iki ipoteğe dayalı menkul kıymet hedge fonunun Temmuz sonunda batmasının ardından başladı. Temmuz'da yüzde 5,25 olan Fed fonlama oranı (Fed'in hedeflediği politika faizi) Ağustos 2007'de yüzde 5,02'ye indi. Ondan sonra da uçurumdan düşer gibi dalışa geçti ve Ocak 2009'da yüzde 0,15'i gördü. O noktada Fed Başkanı Ben Bernanke'nin elinde artık faiz oranı silahı kalmamıştı ve o da son çare olarak "parasal genişleme" adı altında para basmaya başladı. Bu da QE1, QE2 ve QE3 isimleriyle üç dalga hâlinde geldi. Para basmanın sonucunda, Fed'in bilançosu krizin başı olan Ağustos 2007'de 865 milyar dolarken 12 Ocak 2015'te, para basmayı yavaş yavaş sıfıra indiren QE3 "taper"in (azaltma) tamamlanmasından hemen sonra 4,52 trilyona büyüdü. Oradan itibaren ve 16 Aralık 2015'te yapılan ilk faiz oranı artırımına (ona "havalanma" deniyordu) dek Fed faiz oranlarını sıfırda, bilanço büyüklüğünü de 4,5 trilyon dolarda tuttu. Fed hedef fonlama oranı sürekli yükselerek 20 Aralık 2018'de yüzde 2,50'ye geldi. Fed Kasım 2017'de ismine "parasal sıkılaştırma" (PS) denilen program dâhilinde bilançosunu da küçültmeye başladı. Bu da baz parayı* yıkıma uğrattı. 26 Ağustos 2019'a gelindiğinde, Fed bilanço büyüklüğünü 3.76 trilyon dolara indirmişti. Bu, iki yıldan az bir süre içinde varlıklarda 760 milyarlık azalmaya tekabül ediyor. Analistlerin tahminlerine göre para arzında her bir 500 milyar dolarlık azalış faiz oranlarında kabaca yüzde 1 yükselişe eşitti. Bu gerçek ve efektif faiz oranı artırımlarının (PS vasıtasıyla) bileşimi Fed'in 2015-2018 arasında hâlâ zayıf olan ekonomik ortamda aşırı sıkılaştırmaya gittiği anlamına geliyor. Tabii güdük tahmin yetenekleri yüzünden Fed ne yaptığını pek de anlamadı.

Hem 2015'te başlayan faiz oranı artırımları hem de 2017'de başlayan bilanço küçülmesi, Fed'in oranları ve para arzını normalleştirme çabalarıydı. Fed'in bir sonraki resesyona hazırlanmak için hedefi, oranları yüzde 4'e çıkarmak ve varlıklarını 2,5 trilyon dolara indirmekti. Eğer Fed normalleşmeyi sağlarsa olası bir resesyona karşı mücadele etmek için potansiyel faiz indirimleri ve para arzı artırımı gibi kurşunları olacaktı. Merak konusu olan, Fed'in savaşmaya hazırlandığı bir resesyona kendisi sebep olmadan o resesyondan önce normalleşmeye gidip gidemeyeceğiydi. Ben hep Fed'in bu işte başarısız olacağı ve bir resesyona sebep olmadan sıfır faiz ve şişmiş bilançodan çıkış olmayacağı görüşündeydim. Nitekim Fed başarısız oldu. Hisse senetleri Fed'in bu aşırı sıkılaştırmasına tepki olarak 1 Ekim 2018'den 24 Aralık 2018'e (o meşhur Noel Arifesi Katliamı) yüzde 20 değer kaybettiler.

Fed Başkanı Jay Powell Aralık 2018 sonunda hızlıca çark etti. Powell ilk önce faizleri daha fazla artırmayacağı sinyalini verdi (basın açıklamalarında o şifreli "sabır" sözcüğünü kullanarak). Mart 2019'a gelindiğinde, Fed faiz indirimi yapacağı sinyalini verdi ve sözünde durarak yılın üç faiz indiriminden ilkini 31 Temmuz

---

* Baz Para: Ülkenin uluslararası rezervleri ile yurt içi kredilerinin toplamı.(ç.n.)

2019'da yaptı. Fed aynı zamanda PS'nin sona erdiğini ve bilançosunu tekrar büyütmeye başlayacağını duyurdu. Faiz indirimleri ve para basılmasıyla oluşan bu çifte gevşeme hisse senedi piyasasının ilacı oldu. Hisseler Şubat 2020'de başlayan pandemi çöküşüne kadar güçlü bir ralli yaparak yeni en yükseklerine geldiler.

2007-2014 arasındaki aşırı gevşeme, sonra 2015-2018 arasındaki aşırı sıkılaştırma ve yine 2019-2020 arasındaki aşırı gevşeme kronolojisinde Eylül 2019'da ortaya çıkan o garip şok gözükmüyor. Halbuki Fed 16 Eylül 2019'da 3,8 trilyon dolar olan bilançosunu 31 Aralık 2019'da 4,2 trilyon dolara büyüttü. Bu büyüme SARS-CoV-2'nin ekonomik etkilerinden ve yeni çöküşten önce oldu. Bu para basımını tetikleyen şey Eylül sonunda ABD Hazine bonoları piyasasında baş gösteren ciddi likidite kriziydi. Bunun tam nedeni açıklanmadı ama herhâlde bir veya iki hedge fonu ve ona borç veren bankaların batma noktasına gelmiş olmalarıydı. Kıl payı atlatılan bu kriz, küresel dolar ve krediler karşılığında verilen sağlam teminat (genelde ABD hazine bonoları) kıtlığının sonucuydu. Basitçe söylemek gerekirse, dünya pandemiden beş ay önce bir dolar likidite krizi içindeydi ve yeni çöküş başlamıştı. Pandemi, her ne kadar hazine bonosu piyasası uzmanı olmayanlar tarafından pek iyi anlaşılmamış olsa da zaten var olan finansal krizin üzerine tuz biber ekti.

Bu kronoloji aslında para politikası ve özellikle monetarizmin sınıfta kalışının uzun bir hikâyesi. Fed 2009'dan sonra ekonomiyi tekrar büyüme yoluna koymayı başaramadı. 2014'ten 2020'ye, faiz oranlarını ve bilançosunu normalleştirmeyi beceremedi. Fed yüzde 2'lik enflasyon (yıldan yıla çekirdek kişisel tüketim harcamaları deflatörüyle ölçülüyor) hedefini son 13 yılda hiç yakalayamadı, hâlâ yakalayamıyor. Üstelik, palas pandıras çark etmeden önce, 2018 sonuna doğru neredeyse bir resesyona ve hisse senedi piyasası çöküşüne neden olacaktı. Eylül 2019'da gelmekte olan dolar likiditesi krizini öngöremedi. 1 Mart-1 Haziran 2020 arasında bilançosunu 4,2 trilyon dolardan 7,2 trilyon dolara patlatarak artık dürüst rolü oynamayı bile bırakmış durumda. 2021'den önce bilançonun trilyonlarca dolar daha büyümesi planlanıyor. Fed sadece bir şeyi iyi yapıyor, o da gerektiğinde hisse senedi piyasası değerlerini şişirmek. Hisse senedi piyasası yatırımcıları da bunun farkında ve ona göre davranıyorlar. Hisse senedi piyasalarını pompalamak Fed'in ona yasayla verilmiş iki ana görevinden (fiyat istikrarı ve azami istihdam) biri değil ama bu işi iyi yapıyor.

Fed Şubat 2020'de hisse senedi piyasası göçtüğünde ışıkları açık tutmayı becerdi ama. Bir kriz sırasında likidite sağlamak, zaten 1907 paniğine tepki olarak 1913'te kurulan Fed'in özgün misyonuydu. Fed; para basma, doğrudan yatırım, doğrudan borç verme, teminatlar ve bilanço dışı araçlardan oluşan bir karışımı kullanarak, Vadeli Varlığa Dayalı Menkul Kıymet Programı, Kurumsal Kredi Programı,

İstihdamı Koruma Programı Kredi Alım Aracı, Belediye Tahvilleri Programı, Reel Sektör Kredileri Programı, Para Piyasası Fonu Likiditesi Programı ve Finansman Bonosu Fonlama Programı'nı faaliyete geçirdi. Şüphesiz, Fed piyasalardaki likiditeyi muhafaza etmek ve bankaları açık tutmak için gerektiği kadar fon ve program yaratmaya devam edecek. Ne var ki bu programların hiçbirinin ekonomiyi canlandırıcı veya istihdam yaratıcı niteliği yok. Hiçbiri ekonomiyi tekrar büyüme yoluna (o zayıf 2009-2019 büyüme yoluna bile) koyamayacak. Hedge fonları ve bankaları batmaktan kurtaracak, kısa vadede işleyen piyasaların donmasını önleyecekler ama iş ve büyüme sağlamayacaklar.

Fed'in dünya tarihine geçecek bu başarısızlığının nedeni tek bir kelimeyle ifade edilebilir: Hız, paranın dolaşım hızı. Nedenini anlamak için monetarizm teorisine geri dönmek gerekiyor. Monetarizm, 1976 Nobel Ekonomi Ödülü'nü kazanan Milton Friedman ile sıkı sıkıya ilişkili olan bir ekonomi teorisi. Temel fikri para arzındaki değişimlerin GSYİH'deki değişimlerin en önemli nedeni olduğu. Dolar olarak ifade edilen bu GSYİH değişimleri iki kısma ayrılıyor: Asıl kazanımları üreten gerçek kısım ve yanıltıcı olan enflasyona ait kısım. Gerçek artış + enflasyona ait nominal artış (dolar olarak).

Friedman, üretimi artırmak için para arzını artırmanın belli bir noktaya kadar çalışacağını, ondan sonraki nominal kazanımların enflasyona ait olacağını gösterdi. Fiiliyatta, Fed nominal büyüme yaratmak için para basabilir ama ne kadar gerçek büyüme elde edilebileceğinin bir sınırı var.

Para politikasına ince ayar çekmek isteyen bir monetarist, eğer gerçek büyüme yüzde 4 olarak sınırlanmışsa ideal politikanın para arzının yüzde 4 büyüdüğü, dolaşım hızının ve enflasyonun da sabit kaldığı bir politika olduğunu söyleyecektir. Bu azami gerçek büyümeyi ve sıfır enflasyonu üretir. Paranın dolaşım hızı sabit kaldığı müddetçe bu gayet açık ve net.

Peki paranın dolaşım hızı sabit değilse?

Görünen o ki Friedman'ın tezinin aksine paranın dolaşım hızı sabit değil. Paranın dolaşım hızı iskambil destesindeki jokere benziyor. Fed'in kontrol edemeyeceği bir unsur. Paranın dolaşım hızı psikolojiktir: Bireyin ekonomik geleceği hakkında neler hissettiğine dayalıdır. Fed'in matbaasıyla yönlendirilemez. İşte monetarizm bir politika aracı olarak kullanıldığında bu ölümcül kusuru var. Paranın dolaşım hızı davranışsal bir olgudur, hem de güçlü bir olgu.

M2'nin (para arzının geniş tarifi) dolaşım hızı 1997'de 2,2 ile zirve yaptı. Bu M2'nin her bir dolarının nominal GSYİH'nin 2,20'dolarını yarattığı anlamına gelir. O zamandan beri paranın dolaşım hızı devamlı düşüyor. 2006 yılında, küresel finans krizinden hemen önce 2,0'ye düştü, krizin 2009 ortalarındaki dibinde

1,7'ye çöktü. Dolaşım hızının düşüşü piyasanın düşüşü durduktan sonra durmadı. Fed'in para basması ve sıfır faiz politikasına (2008-2015) rağmen 2017 sonlarında 1,43'e kadar düşmeye devam etti. Pandeminin yarattığı çöküşten önce bile (2020'nin başında) 1,37'ye düşmüştü. Yeni Büyük Çöküş devam ettikçe düşmeye devam edeceği beklenmeli.

Tüketiciler borçlarını kapatıp harcama yerine tasarruf yaptıklarında, Fed para arzını artırmadığı müddetçe hem paranın dolaşım hızı hem de büyüme düşer. Fed paranın dolaşım hızının düşmesi karşısında nominal GSYİH'yi muhafaza etmek için müthiş surette para basıyor, bu 1930'lardan beri karşılaşmadığı bir sorun. Hız sıfıra yaklaştığında büyüme de sıfıra yaklaşır. Para basma işe yaramaz. 7 trilyon dolar çarpı sıfır eşittir sıfır. Bankalar kredi vermediği için para arzının büyüme mekanizması kırılır ve tüketici endişeleri nedeniyle dolaşım hızı düşerse ekonominin büyümesi imkânsız hâle gelir. Hız yoksa ekonomi de yoktur.

Bu da bizi işin püf noktasına getiriyor. Baz para gibi Fed'in kontrol edemeyeceği unsurlar ekonomiyi canlandıracak ve işsizliği azaltacak kadar hızla büyümüyor. Fed'in hızlandırması gereken unsurlar banka kredileri ve artan harcamalarla şekillenecek dolaşım hızı. Harcama, kredi verenlerle tüketicilerin psikolojisi ile harekete geçer, özünde davranışsal bir olgudur. Fed enflasyon beklentilerini değiştirme sanatını unuttu (belki de hiç bilmiyordu) ki bu tüketici davranışlarını değiştirip büyüme yaratmanın anahtarıdır. Monetaristlerin ve Avusturya Ekolü ekonomistlerin fikirlerinin aksine para arzıyla bir ilgisi yoktur.

Yirminci yüzyılla birlikte iki ABD başkanı tüketicilerin enflasyon beklentilerini kökten değiştirmeyi başardı. Her ikisi de aynı tekniği kullandı. Birisi bilerek, diğeri bilmeden. Biri ekonomiyi kurtardı, diğeri neredeyse canına okuyacaktı. Enflasyon yaratmak şişeden cini çıkarmaya benzer; sonuç iyi de olabilir kötü de. Paranın dolaşım hızı ve buna bağlı olarak enflasyon artırılamazsa bir deflasyon uçurumunu ve kötüleşen çöküşü engelleme umudu kalmaz. Dolaşım hızını artıran başkanların hikâyesi ve bunun nasıl tekrar yapılabileceği Sonuç bölümünde olacak.

Maliye Politikası Neden Teşvik Değildir

Kongre 2020 yılında son sekiz yılın toplamından daha fazla açık bütçe harcamasına onay verdi. O Kongre bu yıl George Washington'dan Bill Clinton'a kadar tüm başkanların toplamından daha fazla bir borcu ulusal borca ekleyecek. Bu harcama cümbüşü; virüs testi için 26 milyar doları, programların idari masrafları için 126 milyar doları, eyalet hükûmetleri ve yerel yönetimlere doğrudan yardımları için 217 milyar doları, kamu sağlığı için 312 milyar doları, şirketlere yönelik vergi indirimleri için 513 milyar doları, büyük şirketleri kurtarmak için 532 milyar doları, işsizlik yardımları, ücretli izin ve doğrudan nakit ödemeler için 784 milyar doları ve istihdamı koruma programı kapsamında küçük işletmeler için 810 milyar doları içeriyor.[5] Bunlar bir de 1 trilyonluk bütçe açığına eklenecek. Kongre Temmuz sonunda eyaletlere ve kentlere yardım olarak 1 trilyon dolarlık ilave bir harcamayı da onamıştı. Bunları topladığınızda toplam 2020 bütçe açığı 5.3 trilyon. Bu ilave borç ABD'nin Borç/GSYİH oranını yüzde 130'a yükseltecek. Bu oran, hem ABD tarihinin en yükseği olacak hem de ülkeyi Japonya, Yunanistan, İtalya ve Lübnan'ın bulunduğu süper borçlu ülkeler ligine indirecek.

Açık bütçe harcamalarının önemli borç oranlarını ne hâle getirdiği konusunda bir şüphe yok. Ekonominin şimdi şahit olduğumuzdan daha bile derin bir kuyuya düşmesini engellemek için bu harcamanın gerekli olup olmadığı konusu pek tartışılmıyor. Harcama, "canlandırma" değildir. Kongre büyüme geri dönene dek geçici bir köprü görevi görsün diye para harcıyor ama bu harcama tek başına büyüme getirmez. Nedenleri hem John Maynard Keynes'in klasik ekonomik analizinde hem de Carmen Reinhard ve Kenneth Rogoff'un Keynesçi bir yaklaşımın yapabileceklerinin sınırlarını belirleyen yeni analizlerinde bulabiliriz.

Açık bütçe harcamalarının stop etmiş bir ekonomiyi canlandırabileceği fikri John Maynard Keynes'in klasik eseri *The General Theory of Employment, Interest, and Money*'de (1936) karşımıza çıktı.[6] Keynes'in fikri gayet anlaşılır idi. Onun için üretim, toplam talep dediği şeyin bir işleviydi. Talebi genellikle iş yerleri ve tüketiciler yaratır. Zaman zaman kriz koşulları veya deflasyonun tüketicileri bir likidite tuzağına sokması nedeniyle bu talep ortaya çıkmaz. Bu koşullarda, hem fiyatlar düştüğü hem de nakdin değeri arttığı için tüketiciler harcamak yerine tasarruf etmeyi tercih ederler. O zaman bir şey satın almayı erteleyip (çünkü fiyatlar daha sonra daha düşük olacak) tasarrufları artırmak (çünkü nakdin gerçek değeri artıyor) daha akıllıcadır. Keynes'in bu likidite tuzağına karşı çözümü, işin içine hükûmetin girmesiyle bireysel harcamaların yerini hükûmet harcamalarının alması. Deflasyonun belini kırmak ve Keynes'in deyimiyle "ekonomik morali" canlandırmak için bütçe açıkları ona göre gayet kabul edilebilir bir çözümdü.

Keynes bir adım daha ileri gitti ve harcanan her bir hükûmet dolarının bir dolardan daha fazla bir büyüme yaratacağını söyledi. Hükûmet para harcadığında (veya hibe ettiğinde) o parayı alan, ürün veya hizmet satın almak için harcayacaktır. Ürün ve hizmetleri satın alanlar da toptancılarına ve tedarikçilerine ödeme yapacaklar ve sonuçta paranın dolaşım hızı artacaktır. Belirli ekonomik koşullarda her bir dolarlık açık bütçe harcaması 1,30 dolarlık bir nominal GSYİH yaratabilir. İşte bu meşhur Keynesyen çarpandır. Bir ölçüde bütçe açığı artan üretim ve vergi gelirleriyle kendi kendine kapanacaktır.

Uygulamada, Keynes'in teorisi genel değil özel bir teoriydi. Sadece belirli koşullarda çalışabilirdi. Ekonomi bir çöküntüye girerken veya bir toparlanmanın ilk aşamalarında çalıştı. Başlangıçtaki hükûmet borcu düşük ve sürdürülebilir olduğunda çalıştı. Deflasyon koşullarında ve gerçek bir likidite tuzağı var olduğunda da çalıştı. Keynes bir teorisyen değil, tam aksine tam bir uygulamacıydı. Reçetesi 1930'lar için doğruydu. Ne yazık ki, öldükten sonra fikirleri Paul Samuelson ve MIT'deki ve diğer ekonomik düşünce merkezlerindeki takipçileri tarafından fena hâlde saptırıldı. Keynes'in sınırlı çözümü, bütçe açıklarının her zaman her yerde (harcamalar akademik elitlerin onadığı sosyal amaçlar için yapıldığı müddetçe) büyümeyi tetiklemek için kullanılabileceğine dair her derde deva bir reçete hâline dönüştürüldü. İşte MPT, MIT'den gelen fikrin abese indirgenmesidir. Kongre'nin şimdi yapmakta olduğu trilyon dolarlık açıklar çılgınlığının "canlandırma" iddiasının arkasında yatan şey, istenildiği zaman istenildiği kadar açık bütçe harcaması yapılmasının harcanandan daha fazla büyütme yaratacağına dair inançtır. Bu yanlış bir inanç.

Aslında Amerika ve dünya; Carmen Reinhart ve Ken Rogoff'un devamlı artan borç yükünün kreditörlerin tepkisini tetikleyip borçlu ülkeyi kemer sıkmaya, büsbütün bir temerrüde veya çok yüksek faizler vermeye zorlayacak, o belirsiz ama gerçek nokta olarak tarif ettiği yere doğru adım adım yaklaşıyor.

Borçlunun parasına olan güven kaybolduğu için daha fazla borcun artık aynı oranda büyütme yaratmadığı o kreditör tepkisi noktasına şöyle varılıyor: Bir ülkenin başta yönetilebilir bir Borç/GSYİH oranı var ki bu genelde yüzde 60'ın altında. Belki de bir resesyondan çıkmak veya sırf oy satın almak için ekonomik büyüme arayan politika yapıcılar gittikçe artan bir borçlanma ve açık bütçe harcaması yapma yoluna giriyorlar. İşin başında sonuçlar olumlu olabilir. Bazı Keynesçi çarpanlar gerçekleşebilir. Özellikle ekonominin tam kullanılmamış sanayi ve iş gücü kapasitesi varsa ve alınan borçların olumlu sonuçlar doğuracak şekilde akıllı kullanıldığı varsayılırsa.

Zaman içinde, Borç/GSYİH oranı yüzde 70-80 aralığına yükseliyor. Artan harcamaların olduğu yerde siyasi çıkar grupları oluşuyor. Harcamaların verimi gittikçe düşüyor, çünkü yönetici menfaatleri ve yan ödemeler, ek tazminatlar, daha verimsiz kamu tesisleri, toplum örgütleri ve kamu çalışanları sendikaları gibi kalemlere daha fazla para harcanıyor. Azalan marjinal verim kanunu devreye giriyor. Ne var ki kamunun açık bütçe harcaması yapma iştahı ve kamu mallarına olan talebi doymak bilmiyor. Sonunda Borç/GSYİH oranı yüzde 90'ı geçiyor.

Reinhart ve Rogoff'un araştırması yüzde 90'lık Borç/GSYİH oranının sadece yükselmiş bir oran olarak kalmayıp aynı zamanda bir fizikçinin kritik eşik dediği o evre geçiş yeri olduğunu gösteriyor. Orada ortaya çıkan ilk şey Keynesçi çarpanın birin altına düşmesi. Bir dolarlık borç harcaması bir dolardan daha az bir büyüme yaratıyor. Artan borçla net büyüme yaratılamadığı gibi borç faizi kendi başına Borç/ GSYİH oranını artırıyor. Bugün pandemiyle alakalı borçlar, daha önceki açıklarla karşılaştırıldığında kademe kademe değil atlaya zıplaya artıyor. Ve bu Borç/GSYİH oranının Reinhart-Rogoff'un kırmızı yüzde 90 çizgisinin iyice aşıldığı zamanda oluyor.

Kreditörler, kanun yapıcıların çark etmeleri veya büyümenin kendiliğinden başlayarak oranı düşürmesi umuduyla yeni borçlar satın almaya devam ederlerken endişelenmeye de başlarlar. Bunlar boş umutlardır. Toplum borcun tiryakisi olmuştur ve bu tiryakilik müptelayı tüketir. Dünyanın en iyi borçlusu ABD'dir, kendi bastığı para ile borçlanır ve sırf bu yüzden diğer ülkelerden daha uzun bir süre bu sürdürülemez borç dinamiğini devam ettirebilir. Ne var ki tarih bize bunun da bir sınırı olduğunu gösteriyor.

Senaryonun son sahnesini tahmin etmeye çalışanlar bile ABD'nin temerrüde düşmesinin (borç ödeyememe veya enflasyon yüzünden) pek de eli kulağında olmadığı konusunda mutabıklar. Bu her şeyin iyi gittiği anlamına gelmiyor. Reinhart-Rogoff araştırmasının altını çizdiği konu temerrüdün yaklaşıyor olması değil büyümeye karşı esen yapısal rüzgârların gücü. ABD için özellikle önem taşıyan Reinhart-Rogoff çalışmalarından biri de "Borç ve Büyümeye Yeniden Bakış" (2010).[7] Vardıkları temel sonuç, yüzde 90'ın üzerindeki Borç/GSYİH oranlarında, "medyan büyüme oranlarının yüzde 1, ortalama büyümenin ise çok daha fazla düştüğü." Önem arzeden başka bir konu da Reinhart ve Rogoff'un "borç-büyüme bağlantısındaki sapmaların önemine" vurgu yapmaları. Yüzde 90'ın altındaki Borç/GSYİH oranlarında, "borç ve büyüme arasında sistematik bir ilişki yok." Başka bir ifadeyle, borç ve büyüme arasında ilişki düşük oranlarda, kuvvetli değil; vergi, para ve ticaret politikalarının tümü de büyümeyi yönlendiriyor. Yüzde 90 eşiği geçilir geçilmez, borç baskın etmen hâline geliyor. Yüzde 90'ın üzerindeki Borç/GSYİH oranlarında ekonomi; borç getirilerinin artık marjinal olduğu, büyümenin yavaşladığı ve ödeme sıkıntısı, enflasyon veya yeniden yapılandırma vasıtasıyla, muhtemel bir temerrüdün bulunduğu yeni bir öbür dünyaya geçiyor.

Bu temerrüt noktası kesin gelecek, ama öncesinde hoşnutsuzluk ve çözümsüzlüğün hüküm sürdüğü uzun bir yavaş büyüme, artmayan maaşlar, artan gelir eşitsizliği ve sosyal ihtilaf süreci olacak. Diğer saygın araştırmalar da aynı sonuçlara varıyor. Reinhart ve Rogoff bu alanda önderlik yaptılar ama görüşleri bağlamında yalnız değiller. Özellikle, aralarında ABD'nin de bulunduğu gelişmiş ekonomilerin ateşle oynadığı ve artık geri dönülmez bir yola girdikleri konusunda kanıtlar artıyor.

Bu işin sonu ABD borcuna ve dolarına karşı olan güvenin hızla yok olması. Bu, açıkları finanse etmek amacıyla yatırımcıların dolarlarını cezbetmek için faizlerin yükseltilmesi anlamına geliyor. Daha yüksek faizler elbette daha büyük açıklar demek ki bu da durumu daha kötü hâle getiriyor. Veya, Fed borçları satın alacak (zaten MPT yandaşları öyle istiyor) ama bu güven kaybına giden başka bir yol. Borç tuzağından daha fazla borç alarak çıkamazsınız ve likidite tuzağından da para basarak kurtulamazsınız. Sonuç yavaş büyüme, kemer sıkma ve finansal baskının hüküm süreceği (borcun gerçek değerinin yavaş yavaş yok edilmesi amacıyla faiz oranlarının enflasyon oranının altında zapt edildiği) ve gelir dağılımının daha da bozulacağı bir yirmi yıl daha olur. ABD büyümesinin bundan sonraki yirmi yılı Japonya'nın son otuz yılına benzer. Çöküş değil ama çöküşün başka bir ismi olan uzun ve yavaş bir stagnasyon (durgunluk).

Deflasyon Çıkmazı

Modern para teorisi, devletin tehditkâr gücünü kutsayan ve parasal sistemin işleyişinde güvenin önemini göz ardı eden entellektüel bir yalandır. Para politikası, sırtını para yaratmaya dayayıp insanların kamyonlarca gelse dahi para harcamayı neden reddettiklerini anlamadığı ve paranın dolaşım hızının kökünü göz ardı ettiği için başarılı olamaz. Maliye politikası da çok yüksek borç yüzünden vatandaşların davranışlarını temerrüt, enflasyon ve daha yüksek vergilerin tek çıkış yolu olduğu bir dünyaya karşı biçimlendirmelerinden dolayı başarılı olamaz. Bu üç çıkar yolun ortak bir yanı var; ekonomik sona hazırlanmak için daha fazla tasarruf ve daha az harcama. Bu üç batan geminin üzerinde de deflasyon heyulası geziniyor.

Yeni Büyük Çöküş güçlü ve kalıcı bir deflasyon üretecek. Bu ABD Hazinesi'nin ve Fed'in başka her şeyden fazla korktuğu ekonomik sonuç. En korkulan sonuç deflasyon, çünkü borç yükünü daha ağırlaştırıyor. Ne var ki kendi kendini besleyen likidite tuzağı nedeniyle en olası sonuç bu.

Deflasyon mal ve hizmet fiyatı seviyelerinin düşmesi demektir. Düşük fiyatlar, maaşlar sabit kalsa bile daha iyi bir yaşam standardı sunar, çünkü tüketim ürünleri daha ucuzdur. Teknolojik ilerleme ve artan verimlilik sayesinde bazı ürünlerin fiyatının zaman içinde düştüğünü dikkate alırsak, bu arzu edilen bir sonuç gibi gözüküyor. Öyleyse Federal Reserve enflasyon yaratmak için olağanüstü politika önlemleri alacak kadar deflasyondan korkuyor? Bu korkunun üç nedeni var.

Birincisi, deflasyonun hükûmet borcuna olan etkisi. Borcun gerçek değeri enflasyon veya deflasyona göre gider gelir ama nominal değeri sözleşmeyle sabitlenmiştir. Eğer 1 milyon borçlanıldıysa, o borcun gerçek değeri enflasyon veya deflasyona göre daha düşük veya yüksek olsun olmasın, geri ödeme 1 milyon artı faiz olacaktır. ABD'nin borcu öyle bir noktada ki gerçek büyüme ve vergilerin, o gerçek miktarın geri ödemesini finanse etmesine imkân yok. Eğer Fed enflasyon yaratabilirse -para yanılsaması yaratmak için başta yavaş, daha sonra daha hızlıca- borç daha yönetilebilir olacak, çünkü daha değersiz nominal dolarlarla geri ödenecek. Hâlbuki deflasyonda tam tersi oluyor, borcun gerçek değeri artıyor, geri ödemeyi daha güç hâle getiriyor.

Deflasyonla ilgili ikinci sorun Borç/GSYİH oranına olan etkisidir. Bu oran borcun GSYİH'ye bölünmesiyle bulunur ve nominal değerle ifade edilir. Borç, yeni finansman gerektiren sürekli bütçe açıkları ve onunla bağlantılı faiz ödemeleri nedeniyle mütemadiyen artar. Borç/GSYİH hesaplamasında, bölünen borç rakamı büyüyüp bölen GSYİH rakamı küçüldükçe oran artar. Fezaya yükselen Borç/GSYİH oranlarının sonucunda güven kaybolur, faizler yükselir, yüksek faizler yüzünden açıklar büyür ve son olarak ya ödeme sıkıntısı ya da enflasyon yüzünden büsbütün bir temerrüt durumu oluşur.

Deflasyonla ilgili üçüncü endişe kaynağı bankacılık sisteminin sağlığı ve sistemik risktir. Deflasyon paranın gerçek değerini artırır ve dolayısıyla kreditörlerin borçlulardan talep ettikleri geri ödemelerin değerini de artırır. Bu kreditörleri borçlulara karşı daha avantajlı durumu getiriyor gibi gözüküyor ve başta gerçekten de öyle, ancak deflasyon ilerledikçe borcun ağırlığı artar ve borçlular temerrüde düşerler. Bu da kayıpları kreditör bankaların üzerine yığar. Hükûmet enflasyonu tercih eder, çünkü enflasyon borçluları likit tutarak bankacılık sistemini destekler.

Özetle, Federal Reserve enflasyonu tercih eder, çünkü enflasyon hükûmet borcunu siler, Borç/GSYİH oranını düşürür ve bankaları destekler. Deflasyon ücretli çalışan tüketiciler için iyidir ama Hazine'yi ve bankaları acıtır ve aynı zamanda Fed tarafından şiddetle istenmez. Fed'in bakış açısından, ekonomiye destek ve işsizliğin azalması enflasyon yaratma hamlesinin arızı yan ürünleridir. Bu deflasyonist dinamiklerin nedeni hükûmetin enflasyonu şart koşması ve *Fed'in enflasyon yaratma zorunluluğudur.* İronik olan şey ise Fed'in bunu nasıl yapacağını bilmemesi.

Yeni Büyük Çöküş'ün en temel özelliği güçlü bir deflasyon olacak, en azından işin başında. Bu deflasyonun sebebi büyük ölçüde artan tasarruflar, azalan harcamalar ve paranın düşen dolaşım hızı olacak. Düşük fiyatlar daha da fazla tasarrufa yol açacak. Daha fazla tasarruf da fiyatları daha da düşürecek ve bu klasik bir likidite tuzağı ve deflasyonist sarmal içinde böyle devam edecek. İşini kaybeden işçiler, kapısına kilit vurmuş şirketler ve aynı kadere boyun eğeceklerinden endişe duyan diğerleri borç alma veya harcama havasında olmayacaklar. Deflasyon, kolay para ve büyük açıkların toplam gücünü alt eden sarsılmaz cisimdir. Ne Fed ne de Kongre 1930'lardan bu yana böylesine zehirli bir biçimiyle karşılaşmadıkları deflasyonu yenmedikleri müddetçe ekonomiyi canlandırma hedefine ulaşamayacaklar.

Beşinci Bölüm

Medeniyetin İnce Yaldızı

Yabancı adam eyere atlayıp kadının yanı başına kuruldu, ona doğru eğilip anlamsız bir ifadeyle bakışlarını ona dikti, tehditkâr değil ama fırsat kollayan anlamsız fesatın o boş sabit bakışı. ... Yabancı adam kadının yanında at sürdü, rahatça, kaygısızca, yarı kapalı avucunda gevşek dizginler, kemiklerine çarpıp duran pespaye koyu giysilerinin içinde dimdik ve zarif; solgun yüzünde musibet bir gülümseme, kadına bakmadan. Ah, bu adamı daha önce bir yerlerde gördüm mü, bir yerden gözüm ısırıyor onu. Bana yabancı değil o.

— Katherine Ann Porter, Pale Horse, Pale Rider (1939)[1]

Katherine Anne Porter yirminci yüzyılın en iyi Amerikalı yazarlarından biriydi. Kısa hikâye ve romanları hakkında çok iyi eleştiriler almıştı ama 1931 yılında Meksika'nın Vera Cruz kentinden Almanya'ya yaptığı gemi seyahatini anlatan, 1962 basımlı *Ship of Fools* (Ahmaklar Gemisi) isimli, en iyi bilinen eseri yayımlanana dek pek para kazanamamıştı. Roman 1965 yılında beyaz perdeye aktarıldı ve başrolü Vivien Leigh oynadı. Film sekiz dalda Oscar'a aday gösterildi, sanat yönetimi ve sinematografi dallarında ödülü kazandı. Porter *The Collected Stories of Katherine Anne Porter* (Katherine Anne Porter'in Toplu Hikâyeleri) isimli eserinin yayımlanmasıyla birlikte 1966 yılında Pulitzer ve National Book ödüllerine de layık görüldü.

Daha önceki eserleri arasında, -ki onlar da iyi eleştiriler almıştı- 1939'da yayımlanan ve biri kitaba adını veren üç kısa roman içeren *Pale Horse, Pale Rider* (Soluk At, Soluk Sürücü) isimli bir kitap var. Kitap ismini, İncil'in Esinleme Kitabı 6:18'de anlatılan Mahşerin Dört Atlısı'ndan alıyor: "Baktım, soluk yeşil renkli bir at vardı. Sürücüsünün ismi Azrail'di ve ona Hades eşlik ediyordu. Dünyanın dörtte birini kılıçla, açlıkla ve vebayla öldürmek üzere yetkilendirilmişlerdi."

Porter'in kendisi de veba yüzünden ölümle yüz yüze gelmiş, 1918 yılının İspanyol gribi pandemisinden sağ kurtulmuştu. İspanyol gribi yüzünden neredeyse hayatını kaybedecekti. Hastalığı sırasında halüsinasyonlar gördü, günlerce sayıkladı. Hastanede iyileşmesi aylar sürdü. Taburcu edildiğinde zayıf ve keldi. Daha sonra o siyah saçları beyaz olarak geri geldi ve ömrünün sonuna dek beyaz saçlı kaldı.

Pale Horse, Pale Rider, ikisi de yirmi yaşlarında olan gazete yazarı Miranda ile Birinci Dünya Savaşı'nda savaşmak için Fransa'ya gitmek üzere olan Adam arasındaki aşk hikâyesini anlatıyor. Miranda grip virüsünü kapmış durumda. Öksürük, ateş, solunum zorluğu gibi olağan evrelerden geçtikten sonra yüksek ateş ve akut sayıklama dönemine geçiyor. Ona önce odasında Adam bakıyor, sonra hastanede profesyonel hemşire Bayan Tamer. Sayıklama hâlindeyken gerçek ile rüya arasındaki çizgi yok oluyor. Cennet ve cehennemi gördüğünü düşünüyor. Orada doktorlar cellat, hastalar da mahkûm. Porter şöyle yazıyor:

İki yaşayan adam döşeği kaldırıp duvara dayadılar, sonra da dikkatlice ölü adamın üzerine yatırıp örttüler. ... Sakin ve büyüleyici bir gösteriydi ama şimdi bitti. Miranda'nın gözlerinin önüne sanki bir şeyler anlatırmışçasına soluk beyaz bir sis perdesi indi. Tüm dehşet ve bezginlik, tüm hırpalanmış ve şaşkın canlıların sıkıntılı çehreleri, bükülmüş belleri, kırık ayakları, mahcup acıları ve yalnız kalpleri o sisin içinde saklıydı. Sanki sis her an dağılacak ve bu mazlumlar sürüsünü gün ışığına çıkartacak gibiydi. Ellerini kaldırıp "daha değil, daha değil" diye haykırdı ama artık çok geçti. Sis dağıldı ve beyazlar içindeki iki cellat ona doğru yaklaşmaya başladı...

Porter'i onun gibi İspanyol gribini yaşayan kuşaktan ayıran iki özelliği vardı. İlki, bizi bugün bile etkileyen ve hiçbir bilimsel çalışmanın yapamayacağı kadar grip kurbanlarına yaklaştıran yazarlık yeteneği. İkincisi de salgın hakkında yazılarını yazarken tamamen yalnız olmasıydı. En iyi tahminlere göre, İspanyol gribi yüzünden 100 milyon kişi hayatını kaybetti. Virüs, 1918'deki insan nüfusunun üçte birine, 500 milyon kişiye bulaştı. Daha çok çocuk veya yaşlıları öldüren pandemilerin aksine, İspanyol gribi özellikle yirmili ve otuzlu yaşlarında olanları öldürdü. İspanyol gribi yüzünden ölenlerin sayısı Birinci Dünya Savaşı'nda ölenlerden daha fazlaydı. On dördüncü yüzyılın Kara Veba'sından sonra tarihin en ölümcül ikinci pandemisiydi.

Hemen herkesin hastalığı kaptığı ya da hasta veya ölen birini tanıdığı bu çapta bir doğal felaketin yaşattığı deneyimler veya toplum üzerindeki etkileri hakkındaki edebiyat ve sanat eserlerinin, dünyayı dolup taşırması beklenirdi. Bu hiç olmadı. Ernest Hemingway, F. Scott Fitzgerald, William Faulkner ve John Dos Passos gibi büyük yazarlar, ki hepsi 1918'de yirmili yaşlarının başında veya ortalarındaydı, eserlerinde gripten hiç bahsetmediler (Oysa ki Hemingway'ın kız arkadaşı grip kurbanlarına bakan bir hemşireydi, Fitzgerald ise hafif geçirse de hastalığa yakalanmıştı). D. H. Lawrence'nin *Lady Chatterley's Lover* romanında ve T. S. Eliot'un şiirlerinde, pek açık olmasa da bazı üstü kapalı imalar vardı. Katherine Anne Porter salgın hakkında pırıl pırıl ve açık bir şekilde yazdı. Yine de yalnız değildi.[2]

Sanatçı ve yazarların bu suskunluk ve sessizliği toplumun tamamına yansımış bir olguya işaret ediyor; İspanyol gribini yaşayanlar da konu hakkında pek konuşmadılar. İnsanlar kaybedilen sevdiklerini yâd ettiler; kalabalık koğuşların, birbiri üzerine yığılmış cesetlerin ve kitle mezarlarının imgelerini kendi belleklerinde taşıdılar ama bu deneyimlerini başkalarıyla çok seyrek paylaştılar. Grip salgını sadece ölümcül olmakla kalmadı, aynı zamanda insanların üzerine adeta bir ölü toprağı serpti. Sanki olay hiç olmamış gibi toplu bir hafıza kaybı vardı. Hayat devam etti, İspanyol gribi hakkında kimse konuşmadı.

Tarihin en kötü ikinci pandemisi hakkındaki bu genel sessizliğin nedenini anlatan birkaç açıklama öne sürüldü. Bunlardan ilki en ölümcül dalgaların Birinci Dünya Savaşı'nın son altı ayında gelmiş olması. Savaş zamanı deneyimleri ve kayıplar o kadar korkunçtu ki pandemi ikinci plana düşmüştü. Elbette öyle değildi ama bir insan ancak belli bir yere kadar dehşet kaldırabilir ve herhâlde savaş kayıplarının üzerine bir de grip kayıplarını sindirmek çok güç oldu. İyi de bu görüş, savaş coğrafyasından uzakta olup da gripten büyük kayıplar veren Hindistan, Batı Afrika ve Güney Amerika için geçerli değil.

Avrupa, ABD ve Kanada sınırları içinde kalmış bir başka neden de savaş döneminde insanların morali bozulmasın diye uygulanan sansürün, pandemi hakkında açıkça konuşabilmeyi ciddi bir şekilde kısıtlamış olması. Gazeteciler ve diğerleri, savaş zamanı zorluklarına ve muharebelerdeki geri çekilmeler konusuna şöyle bir değinen makaleler yazdıklarında bile, kamu düzenine fesat karıştırmaktan düzenli bir şekilde tutuklanıyorlardı. Grip konusu tamamıyla yasak bölgeydi. Vatandaşlar sokaklarda birbiri üzerine yığılmış veya tabut bulunamadığı için yük arabalarında tabutsuz taşınan cesetleri gördüklerinde neler olup bittiğini anlıyorlardı. İnsanlar, cesetleri gömecek bir yer bulamadıkları için ölmüş eşleriyle birlikte yatıyorlardı. Dehşet her taraflarını sarmıştı ama hakkında açıkça konuşamıyorlardı. Konuşabilmenin üzerini kapatan bu acımasız kapak, herhâlde savaş sonrası dünyaya kadar orada kaldı.

Son olarak, Laura Spinney ve Catharine Arnold İspanyol gribi hakkında yazdıkları kitapta gribin etkisinin çok *derin olduğunu* ama saklı ve hatta şuur altı yollardan dışarıya vurulduğunu öne sürdüler.[3] John Steinbeck, Mary McCarthy ve Dashiell Hammett gibi romancıların hepsi İspanyol gribini atlattılar. Arnold, "Steinbeck'in o deneyiminden sonra hayata bakış açısı bir daha geri dönmeyecek şekilde değişti" diye yazıyor. Spinney, grip kurbanının tecrit deneyimini Hammett'in *Maltese Falcon*'undaki (Malta Şahini) özel dedektif Sam Spade'nin davranış biçiminde gördü. Spinney, başka bir yazar olan Thomas Wolfe'nin en ünlü kitabı *Look Homeward, Angel*'de İspanyol gribinden ölen erkek kardeşinin hikâyesini müthiş ilginç ve muhteşem bir şekilde aktardığından bahsediyor. Yine Spinney, İspanyol gribi hakkında açıkça konuşulmasa bile hastalığın ve yarattığı işlevsizliğin

1920'lerin edebiyatında, özellikle Virginia Woolf, James Joyce ve Eugene O'Neill'in eserlerinde büyük rol oynadığının altını çiziyor.

Edebi ve sanatsal eleştiriler İspanyol gribinin 1920'den sonra kültür ve toplum üzerinde büyük bir etkisinin olduğu sonucuna işaret ediyor ama bu etki saklıydı, bastırılmıştı, dolaylıydı ve büyük ölçüde grip ismini telaffuz etmedi. Pandemi deneyimi bilinç altında saklandı ve dolaylı yönlerden gün ışığına çıktı, çıktı ama...

Bu da bizi, COVİD-19'dan kurtuluşumuz ve yeni çöküşle çok büyük alakası olan ve 1918 grip salgınının en az değer görmüş ve en az anlaşılmış özelliğine getiriyor. Virüslerin beyin ve sinir sistemleri üzerindeki etkisi.

Yazar John M. Barry, İspanyol gribinin çoğu kurbanının kavrama yeteneği ve zihinsel sağlığı üzerinde ciddi olumsuz etkiler bıraktığına dair görgü tanıkları, doktor raporları, dergi makaleleri ve anekdotsal kanıtlara dayanan çok geniş ve kapsamlı bir bakış açısı sunuyor. Enfeksiyon dönemlerinin yüksek ateş, organlara giden oksijen eksikliği ve sıvı kaybıyla tanımlanan zirvesinde kurbanların hezeyan içinde saçmalayıp sayıklamaları pek de az görünen bir şey değildi. Barry zihinsel sakatlıkların, ateş dindikten ve hasta görünürde "iyileştikten" çok sonra bile devam ettiğine dikkat çekiyor.

Barry çağdaş tıp dergilerinde ve arşivlerinde bulunan çok sayıda gözlemden pasajlar gösteriyor:[4]

> İngiltere'den: "... yoğun bedensel hâlsizlik ile birlikte derin zihinsel atalet. Hezeyan ve sayıklamaya çok rastlandı. ... Her yoğunluk derecesindeki fikirler hakkında basit kafa karışıklığından manyakça galeyana kadar."

> İtalya'dan: "... akut dönemin grip psikozu ... kural olarak bir iki haftada diniyor. Ne var ki bu psikoz sersemliğin kalıcı hâle gelmesi ve fiilen bunama hâline gelen zihinsel bir çöküşe dönüşebiliyor. Bazı vakalarda ... depresyon ve huzursuzluk ... grip salgını sırasında teşebbüs edilen çok sayıdaki intiharın sebebi."

> Fransa'dan: "... iyileşme süresinde sık sık görülen ciddi zihinsel bozukluklar. ... Bu bozukluklar bazen gerginlik, şiddet, korku ve erotik uyarılmanın eşlik ettiği akut hezeyanlar şeklinde oluşabiliyor bazen de zulüm korkusu gibi depresif özelliklerde..."

Barry analizini, Birinci Dünya Savaşı'nı sona erdirecek anlaşmayı tartışırken Başkan Woodrow Wilson'un 1919 Versay Barış Konferansı'nda yaptıklarını dâhil edecek kadar uzatıyor. Wilson Şubat ve Mart 1919'da yapılan ilk görüşmelerde inatla Almanya'dan istenecek savaş tazminatının fazla ağır olmasına karşı durmuştu. Nisan 1919'da gelen üçüncü dalgada İspanyol gribine yakalandı ve bayağı ağır geçirdi. İyileşme sürecindeyken yaverleri davranışlarında biraz paranoya ve eskisi gibi ayrıntıları çok iyi kavrayamadığını gözlemlediler. Wilson sonra ansızın Fransa Cumhurbaşkanı Clemenceau'nun tüm savaştan Almanya'nın sorumlu tutulması ve ülkeyi perişan edecek ağırlıkta tazminat ödemesi talebine boyun eğdi. Tarihçiler, 1919 yılında Almanya'nın omuzlarına yüklenen ağır barış koşullarının 1920'lerde Adolf Hitler ve Nasyonal Sosyalist Alman İşçi Partisi'nin yükselişi ve 1939'da İkinci Dünya Savaşı'nın patlak vermesine neden olan unsurlardan biri olduğu konusunda hemfikirler. Hitler'i İspanyol gribi yarattı demek biraz fazla olur ama kanıtlar virüsten Wilson'un bozulan zihinsel sağlığına, oradan da yeni bir savaşa neden olan en azından bazı sonuçlara kadar bir bağlantı olduğuna işaret ediyorlar.

Ünlü psikiyatr Karl Menninger 1924 yılında American Journal of Psychiatry dergisinde yayımlanan "Grip ve Şizofreni" başlıklı makalesinde[5] "1918 pandemisinde gözlemlendiği gibi, griple yakın alakası olduğu görülen ruh hastalıkları arasında en sık rastlanan şizofreni sendromuydu" diye yazdı. Laura Spinney de "gribi 1919'un başında kapıp zatürreye yakalanarak uzun nekahat dönemi sırasında depresyonla boğuşan" Nancy Cunard'dan bahseder.[6]

Bu ve bunun gibi diğer kaynaklar İspanyol gribinin istenmeyen zihinsel sağlık mirasının uzun sürdüğünü ve her yeri istila ettiğini gösteriyor. Çoğu vakada bu işlevsizlik kendisini cinayet, intihar ve aile içi şiddet olarak gösterdi. Diğerlerinde, depresyon, kişilik değişimi veya kavrayış ve kafa karışıklığı gibi şekillerde sessiz ve derinden tezahür etti. En uysal şeklinde bile, genelde ismen telaffuz edilmemesine rağmen, edebiyatta ve beyaz perdede karanlık ve kaderci düşüncelerle ifade edildi. İspanyol gribinin sona ermesi, -ki Birinci Dünya Savaşı'ndan daha uzun sürdü- Büyük Buhran, İkinci Dünya Savaşı, soykırım, nükleer silahlanma, Soğuk Savaş ve aralardaki krizlerle tanımlanan yetmiş yıllık çalkantıların bir bakıma perde açılışıydı. İspanyol gribinin mirası bir asırlık kaos olacaktı.

Şimdi, bir asır sonra, COVİD-19 ile uğraşırken yeni bir öfke, karamsarlık ve toplumsal kargaşa mirasıyla mı karşı karşıyayız? Pandemiye tepki olarak uygulanan bu ekonomik karantina, ki bazı sınırlı koşullar haricinde İspanyol gribi sırasında bile yapılmamıştı, ekonomik toparlanmayı sakatlayacak veya topyekûn imkânsız hâle getirecek olan kendi travmasını mı yaratacak? Bu soruların bu aşamada kesin tıbbi yanıtları yok ama İspanyol gribinde de şahit olduğumuz gibi anekdotsal kanıtlar tedirgin edici. Sonuçta ortaya çıkacak olan bozukluklar uzun ömürlü olacak.

COVİD-19'un neden olduğu zihinsel sağlık hasarı, aynı İspanyol gribinde olduğu gibi kendisini iki şekilde gösteriyor. Birincisi virüsün merkezi sinir sisteminin içine fiziki olarak girişinin neden olduğu kavrayış bozukluğu. İkincisi ise karantinanın, yalnızlığın ve ticari karantinanın psikososyal etkilerinin neden olduğu davranış bozuklukları. Bu ikisini farklı farklı ele alacağız.

Bolca rapor edildiği gibi ciğerler ve diğer organlara verdiği bariz hasara ek olarak, COVİD-19'un ciddi nörolojik zararlar verebileceğine dair klinik ön kanıtlar var. Bilimsel dergi *Radiology*, 31 Mart 2020 tarihinde, COVİD-19 ile alakalı ve seyrek rastlanılan bir rahatsızlık olan ilk "akut nekrotizan hemorajik ensefalopati" vakasını rapor eden bir inceleme yayımladı.[7] Kasılma nöbetleri ve kavrayış yetersizlikleriyle nitelenen bu durum beynin tehlikeli ve potansiyel olarak ölümle sonuçlanacak bir şekilde iltihaplanmasıyla kendini gösteriyor. Bu incelemeye göre "ellili yaşların sonlarında olan kadın bir hava yolları çalışanı öksürük, ateş ve şuur değişikliği sergiledi."

Psychology Today dergisi Dr. Eugene Rubin'in COVİD-19 ile alakalı zihinsel sağlık sorunlarını özetleyen ve pandeminin getirdiği potansiyel kavrayış bozukluklarının önüne geçmek amacıyla araştırmalar yapmaları için nöroloji profesyonellerine çağrı yapan makalesini yayımladı.[8] Rubin, "COVİD-19, haber medyasında genişçe yer bulan solunum sorunları ve diğer semptomlara ek olarak merkezi sinir sistemini de (MSS) etkileyebilir. Virüsü kapan hastaların en az üçte biri baş dönmesi, baş ağrısı, ... tat ve koku kaybı ve düşünme bozukluklarının da dâhil olduğu akut nörodavranışsal semptomlardan şikayetçi oldular" diye yazdı.

Rubin, adeta İspanyol gribinin sonuçlarının uğursuz bir yankısı gibi, şu uyarıyı da yaptı: "Bunlara ek olarak, doğrudan virüsle bağlantılı olmayıp pandeminin kendisinin sonucu olarak ortaya çıkan psikiyatrik semptomlar var. Post-travmatik stress kaynaklı rahatsızlıklar ön saflarda hizmet veren sağlık profesyonellerini ne kadar etkileyecek? Psikososyal stresin, süregiden korkunun, sosyal tecritin, matemin, işini kaybetmenin, finansal güvensizliğin ve amaçsızlığın neden olacağı anksiyete bozuklukları, depresyon ve madde kullanımı rahatsızlıklarının sayısında ne kadar büyük bir sıçrama olacak?"

Rubin'in beklediği sosyal stres ve davranış bozuklukları hâlihazırda gözükmeye başladı bile. Köklü bir madde bağımlılığı tedavi ve rehabilitasyon ağı olan The Recovery Village, 29 Mayıs 2020 tarihinde açıkladığı araştırma sonuçlarında, araştırmanın bir ay öncesine göre alkol kullanımında yüzde 55, yasa dışı uyuşturucu kullanımında da yüzde 36'lık bir artış olduğunu raporladı.[9] Araştırma aynı zamanda pandemiden en çok etkilenen eyaletlerdeki (New York, New Jersey, Massachussetts, Rhode Island ve Connecticut) alkol kullanımının aynı dönemde yüzde 67 arttığı gösterdi. Araştırmaya göre, uyuşturucu veya alkol kullananların yüzde 53'ü "stresle baş etmek", yüzde 32'si "anksiyete veya depresyon gibi zihinsel sağlık semptomlarıya baş etmek" için kullanıcı olmuşlardı. Araştırma "Pandemi sırasında ve sonrasında; tecrit, can sıkıntısı, işsizlik ve toparlanma kaynaklarına erişimin azalmasının yaratacağı stres nedeniyle madde bağımlılığı vakalarında artış beklenmelidir." sonucuna vardı .

ABD'de National Institutes of Health (NIH-Ulusal Sağlık Enstitütüleri) bir hakemli makale yayımladı:[10]

> COVİD-19 ile birlikte ondan kurtulmak için kullanılan stratejiler de bireysel ve toplumsal zihinsel sağlığımız için ciddi tehlikeler oluşturuyor. ... COVİD-19 krizinin insanın en temel ihtiyacı olan insan ilişkisi için önemli bir tehdit oluşturduğu görüşündeyiz ama zihinsel sağlığımızı tehlike altında bırakan kritik çevresel unsurun temelinde yatan da bu ihtiyaç zaten. Dahası, hassas bir psikiyatri perspektifinden bakıldığında, daha önce "biyotip" olarak kavramsallaştırdığımız ve sinirsel sınıflandırmayla talimatlandırılmış "beyin tarzları"nın insan ilişkisi ihtiyacımıza karşı oluşan bu tehditle etkileşime geçmesi de COVİD-19'un sebebiyet verdiği zihinsel sağlık sorunlarının bir nedeni olabilir. COVİD-19 bağlamında, zihinsel sağlığa olan etkilerin biyolojik, davranışsal ve çevresel belirleyiciler de dâhil olmak üzere çok unsurlu nedenleri olabilir. Kriz yayılıp süregeldikçe, araştırmacıların COVİD-19'un sebebiyet verdiği bu zihinsel sağlık sorunlarının giderilmesi için çalışmalar yapmaları gittikçe daha da elzem hâle gelecek. Bu önerinin hedefi, COVİD-19'un sebebiyet verdiği zihinsel sağlık sorunları konusunda, temel insan güdülerimizi tehdit eden o virüse gereken ehemmiyeti verecek bireysel ve beyin bazlı bir perspektifle araştırmalar yapılmasını teşvik etmektir.
>
> COVİD-19 pandemisi, doğası gereği, insanlığa karşı ciddi bir tehdit oluşturuyor. Pandemi sağlık ve ekonomik sistemlerimizi önemli ölçüde ve bariz bir şekilde zorluyor. Bu alanların ötesinde, en temel insan güdülerimizi, özellikle insan ilişkisi ihtiyacımızı derin bir şekilde tehdit ediyor.

Makale, devamında insan ilişkisine ve topluma olan ihtiyacı gösteren o eskiden beri var olan psikolojik araştırmalar bütününü tarif ediyor. Son zamanlarda uygulanan karantinalar, kendi kendini tecrit, sokağa çıkma ve iş yeri kapatma gibi ekonomik yasaklar ve basit korkular bütünü çoğu durumda ihtiyacımız olan o toplumsallık duygusunu zedeledi. Makale, "bu daha önce görmediğimiz ölçüdeki fiziksel mesafenin temel insan dürtü ve güdülerimizle uyuşmadığına" işaret ediyor. Bunun zararlı taraflarından biri de "bir iç kontrol duygusunun sağlanması zor olabilir" ve hastanın "toplumsal sürtüşmeler yaşama olasılığı artar." Bu incelemede diğer zararlı psikolojik etkilere de dikkat çekilmiş. Ortak nokta şu ki kapatmalar ve karantinalar, depresyon, intihar ve "sosyal alanlarda işlevsellik sakatlığı"nı da içeren muazzam stres ve anti-sosyal tepkiler yaratıyor.

Pew Charitable Trusts yazarı Christine Vestal şunları yazıyor: "Ülke çapındaki zihinsel sağlık çağrı merkezleri ... Amerikalıların koronavirüs pandemisiyle nasıl başa çıktıklarının bir ön manzarasını gösteriyor. Kriz merkezleri yardım isteyen insan sayısında yüzde 30-40 artışlar olduğunu bildiriyorlar. ... Zihinsel sağlık uzmanları pandemi ilerledikçe zihinsel sağlık ihtiyaçlarının çığ gibi büyüyeceğini öngörüyorlar. Nihayetinde, pandeminin psikolojik etkileri virüsün kendisinden daha fazla insana zarar verecek. Ve yine uzmanlara göre, yaratılan bu genele yayılmış duygusal travma uzun ömürlü olacak. Zaten hâlihazırda her 10 Amerikalının 4'ü pandemi stresinin zihinsel sağlıklarını olumsuz etkilediğini söylüyor. ... Johns Hopkins Üniversitesi Bloomberg Toplum Sağlığı Fakültesi'nin öğretim üyesi George Everly 'Koronavirüs pandemisi herkesin hayatında gördüğü psikolojik olarak en zehirli felaket olacak,' diyor."[11]

Gittikçe artan sayıda araştırma raporu sonucu da yukarıda tarif edilenlerle mutabık.[12] Hâlâ erken aşamalarında olmasına rağmen, tıbbi çalışmalar (ve çok sayıda anekdotsal kanıt) COVİD-19 pandemisinin belirgin nörolojik ve zihinsel sağlık sorunları yarattığını gösteriyor. Nörolojik sorunlar olarak, beyin dokusunun virüs tarafından istila edilmesiyle ciddi şekilde iltihaplanma ve ölümden daha uysal ama ciddi yönelim ve kavrayış bozukluğuna kadar uzanan bir dizi komplikasyonun ortaya çıktığı anlatılıyor. Bu komplikasyonlar İspanyol gribinin neden olduğu akut enfeksiyonlara benziyor.

İkinci kategori sadece virüsü kapanları değil herkesi etkiliyor. Bunun pandemiye *verilen tepkinin* neden olduğu antisosyal ve bazen şiddet içeren davranışlarla birlikte depresyon ve anksiyete ile ilgisi var. Bu zihinsel bozukluk karantinanın, kendi kendini tecritin ve zoraki kapatmaların acı reçetesi. İnsanlar normal muaşeretten, muhabbetten ve aile ve arkadaşlarla birlikte olmaktan koparılınca oturup beklemiyorlar. Geri çekilip içlerine kapanıyorlar. Gündelik sosyal meşgalelere ayırdıkları vakti kendi kontrolleri dışında korku, hezeyanlar ve öfkeyle dolduruyorlar. Bu yetmiyormuş gibi, öfke silah hâline gelip gelen geçene yöneltildiğinde (veya kendisine yöneltilen öfkeye karşılık olarak verildiğinde) daha geniş çapta sosyal düzenin çökmesi için sahne hazırlanmış oluyor.

SARS-CoV-2 enfeksiyonunun doğrudan nörolojik bozukluklara yol açması artık bilim insanlarının da ilgisini çekmeye başlayan ciddi bir sorun. Büyük bir olasılıkla toplumu İspanyol gribinde olduğu kadar etkilemeyecek gibi gözüküyor ama bu sayılarla alakalı. İspanyol gribi 500 milyondan fazla kişiye bulaştı ve 100 milyondan fazlasını öldürdü. SARS-CoV-2, 1 Temmuz 2020 itibarıyla 10,5 milyon insana bulaştı (test olmadığı için gerçek rakam daha büyük) ve dünya çapında 510 bin kişiyi öldürdü. Her ölüm bir trajedidir ve her nörolojik hasar vakası da ilgi ister.

Gerçi SARS-CoV-2'nin direkt virütik etkisi 1918-19 gribine yakalananların sadece küçük bir oranı (yüzde 2'den az).

Virüs kapmasalar bile COVID-19 karantinası ve ekonominin bozulmasından zarar gören daha büyük nüfusun üzerindeki davranışsal etkiler içinse bunun tam tersi geçerli. Bu sayıya Birleşik Devletler'deki her erkek, kadın ve çocuk -330 milyon kişi- ve dünyanın geri kalanındaki milyarlar dâhil. Bu karantina kırılımı sendromunun toplum ve ekonomi üzerindeki etkileri çok geniş kapsamlı olacak ve bu etkiler her gün karşımıza çıkıyor.

Bireylerin omuzlarına binen ve doktorların birer hastalık belirtisi veya durumu olarak tanımlamadığı bazı psikolojik yükler klinik muayene gerektirmedi, ama bu yüklerin insan sağlığına olan etkileri virüsten daha az zararlı değildi. Pandemi sırasında önümüze çıkan hayatın gerçekleri, virüsü kapmış olsun olmasın milyonlarca kişiyi olumsuz anlamda etkiledi.

Dünyada en çok ölümün gerçekleştiği merkez üs Brooklyn'de bulunan bir fitness salonunun sahibi Maryam Zadeh, salgının zirve yaptığı Nisan ayında, Union Caddesi'ndeki salonunun önünde, havayı ince bir kül tabakasının kaplayıp arabaların üzerini örttüğünü anımsıyor. Zadeh, o küllerin yakınlardaki Greenwood Heights krematoryumundan havaya salınan insan kalıntıları olduğunu fark edince tüylerinin ürperdiğini anlatıyor. Gowanus'taki Union Caddesi'nde 1931 yılından beri faaliyette olan South Brooklyn Tabut Şirketi'nin önünde cenaze arabalarının kuyruklar oluşturduğunu gördü. Cenaze şirketlerinin morgları dolu olduğu ve cesetleri koyacak başka bir yer bulunamadığı için cenaze arabası şoförleri tabutları kaldırımlardan topladılar. Virüs kurbanlarının cesetlerini mezar veya krematoryumlara götürecek zaman bile olmadığı için kefenlerin dikilmesi ve tabutlara kulp takılması ancak bu tabutlar cenaze arabalarına yüklenirken yapılabildi. Zadeh merdivende virüsten ölen komşusunu da hatırlıyor. Yetkililer bina sakinlerine cesedi bir banyoya koyup camları sabaha kadar açık tutarak ertesi gün alınmasını beklemelerini söylemiş. Zadeh'in salgın cephesinin ön saflarında gördükleri aynen bir savaş alanında görülebilecek şeyler. Zaten Brooklyn ve dünya bir virüs ile savaş hâlindeydi. Virüs geçmişin derinliklerinde solup kaybolsa bile bu tür deneyimler ömür boyu sizle kalıyor.

Virüsün politikası yoktur; yukarıda da gördüğümüz gibi bilim insanları onun yaşayan bir şey olup olmadığından bile emin değiller. Bugüne kadar yapılan bilimsel çalışmalar ve anekdotsal kanıtlarda tarif edilen depresyon, anksiyete, sosyal becerilerin kaybı ve belli bir düzeyde şiddete yatkınlık gibi zihinsel sağlık sorunları vatandaşlar, dükkân sahipleri ve protestocular kadar politikacılar ve polisler gibi kamu görevlilerini de etkiliyor. Hangi siyasi görüşü destekliyorsanız destekleyin, kimse bağışık değil. Bu önemli, çünkü kutuplaşmış bir toplumda "karşı tarafın" kötü faaliyetlerini cımbızla çekip kendi tarafının anti-sosyal faaliyetlerini göz ardı etmek kolay. Anti-sosyal davranışların siyasi sonuçları vardır ama COVİD-19'un davranışsal sonuçları siyasi değil, tam tersine klinik ve epidemik.

Bir dolu örnek var.

5 Mayıs 2020'de, Dallas'ta bir kuaför olan Shelley Luther, bir yargıç tarafından saç kesme suçu ve mahkemeye itaatsizlikten 500 dolar ödeme ve yedi gün hapis cezasına çarptırıldı. Yasal olup olmadığı belli olmayan iddiaya göre dükkân kapatma emrine uymamıştı. Yerel polis ona kriminal olmayan bir celpname verip 100 dolarlık bir ceza (trafik cezası gibi) yazabilirdi ama suçlamanın dozu hem polis hem de savcı tarafından tırmandırıldı. Kayıtlara göre Luther'in gerçek suçu "özür dilemeyi" ve "bencil" davrandığını reddetmesiydi. Luther'in buna meşhur olacak bir yanıtı oldu: "Çocuklarımı beslemek bencillik değildir." Olay yayıldı ve savcı alaya alınırken Luther halk kahramanı hâline geldi. Yine de hem Luther'ın bilerek yaptırımlara karşı gelmesi hem de savcının aşırı tepkisinin kökünde karantina ve kapatma eylemlerinin tetiklediği aynı anksiyete ve anti-sosyal tutumun yattığı da bir gerçek.

Maine eyaletinin Bethel kasabasında popüler bir barın sahibi olan Rick Savage'nin başından da benzer bir olay geçti. Rick, Eyalet Valisi Janet Mills'in kapatma talimatına uymadı. Savage onunla da kalmadı, 3 Mayıs 2020'de Augusta'daki valilik binasının önünde yapılan bir protesto yürüyüşünde diğer bölge sakinlerini de dükkânlarının kapılarını açmaları yönünde kışkırtan bir konuşma yaptı. Eyalet Savage'nin sağlık yönetmeliği lisansını iptal ederek misilleme yaptı ve fiiliyatta onu malından ve rızkından mahrum etmiş oldu. Eyaletin bu hareketi muhtemelen Anayasa'nın on dördüncü maddesine aykırıydı, mahkeme hâlâ devam ediyor. Dallas'taki Luther vakası gibi burada da Savage'nin eline trafik cezası gibi küçük bir yaptırım, bir şey tutuşturulabilirdi. Onun yerine, başkalarına ibret olsun diye iş yeri kapatıldı. Yine, hem vatandaş hem de devlet pandemi ve ekonomik çöküşün neden olduğu anksiyete ile davranmış oldu. Siyasi bir tarafı tutmak analizi daha iyi yapmıyor, hastalığı iyi anlamak yapıyor.

Karantina süregeldikçe hem karantina karşıtlarının hem de onu uygulamakla yükümlü polisin öfkesi ve şiddet tehditleri de devam etti. 30 Nisan 2020'de, Michigan Valisi Gretchen Whitmer'in sıkı karantina fermanlarına olan karşıtlıklarını dile getirmek için Lansing'deki eyalet meclisi binasının önünde, bazılarında yarı otomatik tüfekler bulunan yüzlerce protestocu toplandı. Silahlı protestoculardan bazıları senato salonuna da girdiler. Yine Lansing'de silahlı protestocuların katıldığı benzer bir olay da 14 Mayıs 2020'de yaşandı.

15 Mayıs 2020'de, Oregon eyaletinin Salem kasabasındaki Glamour Güzellik Salonu'nun sahibi olan Lindsey Graham, Oregon Valisi Kate Brown'un karantina yaptırımlarına riayet etmeyip salonunun kapılarını açık tutma gayretlerini anlattığı bir basın toplantısı düzenledi. Oregon's İş Sağlığı ve Güvenliği İdaresi salona 14 bin dolar ceza kesti. Eyaletin lisanslama heyeti, salonla alakası olan 23 saç tasarımcısını bireysel lisanslarını iptal etmekle tehdit etti. Bu durumda hiçbiri eyalet hudutları içinde çalışamayacaktı. Yasal saldırı bununla kalmadı. 7 Mayıs'ta, Graham'ın evi Çocuk Koruma Hizmetleri tarafından basıldı. Ajanlar evi yağmaladılar ve anne babası yokken Graham'ın çocuğunu sorguya çektiler. Hâlbuki bu baskını gerektirecek ne bir şikâyet ne de başka bir durum vardı. Vali Brown tarafından organize edilmiş bu para cezaları, lisans iptalleri ve Stasi* benzeri baskınlar, onun baskıcı yaptırımlarına karşı çıkma cüretini gösteren bir vatandaşı hedef alan bir intikam dürtüsünden başka bir şey değildi.

Pandemi ve karantinanın neden olduğu anksiyete kendini muhalefet, protesto ve polis müdahalesinden başka şekillerde de gösterdi. RealClear Opinion Research'un 14 Mayıs 2020'de açıklanan bir kamuoyu araştırması Amerikalı ailelerin yüzde 40'ının pandemi durulduktan sonra çocuklarını okula göndermek yerine evde eğitimi veya uzaktan eğitimi tercih etmeyi düşündüklerini gösterdi. Karantina Mart 2020'de içine okulları da alınca çocukların eğitimlerine devam edebilmeleri için ebeveynlerin zaten evde veya video ile eğitimden başka seçenekleri kalmadı. Bazı ebeveynlerin sahip olduğu özel becerilerden faydalanmak ve eğitim görevlerini yerine getirebilmek için komşuluk grupları ve kooperatifler kuruldu. Bu düzenlemeler şaşırtıcı bir biçimde iyi çalıştı. Öyle ki çoğu ebeveyn karantina sona erdikten sonra evde eğitime devam edeceğini söylüyor.

Ebeveynler ve iş sahipleri devletin fermanlarına karşı örgütlenirken devlet de vatandaşlarına karşı örgütleniyordu. Reuters; Arkansas, Hawaii, Kentucky ve West Virginia eyaletlerinin COVİD-19 hastalarına ev hapsi uygulamak için "GPS ile izlenebilen ayak bileği kelepçeleri ve akıllı telefon uygulamalarını" değerlendirdiği haberini verdi.[13] Reuters'e göre, bir teknoloji sağlayıcısı şirket yetkilisi eyaletlere "tutuklananlar yerine hastalar için" ev hapsi teknolojisi edinmelerini salık verdi.

Haziran 2020 başlarında, aralarında amiral ve orgenerallerin olduğu bir dizi emekli üst düzey askeri subay, başkomutanı (Trump) keskin bir şekilde şikâyet edip eleştirdiler. Bu askeri eleştirmenlerin arasında öne çıkanlardan biri emekli bir oramiral ve eski Savunma Bakanı olan James S. Mattis idi. Şöyle yazdı: "Donald Trump, Amerikan halkını birleştirmeyen ömrüm boyunca gördüğüm ilk başkan

---

* Doğu Almanya'nın güvenlik ve istihbarat organizasyonu. Stasi dünya çapında etkin istihbarat örgütlerinden biri olarak kabul ediliyordu. (ç.n.)

... tam aksine bizi bölmeye çalışıyor. Olgun bir liderlik görmediğimiz üç yılın ceremesini çekiyoruz." Tanınmış tarihçi Victor Davis Hanson, Trump'u vatan hainliği ile suçlayan (General James Clapper Trump'a "Rus ajanı" demişti) veya darbe ima eden (Amiral William McRaven Trump'un "fazla gecikmeden" başkanlıktan alınmasını istemişti) üst düzey askerlere ve Mattis'e sitem etti.[14] Şöyle uyardı: "Bir kriz zamanında, bunların bir ağızdan çığırdığı şikâyetler, uydurmalar ve partizanca direniş yakarışları tam da kendilerinin muhafaza etmeye çalıştıklarını iddia ettikleri anayasal düzeni tehdit ediyor."

Sonra baraj çatladı. 25 Mayıs 2020'de, 46 yaşında bir siyah Amerikalı George Floyd, Minnesota eyaletinin Minneapolis kentinde iddiaya göre sahte para kullanmaya çalışırken tutuklanması esnasında beyaz polis memuru Derek Chauvin'in dizleri altında hayatını kaybetti. Tutuklama ekibinde üç polis memuru daha vardı ve o yerde kelepçelenmiş hâliyle Floyd "nefes alamıyorum" diye, defalarca hayatı için yalvarırken Chauvin'in adamcağızın boynuna dizini neredeyse dokuz dakika boyunca basmasını sadece izlediler. Çok zaman geçmeden polis memurları işten çıkarıldılar, Chauvin cinayet ve adam öldürme (daha sonra kasıtsız adam öldürme suçu da eklendi), diğer polis memurları kasıtsız adam öldürmeye yardım ve yataklık etmekle suçlandılar. Chauvin'in kefaleti 1,25 milyon dolar ve diğer polis memurlarının kefaleti ise her biri için 1 milyon dolar olarak belirlendi. Şimdi mahkeme bekleniyor.

Bu olay ülkeyi ve dünyayı çılgına çevirdi. Her türlü tepki geldi. Barışçıl protestolar, radikallerin şiddeti ve yağmalama. ABD'de 750'nin üzerinde kent ve kasaba, dünyada 100'ün üzerinde kentte ırkçılığa ve polis şiddetine karşı protesto gösterileri yapıldı. Örgütlü radikaller (özellikle Antifa isimli bir neo-faşist grup) ve suç çeteleri işin içine girince protestolar şiddete vardı. Polis arabaları yakıldı, sembol yapılar tahrip edildi, mağazaların camları kırıldı, dükkânlar yağmalandı. 3 Haziran'a gelindiğinde 200'ün üzerindeki Amerikan kenti sokağa çıkma yasakları uyguluyordu. Otuzun üzerinde eyalet bozgun ve ayaklanmaları bastırmak için 24 binin üzerinde Ulusal Muhafız'ı harekete geçirdi. 11 binin üzerinde protestocu ve yağmacı tutuklandı, ayaklanmalar yüzünden 21 kişi hayatını kaybetti. 9 Haziran'da, Antifa'nın önderliğindeki kuvvetler Seattle Belediye Konağı'nı ele geçirdi ve Seattle Polis Teşkilatı'nın Doğu Karakolu'nun yakınlarında Capitol Hill Otonom Zonu (CHOZ) ismini verdikleri bir kurtarılmış bölge kurdular. Polis memurları karakoldan kaçıp gittiler. Bazıları silahlı olan işgalciler terk edilmiş polis barikatları ve sağdan soldan buldukları ıvır zıvırla bir güvenlik çemberi oluşturdular. Polis CHOZ'den çıktı, evsizler davet edildi. Çok sürmeden CHOZ'de yiyecek tükendi.

Muhalif saç stilistlerinden koca bir kenti ele geçiren silahlı işgalcilere; doksan günlük kısa bir süre içinde Amerikalıların öfkesi, düş kırıklığı ve isyanı sokaklara taştı. Amerika'da ırkçılığın tarihi yüz yıllara yayılmış ve 1865'te köleliğe son veren ABD Anayasası'nın On Üçüncü Değişikliği'nin kabulünden çok sonra bile Amerikan kültürünün içinde kurumsallaşmış durumda. Buna rağmen, ister barışçıl olsun ister şiddet içersin, şimdiye kadar hiçbir ırk ayrımı adaletsizliği George Floyd'un ölümünden sonra gördüklerimiz ölçüsünde bir başkaldırıya neden olmamıştı. Nasıl İkinci Dünya Savaşı'nın failinin Woodrow Wilson'un İspanyol gribi ile olan mücadelesi olduğunu düşünmek ne kadar aşırı olursa, kentsel ayaklanmaların da COVİD-19 yüzünden çıktığını söylemek o kadar fazla olur. Antifa zaten tetikte bekliyordu.[15] Ne var ki; bulaş korkusu, karantina ve kapatmaların anti-sosyal ko-şullanması ve sırf pandeminin ne zaman biteceği, hattta bitip bitmeyeceği konu-sundaki belirsizliklerin, 1968'in kentsel ayaklanmalarından beri görülmemiş bir ölçüde ülke çapına yayılan toplumsal huzursuzluğa yol açan unsurlar olduğunu varsaymak herhâlde fazla olmaz. Anksiyete ve depresyon her tarafa sirayet eder. Eğer Floyd cinayeti kibritse, karantina tükenmişliği de çıraydı. İster savcıya karşı duran Dallaslı saç stilisti ister New York Polis Müdürlüğüne kafa tutan beyzbol sopalı aşırı uç militan olsun olaylara katılanlar, kırtıpil diktatör rolü oynamak için pandemiyi fırsat bilen politikacıların neden olduğu psikosoyal etkilerin kurbanıydı.

George Floyd cinayetinin ardından gelen kargaşanın maliyeti zaten her hâlükâr-da çok büyük olacaktı. Kaybedilen hayatlar, kırılan camlar, yağmalanan mallar, yakılan binalar ve iş sahiplerinin harap olmuş morali en iyi zamanda bile ağır bir yük olacaktı. Ama bu iyi bir zaman değildi. Floyd öldürüldüğünde sadece birkaç iş yeri, onlar da tereddütle ve geçici olarak açılmıştı. Müşteriler hâlâ virüsten korkuyorlardı. Karantina ve kapatmaların üstüne bir de yağmacılar yüzünden mahvolmak tabuta çakılacak en son çivi olurdu. Orta Manhattan sokaklarında kullanılan bir arabadan çekilen ve çok da izleyici bulan bir videoda kent blokları boyunca lüks segment perakendecilerin sanki kasırgayı bekleyen sahil büfeleri gibi camekanlarını suntalarla kapladıklarını izledik. Kasırga geldi ve gitti ama kafasında siyah kask, elinde levye vardı. Olan olmuştu. Bu sosyal kırılım virüs karantinasından toparlanmayı geciktirecek.

Sosyal düzenin bozulmasıyla birlikte pandeminin neden olduğu ekonomik çürü-me küresel olarak tehlike arz ediyor. London School of Economics profesörü Branko Milanović sosyoekonomik bağlantıyı *Foreign Affairs* dergisinde şöyle tarif ediyor:[16]

> Yeni tip koronavirüs pandemisinin ekonomik yankıları makroekonominin çözebileceği veya hafifletebileceği sıradan bir sorun olarak algılanmamalı. Aksine, dünya küresel ekonominin salt doğasında temel bir kaymaya şahit oluyor olabilir... Düşük faiz oranları işlerine gidemeyen işçilerin kayıpla-rını telafi edemez; savaşta bombalanan bir fabrikanın düşük faiz oranları

sayesinde bir sonraki gün, hafta veya ayda kaybedilen üretimi yerine koyamayacağı gibi...

Hastalığın insani maliyeti, en önemli ve toplumsal çözülmeye sürükleyebilecek bir maliyet olacak. Umutlarını, işlerini ve varlıklarını kaybedenler kolayca daha iyi durumda olanların karşısına çıkabilirler. ... Eğer hükûmetler, örneğin ayaklanmaları veya mülke tecavüzleri bastırmak için milis veya askeri güç kullanmaya başvurmak zorunda kalırlarsa toplumlar çözülmeye başlayabilir. ... Ekonomi politikalarının şimdi üstlenebileceği en önemli rol bu olağanüstü baskı altında sosyal bağları güçlü tutmak.

Milanović "askeri güçler" ve "ayaklanma ve mülke tecavüz" sözcüklerini George Floyd olaylarından önce kullanmıştı. Geriye dönüp baktığınızda, bu sözcükler tüyler ürpertici. Milanović gelir dağılımı ve gelir eşitsizliği üzerine uzmanlaşmış bir ekonomist. Sosyal bağların güçlendirilmesi gereksinimine vurgu yapması, klinik tedavi uzmanları ve psikologların COVİD-19'un yayılması ve karantina koşullarından toparlanma konusunda verdikleri tavsiyelerle tıpatıp aynı. Ekonomi ve politika aynı noktada çoktan birleşmişlerdi. Şimdi ekonomiyle tıp da birleştiler.

Kitabım *Aftermath*'ın (Akıbet) sonuç bölümünde şunları yazdım:[17]

> 2008 ve sonrasından daha kötü bir senaryo tasavvur etmek zor olabilir ama böyle dolu senaryo var; bunlar ABD tarihinde çok oldu. ... Bu senaryonun içinde finansal bozulma olmalı ama sermaye piyasalarında daha büyük ölçekte ve şebekelenmiş kurumlar arasında, daha hızlı bulaşmanın sonuçlarının kaçınılmaz olarak kritik altyapıyı ve nihayetinde sosyal düzeni etkilemesiyle çok daha fazla şeyler içerecek...
>
> Diğer hızlandırıcılar arasında pandemi, savaş ve durup dururken ve olay yerine merkez bankası ambulansı yetişemeden büyük bir bankanın batması da var. Bunların her biri gerçekleşme olasılığı düşük olgular ama önümüzdeki birkaç yıl içinde bunların en azından bir tanesinin olmama ihtimali neredeyse sıfır...
>
> Sosyolog ve tarihçiler medeniyetin ince yaldızını belgelere geçirdiler. Kritik sistemler çöker çökmez medeni davranış biçimleri ancak üç gün yaşayabiliyor. Ondan sonra orman kanunları hüküm sürüyor. Vatandaşlar konumlarını muhafaza etmek için şiddete, paraya, araya mesafe koymaya ve başka zorbalık türlerine başvuruyorlar. ... Endişemiz bunların adil olup olmadığı değil, aşırı koşullarda silahlı milislerin sokakları şiddete boğmasının haftalar değil, sadece birkaç gün alacağı gerçeği. Medeniyet sadece dış görünüşte medeniyet.

Son bölümde, yeni ekonomik düzende neyin nerede duracağı sorularını yanıtlayacak ve pandemi sonrası dünyada varlıkların nasıl korunacağı ve gelirlerin nasıl artırılacağı hakkında açık yönlendirmelerde bulunacağız. Bu göründüğü kadar zor bir şey değil; önemli olan titiz analiz ve erken davranma.

Bir Alman sanayicisi olan Hugo Stinnes, 1920'lerin başlarında, Weimar hiperenflasyonunun en kötü aşamasında servet yaptı. Reichsmark'larla borç alıp maddi duran varlıklar satın aldı. Varlıkların değeri uçarken para çöp oldu. Aldığı borçları çöp Reichsmark'larla geri ödedi ve maddi duran varlıkları onda kaldı. Almanca'da lakabı *Inflationskönig* (Enflasyon Kralı) idi.

1920'lerin sonlarına doğru, Başkan John F. Kennedy'nin babası olan Joseph P. Kennedy, balon oluşurken hisse senedi portföyünü büyütüp 1929 çöküşünde açığa satarak Wall Street'te servet yaptı. Hâlbuki çoğu yatırımcı silinip gitmişti. Kennedy krizden daha da zengin çıktı.

Bu vakalar hiperenflasyon veya piyasa çöküşlerinde bile para kazanılabileceğini gösteriyor. Gereken teknikler; doğru tahmin yapmak, hükûmetin politik tepkisinin ne şekilde olacağını önceden görmek ve kaostan önce çevik davranıp yatırım yapmak. Krize verilecek politik tepkiyi öngörebilirseniz yatırım yapmak gayet basitleşir. Eğer tahminler doğruysa, politik tepkiyi öngörmek de kolaylaşır. Zor olan doğru tahmin yapmak; işte burada yatırımcıya kompleksite modelleri avantaj sağlayacaktır.

Altıncı Bölüm

Pandemi Sonrası Dünyada Yatırım Yapmak

> Bana göre en olağanüstü şey ... tarih sosyal düzenimizi tepetaklak devirecek bir dizi olayla dolu olmasına rağmen o sosyal düzenimizin basmakalıp alışkanlıklarına eksiksizce uyma dürtümüz.
> — H. G. Wells, The War of the Worlds (1898)[1]

H. G. Wells'in *The War of the Worlds* (Dünyalar Savaşı) İspanyol gribi pandemisinden yirmi yıl önce yazılmış olmasına rağmen tarihsel kayıtlarda devamlı referans olarak alınıyor. Nedeni açık. Wells kitapta dünyanın Marslılar tarafından önlenemez bir şekilde istilâ edilmesini anlattı. Dönemin askeri güçlerinin silahları Marslıların ısı ışınlı, zehir gazlı, üç uzun ince ayaklı savaş makineleri ile baş edemiyordu. Marslılar her tarafa yayılıp insanları öldürdüler, binaları yıktılar, çiftlikleri yaktılar. Sonra, tam da insanlar sonlarının geldiğini düşünürlerken birden ölüp gittiler. Wells manzarayı şöyle tasvir etti:[2]

> Ve Marslılar, bazıları devrilmiş savaş makinelerinin içinde, ortalığa saçıldılar, ölü *olarak*! ... sistemlerinin hazırlıksız yakalandığı çürütücü bakteriler onları katletti; ... insanlığın tüm aygıtları başarısız olurken, tüm bilgeliğiyle Tanrının dünyaya indirdiği naçizane bir şey sayesinde yok oldular. ... Mars'ta bakteri yok ve bu istilacılar dünyaya gelir gelmez yiyip içtiler ve o mikroskopik müttefiklerimiz onları alaşağı edecek çalışmalarına başladılar. Daha onları izlerken artık sonlarının geldiğini gördüm...

Wells'in eseri çok rağbet gördü ve bütün dünyada meşhur oldu. Wells'in kullandığı "sistemlerinin hazırlıksız yakalandığı çürütücü bakteriler" ifadesi, o zamanın bilim insanlarınca bir bakterinin neden olduğunu düşündüğü İspanyol gribi kurbanlarında yankı uyandırdı; virüs teorisi 1931'e dek ispat edilmemiş; elektron mikroskobunun icadından kısa sayılabilecek bir zaman sonra gelen 1935 yılından önce bilim insanları bir virüs görmemişti. İspanyol gribi kurbanları virüse karşı en az kurgusal Marslılar kadar savunmasızdılar ve çoğu hemen öldü. Şimdi, kurbanların bağışıklık sahibi olmadığı başka bir ölümcül virüs olan SARS-CoV-2 yüzünden *The War of the Worlds* tekrar konuşuluyor.

Wells'in 1898'deki okurları için romanında ele aldığı başka bir tema vardı ve o tema bugünün yatırımcılarına çok uyuyor. O tema, algıyla gerçek arasındaki ara. Bu ara bir nesnel gerçeklik varken gözlemcilerin ya o gerçeği kabul etmeye hazır olmamaları ya da o gerçeğin farkında olmamalarıyla ortaya çıkıyor. *The War of the Worlds*'de Marslılar gerçekten dünyaya inmişler ve savaş makinelerini kurmaya başlamışlardı. Ne var ki çoğu insan buna inanmadı veya umursamadı. Haber Marslıların iniş mahallinden önce yerel kasabalara ve sonunda Londra ve tüm dünyaya halkalar hâlinde yayıldı. Buna rağmen haber her aşamada bir umursamazlıkla karşılandı veya yalan olarak algılandı. Sonunda gerçek bomba gibi patladı ama artık çok geçti. Marslılar zıvanadan çıkmışlardı ve kaçacak zaman yoktu. Wells'in amacı bizi Marslılara karşı değil, teknolojiye ve insanların oluşan tehlikeleri umursamayışına karşı uyarmaktı. Amerikalı bir sosyal psikolog olan Leon Festinger bu olguya, 1957 yılında zihinsel uyumsuzluk ismini verdi ama bu olgu en az uygarlık kadar eski.

Zaman içinde, gerçekle bireysel inançlar arasındaki algı aralığı psikolojik gerilim yaratır. Gözlemci gerçeğe uymak için görüşlerini değiştirmek zorundadır yoksa gerçek gözlemciyi ezer ve potansiyel olarak büyük zarar verebilir. Bu, raylar üzerinde durup yaklaşan trene bakarken kendini, orada bir tren olmadığına veya trenin hareket etmediğine ya da trenin zamanında duracağına ikna etmeye benzer. Sonuçta, gözlemci ya trenin hareket ettiğine ikna olup raylardan dışarı atlamaya karar verir ya da ezilip ölür.

Kâr Etmenin Anahtarı Algı Aralığıdır

Bugün çoğu piyasa katılımcısının davranış biçimini en iyi zihinsel uyumsuzluk tarif ediyor. Bir yandan, ABD İspanyol gribinden sonraki en kötü pandemiyi, Büyük Buhran'dan sonraki en kötü ekonomik çöküşü ve 1968'den beri en kötü ayaklanmaları yaşıyor, hem de hepsini aynı zamanda. Öte yandan, Haziran ayının başlarında büyük ABD hisse senedi piyasası endeksleri Şubat-Mart 2020 kayıplarının çoğunu telafi ettiler; NASDAQ Bileşik Endeksi 23 Haziran 2020'de tüm zamanların en yükseği olan 10.131'i gördü.

Hisse senedi piyasası boğaları piyasanın bugüne bakmadığını, geleceğe bakıp o zamanın koşullarını bugünün fiyatında iskonto ettiğini iddia ederler. Olumlu bir tahmin yeni boğa piyasasını haklı gösterir. Bu bazılarının algısı ama gerçek tamamen farklı.

İşsizlik düşecek ama son 75 yılın en yükseğinden düşmüş olacak ve en azından beş yıl boyunca ve belki de daha uzun bir zaman pandemi öncesi seviyelerine geri dönemeyecek. Büyüme geri dönecek ama ılımlı olacak. 2019 üretim seviyesine en erken 2023'e kadar ulaşılmayacak. Rekor sayıda büyük şirketin iflas başvuruları için avukatlar mahkemeler önünde kuyruğa girmiş durumdalar. Çoğu küçük ve orta çaptaki işletme, kurtarma paketleri ve yumuşak kredilere rağmen bir daha asla kapılarını açmayacak. S&P 500 hisselerinin Fiyat/Kazanç oranları 2000 yılının dot.com balonundan bu yana görülmemiş seviyelerde. Çiçeği burnunda perakende yatırımcılar maliyeden gelen kurtarma çeklerini bozdurup hâlihazırda iflas hâlinde bir şirket olan Hertz hisselerini almak için çevrim içi aracı kurum hesabı açıyorlar. Yeni yatırımcı Dayanis Valdivieso aldığı teşvik çeki için "Esasta bu bedava para, ben de onunla oyun oynamaya karar verdim. ... kumar gibi."[3] İflâs işlemleri sırasında hisse senetleri genelde sıfır olarak değerlendirilir ama Hertz hisseleri Haziran 2020'nin ilk haftasında sırf spekülasyonla 0.72 dolardan 5.50'ye gittiğinde Valdivieso gibi acemiler paralarını üçe katladılar. NYSE (New York Hisse Senedi Borsası) 10 Haziran tarihinde Hertz'in kotasyondan çıkarılacağı duyurusunu yaptıktan sonra fiyatlar çöktü. Bu sayede acemiler, iflas ve hisse senetleri piyasası yasaları hakkında hızlı bir eğitimden geçmiş oldular.

O zaman ekonomi için hangisi doğru? Normale doğru hızlı bir toparlanma ve hâlâ ucuzlarken hisse senedi almak için çok iyi bir fırsat mı? Yoksa, yavaş bir toparlanma ve büyüme, yüksek işsizlik, üretim açığı ve patlamaya hazır başka bir hisse senedi piyasası balonu mu? İki senaryo da doğru olamaz. Biri gerçek diğeri de bir inkâr uğraşı olmalı. İşte piyasa katılımcılarının karşı karşıya olduğu bu algıyla gerçek arasındaki aralık bir zihinsel uyumsuzluk örneği. Bu algı aralığı yatırımcılar için büyük kazanç fırsatları yaratıyor. Eğer hisse senedi piyasası haklıysa, ekonomi yakında canlanacak ve yatırımcılar ticari emlakta, kurumsal kredilerde, gelişmekte olan piyasalarda ve seyahat ve konaklama sektöründe kazanacaklar. Eğer hisse senedi piyasası haksızsa, kâr fırsatları hisse senetlerini açığa satmaktan, Hazine bonoları ve altın almaktan gelecek. Hangisi?

Zihinsel uyumsuzluk üzerinde yapılan bu düşünce idmanı yatırımcılar için bazı temel gerçekleri gün ışığına çıkartıyor. Birincisi, her türlü piyasada para kazanabilirsiniz. Ayı piyasalarında nakde geçip kenarda bekleme fikri doğru değil. Bu taktik varlıklarınızı korur ama ayı piyasalarında var olan kazanç fırsatlarını ıskalarsınız. Ne yazık ki yatırımcılara hisselerin, tahvillerin ve nakdin yegâne varlık sınıfları olduğu öğretilmiş (ve emeklilik fonları tam da bu şekilde yapılandırılmış). Hâlbuki gayrimenkulde, özel sermayede, alternatif yatırımlarda, doğal kaynaklarda, altında, dövizlerde, güzel sanatlarda, telif haklarında, sigorta tazminatlarında ve diğer varlık sınıflarında gayet likit piyasalar mevcut. Bu varlık sınıfları, hisse ve tahvillere yönelik yorgun tahsislere menzil kazandırmakla kalmayıp riski aynı oranda artırmadan getirileri artırmanın ender yollarından biri olan gerçek çeşitlendirme ekler.

Zihinsel uyumsuzluktan alınacak ikinci ders, piyasaların haklı çıkıp çıkmamakla değil bilgiyle alakalı olduğu idrak edildiğinde kâr fırsatlarının ortada olduğudur. Piyasaların gelen bilgileri düzgünce işleyen ve yatırımcıların yakalayıp faydalanmasına fırsat vermeden yeni fiyat seviyelerine uyum sağlayan, etkin fiyat keşfi mekanları olduğuna dair bir efsane var. Bu hiçbir zaman doğru olmadı ve bugün hiç olmadığı kadar yanlış. Bu "etkin piyasalar hipotezi" 1960'larda Chicago Üniversitesi'nin öğretim üyesi odalarında icat edilen bir fikirdi ve o günden beri öğrenciler tarafından kuşaktan kuşağa aktarıldı. Doğru olduğuna dair ampirik kanıtlar yok; sadece kapalı tür denklemlerde hoş gözüküyor. Piyasalar etkin *değildir*; bir sorun çıkar çıkmaz donup kalırlar. Piyasa seviyeleri arasında devamlı hareket *etmezler*; büyük yüzde zıplamalarla yukarı veya aşağı fiyat aralıkları oluştururlar. Bu da uzun pozisyonlar için beklenmedik kârlar üretebilir veya kısa pozisyon zararlarını silip yok edebilir. Hayat böyle işte; etkin piyasa diye bir şey yok. En önemlisi, etkin piyasalar hipotezi, yatırımcıları sürüler hâlinde "piyasayı yenemezsin" onun için bari sen de sürüye katıl fikrini baz alan endeks fonlarına, borsa yatırım fonlarına ve pasif yatırıma yönlendirmek için kullanıldı. Bu, hesap bakiyeleri ve yeni ürünler üzerinden komisyon toplayan Wall Street varlık yöneticileri için iyi işliyor. Her on yılda bir yüzde 30 (veya daha kötü) kayıplar yazan ve kaybolan paraları telafi etmek için baştan başlamak zorunda kalan yatırımcılar için işlemiyor. İyi tahminler, piyasa zamanlaması ve gayet yasal içeriden öğrenenlerin bilgilerini kullanarak piyasayı yenebilirsiniz. Profesyoneller bunu yapıyor. Robotların yaptığı da bu. Ve her gün yatırımcılar da yapabilir.

Piyasalar Nadiren Haklıdır

İşin gerçeği, piyasaların tahminlerinde haklı olduklarından çok haksız çıkma olasılığı daha fazla. Piyasalar yanlış tahmin yaptığında, algıyla gerçek arasındaki aralık yatırımcılara yarayabilir. 2007-2009 finansal krizi, konut kredilerinde temerrüt vakalarının keskin bir artış gösterdiği 2007 baharında gözükmeye başladı. Ağustos 2007'de likidite sıkışması oluştu, o ay iki konut kredisi hedge fonu ile bir para piyasası fonu battı. Önce sorun bitmiş gibi gözüktü. Eylül ayında, Hazine Bakanı Hank Paulson Süper-SIV'ın (ticari bankaların bilanço dışı yükümlülüklerini tekrar finanse etmek için tasarlanmış özel maksatlı bir yatırım aracı; hiç gerçekleşmedi ama o zaman iyi fikirmiş gibi geliyordu) ihraç edildiğini duyurdu.

Hisseler Ekim 2017'de yeni en yüksekler yaptılar (kriz başladıktan altı ay *sonra*), kısmen Paulson ve Ben Bernanke'den gelen temelsiz güvenceler nedeniyle. Aralık 2017'de, Abu Dabi'den Singapur'a bir grup devlet varlık fonu tercihli hisse senetleri ve borçları satın alarak ticari bankaları kurtardılar. Her şey yolunda gidiyordu veya en azından öyle gözüküyordu.

Ne olduysa oldu ve Mart 2018'de yatırım bankası Bear Stearns battı. Hemen JP Morgan tarafından devralındı ve piyasalar rahat nefes aldı. Sonra Haziran ayında, konut kredisi finansmanı devleri Fannie Mae ve Freddie Mac battılar. Kongre bir kurtarma tasarısı onadı ve piyasalar yine rahatladı. Bir kez daha, en kötüsü geride kalmıştı!

Ağustos 2007 uyarısından sonra ardı ardına gelen batışlara şahit olduğumuz gayet açıktı. Bu batışların sonunun gelmediği de aşikârdı. Lehman Brothers 1998'den beri Wall Street zincirinin en zayıf halkasıydı ve içeride herkes yeni krizde ilk batacak olan şirketin o olacağı fikrindeydi. Bu tehdidi Ağustos 2008'de John McCain'in başkanlık seçimi kampanyası ekonomi ekibine izah ettim. Bana güldüler ve bir daha davet edilmedim. Piyasalar da sanki hiç bir şey olmamış gibi devam ettiler.

Nihayet, 15 Eylül 2008'de Lehman Brothers iflasa başvurdu. İşte o nokta, algıyla ("kriz bitti") gerçek ("kriz şimdi başlıyor") arasındaki aralığın ansızın kapandığı noktaydı. Çoğu yatırımcı ezildi gitti. Anlatmak istediğim şu ki piyasalar geleni görmedi, 2007'de konut kredisi sorununun biteceğini söyleyen Fed Başkanı Bernanke de... Piyasalar gelecek olayları iskonto eden etkin mekanizmalar olamadı. Zihinsel uyumsuzluk, gerçekler korku vericiyken yatırımcıların en pembe sonuçlara inanmasına izin vermişti. Piyasalar hayal dünyasında geziniyorlardı ve Eylül'de acımasız gerçekle yüzleştiler.

Piyasalar 2008'de gelen çöküşü öngöremedi. 2020'dekini de öngöremediler. Piyasa budur. Neyin geleceğini öngörmek sana kalmış.

Piyasa Nasıl Yenilir

Piyasayı nasıl yenebilirsin? Üç adımı var: Tahmini doğru yap, politik tepkinin ne olacağını doğru anla ve her ikisinin önünde işlem yap. Bu üç adım aşağıda özgün modeller ve optimal hareket planları kullanılarak açıklanıyor. Sonra bu yöntemi somut yatırım tavsiyelerine dönüştüreceğiz.

Metodoloji ve tavsiyelere dalmadan önce, bir arka plan tavsiyesine daha ihtiyacımız var: *Olaylardan haberdar ve çevik olmak şart.*

Wall Street deyimi "kur ve unut" çok iyi bir kaybetme yöntemi. Bir endeks fonu alarak "uzun vade için yatırım yapmak" saçmalık. Her on yılda bir piyasa değerinizin yüzde 30 veya 50'sini kaybettiğinizde uzun vade kalmaz. Sırf piyasalar eninde sonunda kayıplarını geri alıyorlar diye başta para kaybetmenin bir anlamı yok. 29.000'de olan Dow Jones Sanayi Endeksi 18.000'e düştüyse eninde sonunda tekrar 29.000'e çıkabilir ama bu beş on yıl alabilir. Wall Street "Evet ama paranı geri kazandın!" der. Öyle değil. Bütün yaptığın Ölüm Vadisi'nde beş yıl geçirdikten sonra başladığın yere dönmek oldu. Ya yükselişin son yüzde 3,5'lik kısmını ıskalayıp 28.000'de malını boşaltıp 19.000'de (yeni yükselişin ilk yüzde 5,5'ini ıskalayarak) geri alım yaparak 29.000'e kadar bekleseydin, ne olurdu? Piyasanın gidip gelmesine iştirak ederek ilave getirin yüzde 53 olurdu. Piyasanın gidip gelişinde oturduğu yerde kalan uzun vadeli yatırımcı yüzde 0 kazandı. İşte Wall Street varlık yöneticileri bunu size anlatmazlar. Onlar komisyon ve portföy yönetim ücreti kazanmaya devam etmek için sizin paranızın hep hesapta durmasını isterler. Onlar sizin paranızı, servetinizi veya emekliliğinizi düşünmezler.

Bu teknik (*olaylardan haberdar ve çevik ol*) sadece hisse senedi piyasası ile sınırlı değil. Tahviller, özel sermaye ve altın da dâhil olmak üzere her varlık sınıfına uygulanabilir. Her zaman, piyasa önerilerime şaşıran birilerine rastlıyorum. "Altı ay önce tam tersini söylemiştin!" diyorlar. Doğru. Altı ay önce mükemmel olan fikirler beklenildiği gibi iyi performans göstermiş, hatırı sayılır mikarda kârlar üretmiş ve şimdi de o pozisyonu kapatıp kârları realize edip yeni bir şeyler deneme vakti gelmiş olabilir. Bu özellikle dolar fiyatlarının belirli bir aralıkta seyrettiği ve öngörülebilir geri dönüşler yapabildiği döviz ve emtia piyasaları için doğru. EUR/USD paritesi 1.00 ve 1.60 arası oynayabilir ama iflas etmiş bir ekonomi gibi sıfıra veya Apple gibi aşırı yüksek fiyatlara gitmez. Kritik dönüş noktalarında yön değiştirmek temel bir işlem tekniğidir. Piyasalar, koşullar ve haberler her gün değişir. Piyasalardan daha iyi performans göstermek için en azından baz konularda portföy karışımınızı zaman zaman değiştirmek zorundasınız.

Bu gün içi işlemcilik değil (onu zaten tavsip etmiyorum). Hedef her gün piyasadan üç beş kuruş tıraşlamak olmamalı. Bazı işlemciler bu işi iyi yapıyorlar ama çoğu bunu yaparken donunu kaybediyor. Onun yerine orta vadeli görünüme bakıp (altı ay ve sonrası) devamlı güncelleme yapılmalı. Bu bir pozisyonun beş on yıl kârlı kalamayacağı anlamına gelmiyor. Kalabilir. Mamafih, üzerinize gelen bir tren varsa kaçmaya vakit bırakabilmeniz için, pozisyonları ileriye dönük her altı ayda bir periyodik olarak değerlendirmeniz gerekir. Piyasalar bu işi pek iyi beceremez; genelde trenin altında kalırlar ve bunu yaparken yanlarına yatırımcıları da alırlar. Bireysel yatırımcılar ise doğru modeller ve doğru ileriye dönük işlemlerle bu stratejiyi uygulayabilirler.

Modeller hakkında konuşurken: Yıllar boyunca bir sürü ekonomik modeli alabildiğince eleştirdim. Phillips eğrisi, NAIRU, R-yıldızı, "varlık etkisi", Black-Scholes, "risksiz getiri oranı" ve diğerleri bana göre çöp bilim. Gerçekle alakaları yok. Gerçek öğretim üyeleri odasının kapısını kırdığında ortaya çıkan periyodik şokların müsebbibi olan algıyla gerçek arasındaki aralığı yaratan onlar. Bu modeller (dinamik stokastik genel denge-DSGD modelleri olarak anılıyorlar) çöpe atılmalı. Atılmayacaklar, çünkü üç kuşak akademisyen ekonomist onların yaratılmalarına ve ebedileştirilmelerine çok gayret ve zaman harcadı. Sorun değil, onların kaybı sizin kazancınız. Eğer politikanın kılavuzu hatalı modeller ise ve siz bu hataları biliyorsanız, politikanın önünden gidebilirsiniz.

Bir söz de çeşitlendirme için: İşliyor. Çeşitlendirme riski artırmadan getirileri artırmanın güvenilir bir yöntemidir. Sorun, ne çoğu yatırımcı ne de varlık yöneticisinin çeşitlendirmenin ne olduğunu anlamamasında. Varlık yöneticiniz size, 10 farklı sektörden (örneğin enerji, emtia, sanayi, tüketim malları, vs.) 30 hisse sahibi olunca çeşitlendirme yapmış olduğunuzu söyleyecektir. Yapmıyorsunuz. 10 sektörden 30 hisse sahibi olabilirsiniz ama hepsi hisse senedi, *yani tek bir varlık sınıfı*. Hisse senedi fiyatları birbirleriyle ve piyasanın bütünüyle yoğun bir şekilde koreledir. Beraber yükselip, beraber inerler. İstisnalar vardır elbette ama yoğunlaşma riskini hafifletecek kadar değil. Pasif yatırım, endeks yatırımı, sıcak para, borsa yatırım fonları ve robotlar da dâhil olmak üzere bu korele davranış biçiminin nedenleri vardır. Bu rastlantısal unsurlar konusunda uzman olmanız gerekmez. Sadece farklı hisseler satın almanın çeşitlendirme olmadığını anlamanız yeterli. Gerçek çeşitlendirme bir varlık sınıfının içinde değil varlık sınıfları arasında yapılır. Bazı hisseleri satın almış olmakta sorun yok. Hisse senetleriyle yüksek korelasyonu olmayan tahvil, altın, gayrimenkul, özel sermaye fonu ve diğer varlık sınıflarını da almanız gerekir. Getirileri bu şekilde iyileştirebilirsiniz.

Biraz da robotlardan bahsedelim: Bugün hisse senedi işlemlerinin yüzde 90'ından daha fazlası insanlar değil robotlar tarafından gerçekleştiriliyor. Konu ne kadar tekrar edilirse edilsin, yatırımcılar anlamakta zorluk çekiyorlar. Bunlar sadece anonimlik ve hızlı işlem yapmayı sağlayan, elektronik emir eşleştirme sistemleri değil. 1990'lardan beri kullanılıyorlar. Bugünün işlemleri, alım satım kararları vermek ve işlemleri insan müdahalesi olmadan nano-saniyeler içinde gerçekleştirmek üzere programlanmış algoritmalar kullanan robotlar tarafından yapılıyor. Yatırım kararları verirken, diğer yatırımcılarla değil, robotlarla rekabet ediyorsunuz.

Bu iyi haber, çünkü robotlar aptaldır. Onlar sadece onlara söyleneni yaparlar. "Yapay zekâ" lâfını duyar duymaz "zekâ" kısmını atıp "yapay" sözcüğüne odaklanın. Robotlar, çoğu zaman hayatlarında Wall Street'e ayak basmamış Silikon Vadisi mühendislerinin geliştirdiği kodlarla programlanmışlardır. Büyük veri dizinlerini, korelasyonları ve regresyonları kullanır, haber manşet ve içeriklerinde anahtar sözcükler ararlar. Belirli anahtar sözcüklere rastlanıldığında veya fiyat hareketi daha önceden belirlenen bir baz çizgisinden saptığında robot alım veya satım yapmak için tetiklenir. Bu kadar.

Robot algoritmalarını anlarsanız onlardan önce hareket etmek kolay olur. Robotlar geleceğin geçmişe benzediğini varsayarlar. Benzemez. İnsan doğası değişmeyebilir ama koşullar devamlı değişir. Onun için tarih var. Robotlar, birisi bir anahtar sözcüğü kullandığında o kişinin ne yaptığını bildiğini varsayarlar, ama bilmiyorlar. Bütün büyük ekonomik kurumlar arasında en kötü tahmin geçmişi olan Fed'dir; IMF de ondan daha iyi değildir. Her zaman resmi tahminler dinlenmeli ama asla onlara bel bağlanmamalıdır. Yetkili olan resmi görevliler ne yaptıklarını bilmiyorlar. Robotların o devasa veri tabanlarında çok veri olabilir ama tarihi olarak o kadar da çok geriye gitmiyorlar. İyi bir baz çizgisi oluşturmak için yirmi otuz yıl yeterli değil. Doksan yıl daha iyi. İki yüz yıl daha da iyi. Robotlar düzenli olarak "düşüşlerde alım" yapar, tempoyu kovalar ve Fed'e inanırlar. Robotların piyasayı uçuruma doğru götürdüklerini gördüğünüzde o kaçınılmaz düzeltme için onlardan daha önce hareket edebilir ve robotların kör noktasından kazanç sağlayabilirsiniz. Yine, o gerçekle algı arasındaki aralıktan kazanç sağlamış olursunuz.

İçeriden öğrenenlerin ticareti hakkında: Yasaldır (çoğu zaman). İçeriden öğrenenlerin ticareti, büyük fiyat hareketinden önce işlem yapmak ve piyasayı yenmek için kamuya açıklanmamış önemli bilgileri kullanmayı içerir. Sadece o bilgiyi çalar veya avukat, muhasebeci, yönetim kurulu üyesi, üst düzey yönetici gibi güven ilişkisini ihlal eden birinden alır veya o bilgiyi uygunsuz bir şekilde almış olan bir kişi size o bilgiyi "sıcak tüyo" diye verirse yasalara aykırı olur. O bilgiyi kendi geliştirdiğiniz daha güçlü modeller, analiz yöntemleri ve kamuya açık kaynakları kullanarak elde ettiyseniz veya bir abone olarak size gelmişse onu çalmış sayılmazsınız ve işlemleriniz için o bilgiyi kullanmak gayet yasaldır. Hatta akademik araştırmalar İçeriden öğrenenlerin bilgisini kullanarak piyasalardan önce hareket etmenin piyasayı yenmenin *tek* yolu olduğunu gösteriyor. Bundan dolayı iyi modeller ve piyasa zamanlaması kombinasyonunu vurguluyoruz. İyi performansın anahtarı bu. Yine de çevik olmanız gerekir, çünkü güncellenen veriler ve koşullara bağlı korelasyonlara göre modelin çıktıları devamlı değişir.

Özetleyecek olursak:

Çalışan modeller kullanın (aşağıda tarif edileceği gibi)

Devamlı güncelleyin (ileri doğru kayan altı aylık görüşle)

Çeşitlendirme yapın (bir varlık sınıfı içinde değil, varlık sınıfları arasında)

İçeriden öğrenenlerin bilgisini elde edin (yasal olarak)

Piyasa zamanlaması yapın (kalabalığı yenmek için)

Robotlardan önce hareket edin (pek akıllı değiller)

Algı aralığını yönetin (sonunda hep gerçek galip gelir)

Çevik olun

Oyunun kuralları bunlar. Şimdi, spesifik modellere ve portföy tahsislerine bakalım.

Öngörücü Bir Analitik Model

Bir önceki bölümde, politika yapıcıları ve Wall Street varlık yöneticilerinin kullandıkları hatalı modelleri gördük. Peki hangi tahmin modelleri gerçekten çalışıyor?

Model inşa tekniğimiz, gerçekle uyuşan ve belirsizliği de çözen dört bilim dalını kullanıyor. İlk dal kompleksite teorisi. Bu dal, iş zamanlamaya gelince karmaşık dinamik sistemlerde sonuçların öngörülemez ama şokların güç dağılımına gelince son derece öngörülebilir olduğunu öğretiyor. Basit bir dille, bu büyük piyasa oynatıcı olayların normal dağılım ("çan eğrisi") veya denge (DSGD) modellerinin öngördüğünden daha sık meydana geldiği anlamına geliyor. Eğer çan eğrisi modeli aşırı uç bir olayın her 100 senede bir olacağını öngörüyor, siz ise (kompleksite teorisi ve güç eğrisini kullanarak) o olayın her yedi veya on yılda bir tekrarlanacağını düşünüyorsanız, diğerleri "Kara Kuğu" diye bağrışıp (o bağrışanların bile anlamını bilmediği bağlamla ilişkisiz bir klişe) koşuştururken siz o olaydan kâr edebilecek bir şekilde iyi konuşlanmış olursunuz. Kompleksite teorisi aşırı uç olayların doğasının (beliren özellikleri), sistemdeki etkenleri tam olarak bilmekle anlaşılamayacağını da öğretir. İşte bunun yüzünden şoklar sadece Wall Street'in öngördüğünden daha sık tekrarlanmakla kalmayıp aynı zamanda her seferinde farklı olmaktadırlar. Bu bir sonraki şoku dakik bir şekilde tahmin edebileceğiniz anlamına gelmiyor. Belli aralıklarla beklenmeyeni bekleyebileceğiniz anlamına geliyor. Sadece bu bile size daha iyi bir yatırımcı yapar.

Model inşaatında ikinci dal, uygulamalı matematikten gelen Bayes Teoremi. Bayes Teoremi bir problemi tümdengelimle çözmek için yeteri kadar bilgi yoksa kullanılan araçtır. Bir problemi çözmek için gereken bütün bilgiler önünüzdeyse onu akıllı bir lise öğrencisi bile çözebilir. Eğer fazla bilgi yoksa (ki çoğu zaman yoktur) ne yapacaksınız? Eğer *hiç* bilgi yoksa ne yapacaksınız? İşte Bayes Teoremi burada kullanılıyor. Bayes, kompleksite teorisindeki belirsizlik etmeninin de üstesinden gelmeye yarıyor. Onun için birlikte iyi çalışıyorlar. Bayes'i kullanmayı 2003-2014 yılları arasında ABD istihbarat çevrelerinde çalışırken öğrendim. CIA ve Los Alamos Ulusal Laboratuvarı Bayes'i terörle mücadeleden nükleer patlama simülasyonlarına kadar her şeyde kullanıyor. Wall Street hemen hemen hiç bir zaman kullanmıyor. Tekrar ediyorum, Wall Street'in kaybı sizin kazancınız.

Bir problem çözmeye deneyim, tarih, sezgi, anekdotsal kanıtlar veya bulabildiğiniz her türlü veri artığına dayalı bir olasılık olarak ifade edilen yanıt hakkında akıllı bir tahmin yapmakla başlarsınız. Geleneksel istatistikçiler ve akademik ekonomistler bu tahmin kısmını hafife alır, daha fazla bilgi talep ederler. Ne var ki elinizde veri yoksa ve problem kenara atılamayacak kadar önemliyse yapabileceğiniz en iyi şey akıllı bir tahmindir. Sonra, o öncül tahmini gelen yeni bilgilerle güncellersiniz. Yeni veri geldiğinde kendinize, "Eğer ilk tahmin doğruysa (veya yanlışsa) ikinci veri noktasının gözükmesinin koşullara bağlı olasılığı nedir" diye sorarsınız. Bu zordur, çünkü kendi kendinize karşı dürüst olmalı (eğer ilk tahmin yanlışsa) ve doğrulama ön yargısı (gelen tüm verileri değerlendirin, sadece aynı fikirde olduklarınızı değil) yapmaktan kaçınmalısınız. Bu aşamada en iyi arkadaşınız alçak gönüllülüktür.

Neticede tahminin doğru çıkma olasılığı düşer (o zaman çöpe atarsınız) veya çıkar (o zaman pozisyona girersiniz). Tahminin doğru çıkma olasılığı yüzde 90'a ulaştığında, aynı benim 2016'da Trump'un seçimleri kazanacağını ve İngiliz seçmenlerin Brexit lehine oy kullanacağını öngördüğümde (her iki doğru tahmin de ibreler büyük ölçekte Hillary Clinton'un kazanmasına ve İngiltere'nin "Avrupa'da kal" oyu vereceğine dönük olduğu zamanda yapıldı) yaptığım gibi televizyona bile çıkıp mutlak tahminlerinizi beyan edersiniz. Her iki vakada da sadece anketlere güvenmedim, otobüs penceresinden bahçelerdeki kampanya tabelalarını saymak, Ozark Dağları'ndaki Evanjelist yerleşkeleri ziyaret etmek ve taksi şoförleri, otel görevlileri ve Londra barmenleriyle sohbet etmek gibi anekdotsal bilgileri kullandım. Wall Street analistlerine tavsiyem ofisten daha fazla çıkıp ekranlarından uzaklaşmalarıdır. Bu tavsiyeye uyun.

Üçüncü dal tarih. Akademik ekonomistler ve Wall Street analistleri tarihi hor görürler veya sırf sayısallaştırılıp bir denklemde kullanılamadığı için göz ardı ederler. Bu onların kaybı; tarihten daha iyi bir öğretmen olamaz. Bireysel hikâyelerin satırları tekrar etmeyebilir ama kalıplar eder. Tarihin sayısallaştırılması güç olabilir ama zihinsel bir haritada, etken devre düğümlerinin yaratılması için kullanılabilir. Bu devre düğümlerinin diğer devre düğümleriyle olan etkileşimlerinin kuvveti ölçülüp sayısallaştırılabilir. Kompleksite teorisi haritanın çizilmesine ve Bayes Teoremi devre düğümlerinin çıktılarına sayısal kuvvet tahsis etmeye yardımcı olur. Bu da bilim dallarının disiplinlerarası nasıl işlediğini gösteriyor.

Bugün analistlerin, yazar Graham Allison'un geliştirdiği bir fikir olan Tukididis Tuzağı'ndan konuştuğunu duymak ilginç.[4] Allison, yükselen bir güç (Atina) ile yerleşik ve oturmuş bir güç (Sparta) arasında MÖ beşinci yüzyılda yapılan Peloponez Savaşı'nı yeni bir yükselen güç (Çin) ile bugünün yerleşik ve oturmuş gücü

(Birleşik Devletler) arasında oluşabilecek bir çatışmanın yaklaştığı konusunda uyarı yapmak için kullanıyor. Bu, bugünün makro analizini güçlendirmek için tarihin nasıl kullanılabileceğinin güzel bir örneği. Eğer tahmin yapmak gerekiyorsa, savaşı biraz da pandemi sayesinde Sparta'nın kazandığını okuyuculara hatırlatırım.

Dördüncü bilim dalı davranışsal psikoloji. Bu ekonomi alanında muazzam ilgi çeken ama makroekonomik modellerde hemen hemen hiç uygulama alanı bulamamış bir konu. Bir bakıma, insanların genelde (ekonomistlerin kullandığı şekliyle) "mantıksız" olduğunu açığa vuran sağduyunun bilimsel incelemesi diyebiliriz. İyi tasarlanmış deneyler, belirgin zihinsel ön yargıların mevcudiyetini ve bu ön yargıların ekonomistler için mantıklı olsun olmasın, insanların kararlarına yön verdiğini ispat edebildiler. Bu alanın bugün en ünlü uygulamacıları Princeton Üniversitesi Onursal Profesörü ve Nobel Ödülü sahibi Daniel Kahneman (o da merhum meslektaşı Amos Tversky'ye atfediyor) ve Duke Üniversitesi Profesörü Dan Ariely. Belirledikleri birçok ön yargı arasında "doğrulama ön yargısı" (hakkında aynı fikirde olduğumuz verileri kabul edip olmadıklarımızı çöpe atma eğilimimiz), "çıpalama ön yargısı" (eski bir fikre takılıp aksine kanıtlar olmasına rağmen değişememe) ve "yenilik ön yargısı" (en yeni fikirlerden daha fazla etkileniyoruz) var. Bu ön yargıların bazılarının birbirleriyle çeliştiğini fark ettiyseniz haklısınız. Bu da tüm mantıksızlığın bir parçası. Bu ön yargıları çok geniş bir davranışlar yelpazesinde görüyoruz ama özellikle sermaye piyasası analizlerinde çok faydalılar. Davranışsal psikoloji piyasa balonlarını (doğrulama ön yargısı insanların uyarı işaretlerini göz ardı etmesine yol açıyor) ve piyasa çöküşlerini (kayıptan kaçınma ön yargısı yatırımcıların kayıpları önlemeye para kazanmaktan daha fazla değer vermelerine neden oluyor) anlamamıza yardım ediyor. Konu hakkında yapılmış çalışmalar son derece ikna edici ve faydalı. Davranışsal bilim Wall Street'te ve kokteyl partilerinde özde değil sözde tartışılıyor ve çoğu modelde kullanılmıyor. Standart risk yönetim modelleri hâlâ geleceğin geçmişe benzeyeceğini, balon diye bir şey olmadığını ve çöküşlerin "yüz yılda bir olan fırtınalar" (hâlbuki her zaman oluyorlar) olduğunu varsayıyor. Wall Street'in aksine, biz davranışsal psikolojinin içgörüsünü öngörücü analitik modellerimizin içine yerleştiriyoruz.

Modellerimizdeki Kompleksite+Bayes+Tarih+Psikoloji füzyonu sadece bir başlangıç. Ondan sonra devre düğümlerinden oluşan zihinsel haritalar (kritik etmenleri veya alım satım yaptırabilecek sonuçları temsil eden bireysel hücreler) ve kenarlar (yoğun bir ağ içinde devre düğümlerini birbirlerine bağlayan çizgiler) inşa ediyoruz. Her bir piyasa veya varlık sınıfı için ayrı bir harita oluşturuluyor (faiz oranları, hisse endeksleri, döviz kurları, emtialar vs.). Bu haritalar; ilgili etmenleri en iyi anlayacak, konusunun uzmanı kişilerin kılavuzluğunda inşa ediliyor. Kenarlara bir yön

(A—> B) ve ağırlık tahsis ediliyor. Bazı kenarlar tekrarlanan işlevler nedeniyle her yöne gidebiliyor (A <—>B). Devre düğümlerinde uygulamalı matematiğin yeni bir dalından yola çıkarak kodlanmış talimatlar var. Son olarak, devre düğümlerindeki işlemlemeye hem piyasa verileri hem de salt manşet okuyuculardan daha sofistike olan devasa haber akışlarından düz dil okuma yeteneği yerleştiriliyor. Politika ve piyasa koşullarını aksettirmek için kenar ağırlıkları ve devre düğümleri devamlı güncelleniyor. Alım satım yaptırabilecek çıktıları olan devre düğümü tipik olarak altı aylık görünüme ayarlanmış ama gerektiğinde uzatılıp kısaltılabilir.

Bu bizim öngörücü analitik sistemimiz. Gün içi işlem yapanlar için değil. Size yarın neler olabileceğini söyleyemeyiz ama altı ay sonrasını söyleyebiliriz. Bu da bir yatırımcının piyasalardan önce hareket etmesini sağlıyor. İstikrarlı bir şekilde riske uyarlanmış kârlar ve ortalamaların üzerinde getiriler sağlamanın anahtarı bu. İflas etmemenin de.

Modeller Bize Ne Anlatıyor?

2021 ve 2022'in pandemi sonrası dünyası için öngörücü analizimizin sonuçlarının özeti burada:

> Deflasyon (veya güçlü dezenflasyon) hüküm sürecek.
>
> Hisseler daha dibi görmedi.
>
> Faiz oranları daha da düşecek.
>
> Tahvil fiyatları yükselmeye devam edecek.
>
> Altın ciddi bir biçimde yükselecek.
>
> COVİD-19 toparlanması yavaş ve zayıf olacak.
>
> İşsizlik yüzde 10'un üzerinde kalacak.
>
> Ticari emlak daha da düşecek.
>
> Konut yatırımları cazip bir fırsat.
>
> Dolar kısa vadede kuvvetli, 2022'de zayıf.
>
> Üretim kısıtları ve yaptırımlar yüzünden petrol bizi üst tarafta şaşırtacak.

Aşağıdakiler de öngörücü analitik sistemimize göre belirlenmiş spesifik portföy tahsislerimiz:

Hisse Senetleri

Hisselerin daha düşecek yeri var. Hisselerdeki Nisan-Haziran 2020 rallisini destekleyen birkaç etmen vardı ama hiçbiri sürdürülebilir değil ve hepsi ABD ekonomisinin sahadaki gerçeği ve bireylerin tercihlerinden çok ayrışmış durumda.

Hisse senetlerindeki rallinin ilk etmeni robotların etkisi. Algoritmalar, Fed gevşetme yaptığında, kamu görevlileri olumlu açıklamalar yaptığında, piyasa temposu olduğunda ve geri çekilmelerde alım yapmak için tasarlanmışlar. Bu yazılım Dow'un 12 Şubat 2020'de 29.551'den 23 Mart 2020'de 18.591'e düşeceğini öngörmedi; altı haftadan az bir süre içinde yüzde 37'lik erime. Öte yandan, robotlar son on bir yıldaki her büyük çapta erimeyi Fed'in desteğiyle bir rallinin izlediğini biliyorlardı. Fed 15 Mart'taki planlanmamış toplantısında faiz oranlarını sıfıra indirir indirmez robotlara dipte alım yapmaları için yeşil ışık yanmış oldu. Kongrenin 2.3 trilyon dolarlık teşvik içeren Kurtarma ve Ekonomik Güvenlik Yasası (Coronavirus Aid, Relief, and Economic Security Act-CARES) konusunda anlaşmaya varıp teklifin 27 Mart'ta yasalaşması, robotlara parasal teşvikleri neredeyse sınırsız maliye teşviklerinin izleyeceğini de teyit etti. Temel analiz ve kazanç öngörülerine ihtiyaç kalmadı; algoritmalar para basıldığını ve açık bütçe harcamalarını (ve dahası da gelecekti) gördü ve hisseleri dipten kaldırdı. Sonrasında gelen ilave parasal ve mali teşvikler, V şeklinde toparlanma olacağına dair olumlu söylemler ve kendi kendini besleyen tempoyla birleşince hisse senetleri şimdiki en yükseklerine yürüdü. Hisse senetlerini uçuran ikinci lokomotif, ABD ekonomisinin Mart 2020 çöküşünden V şeklinde toparlanacağına dair aşırı iyimser inançtı. Sonuçta, V şeklini oluşturan bu ekonomik geri zıplama senaryosunu bekleyen hisse senedi piyasasının kendisi oldu.

Bu iyimser görüşün üç sorunu var. İlki, V şeklinde bir ekonomik toparlanma olacağına dair elimizde hiçbir kanıt yok. Aşırı düşük seviyelerden sonra gelecek ılımlı toparlanmalar kuvvetli bir geri zıplama sayılmaz; ılımlı toparlanmaların olması zaten beklenen bir şey. Şimdiye kadar gerçekleşen kazanımlar zayıftı ve bugüne kadar görülmemiş seviyelerde açık bütçe harcamaları ve sıfır faiz oranları sayesinde oldu. Bu seviyede teşvikler bir daha tekrarlanmayacak; faiz oranlarını yükseltmeden tekrar sıfıra inemezsiniz. Fed Başkanı Powell 10 Haziran 2020'de 2022'den önce faiz oranlarında bir yükselme beklenilmemesi gerektiğini beyan etti. Şimdiki baz çizgisinin ötesinde ve daha yüksek işsizlik yardımları gibi devam eden programlar bağlamında ilave maliye açıklarının verilmesi siyasal ve belki de yasal olarak olanak dışı. Bu araçlar masada olmayınca, tüketici ve şirketlerin toplam talebi artmadığı müddetçe toparlanma olmaz. Şu anda her ikisinin de harcama yapma gibi bir niyetleri yok. İkinci sorun, V şeklinde toparlanma bekleyenler bile V'nin daha yatay bir sağ bacak yapmasını bekliyor. Bu, eski üretim seviyelerine dönmekten ziyade sığ bir zıplayış. Üçüncü olarak, hisse senetleri sırf perakende yatırımcıların spekülasyonu, hedge fonlarının tempo kovalaması ve endeksi satın almaktan başka seçeneği olmayan endeks fonlarının hüküm sürmesi yüzünden yükseliyorlar.

Sorun bu dinamiklerin gerçeklerle uyuşmaması. Aşırı borçlanma nedeniyle mali teşvikler işe yaramaz. Paranın dolaşım hızının düşüyor olmasından dolayı da parasal teşvikler işe yaramaz. Ekonomi ve şirket kârları ancak yavaşça toparlanabilirler, o da eğer toparlanacaklarsa. Hisse senedi piyasası fiyatlarıyla ekonomik gerçekler arasındaki algı aralığı iyice açıldı. Gerçekler değişmeyeceğine göre, hisse senedi fiyatları gerçekle bağdaşmak için düşmek zorundalar. Bu bir gecede olmayacak; gerçekle yüzleşme zaman alır.

Bu erozyonda bazı bireysel sektörler ve şirketler elbette diğerlerinden daha iyi performans gösterecekler. Tayvan Boğazı, Güney Çin Denizi, Kuzey Kore, Suriye, İran ve Venezuela gibi sıcak noktalardaki uluslararası gerilimler arttıkça bundan savunma hisselerinin fayda göreceği beklenebilir. ABD muhalifleri, herkesin pandemiyle meşgul olmasını fırsat bilerek hem ABD'nin sabrını test edecek hem de dikkati kendi pandemi sorunları üzerinden dağıtacaklar. Tedarik zincirleri aksayıp alternatif arayışları baş gösterdikçe ihtiyaç malzemeleri ve emtialara olan talebin artmasından doğal kaynaklar sektörü (petrol, su, tarım, madencilik) fayda görecek. Teknolojinin pandemiden en az etkilenen sektör olduğu aşikâr ama o hisseler o kadar değerlenmiş durumda ki yukarıda daha ne kadar yer kaldı şüpheli. Buna rağmen sırf mevcut tempo onları daha yukarılara taşıyabilir.

2020'nin üçüncü ve dördüncü çeyrek verileri geldiğinde ve yavaş büyüme, artan iflaslar, geri ödenmeyen krediler, düşmeyen yüksek işsizlik ve deflasyon gerçeği de hesaba katıldığında hisseler eski dünyaya düşecek ve algı/gerçek aralığı kapanacak. 2021'in ortasına geldiğimizde veya daha erken, Dow'u 16.000'de, S&P 500'ü 1.750'de görmeyi bekliyoruz (savunma, doğal kaynaklar ve teknoloji sektörlerinde bir takım yüksek performanslar görülebilir).

Altın

Niye altın?

Bu soru bana çok soruluyor. Onları anlıyorum. Bugün insanların altını anlamamaları onların hatası değil. Ekonomik elitler, politika yapıcılar, akademisyenler ve merkez bankacıları altının tabu olduğu görüşünde birleşmişler. Madencilik okullarında okutuluyor ama ekonomi fakültelerinde haşa. Parasal konularda eğer altından yanaysanız size en nazik şekliyle "altın delisi" veya "kalın kafalı" (veya daha kötüsü) deniyor. Konuşmaya dâhil bile edilmiyorsunuz.

Hep böyle değildi. 1974'te uluslararası ekonomi alanında yüksek lisansımı yapıyordum. Konuyla ilgili olanlar altın standardının, 15 Ağustos 1971'de, Başkan Nixon yabancı ticaret ortaklarımızın getirdiği altınların dolara çevrilmesini askıya aldığında sona erdiğine inanırlar. Tam olarak öyle olmadı.

Nixon'un duyurusu çok ses getirdi. Ama o askıya alışın *geçici* olduğunu söylemeye devam etti. Amaçlanan; dolara çevirmelere bir süre ara vermek, Breton Woods'a benzer yeni bir uluslararası para konferansı yapmak, doları altına ve diğer paralara karşı devalüe etmek, sonra yeni kur seviyelerinde altın standardına geri dönmekti. Bunu, Nixon duyuruyu yapmadan önce planını onunla Camp David'de detaylandıran iki danışmanına teyit ettirdim. Geçmiş yıllarda, daha sonra Hazine Bakan Yardımcılığı yapacak bir yürütme organı avukatı olan Kenneth Dam ve daha sonra Fed'in başına gelecek Hazine Bakan Yardımcısı olan Paul Volcker (1971) ile konuştum. Onlar da altınların dolara çevrilmesi işini askıya almanın geçici olduğunu ve amacın daha sonra yeni fiyatlardan tekrar altın standardına dönüş olduğunu teyit ettiler.

Nixon'un olmasını istediği şeylerin bazıları gerçekleşti, bazıları gerçekleşmedi. O uluslararası konferans Aralık 1971'de Washington D.C.'de yapıldı ve toplantıdan Smithsonian Anlaşması çıktı. Bu anlaşmanın sonucunda, bir ons altın 35 dolardan 38 dolara (daha sonra 42,22'ye) yükseldi ve dolar Alman, Japon ve İngiltere paralarına karşı devalüe oldu.

Ne var ki gerçek altın standardına dönüş hiçbir zaman gerçekleşmedi. Uluslararası para politikası tarihinde bu gerçekten kaotik bir zamandı. Almanya ve Japonya, uluslararası ticaret ve doğrudan yabancı yatırımlarda döviz kurlarının oynadığı rolü anlamayan Milton Friedman'ın yanıltıcı tesiri yüzünden dalgalı kur rejimine geçtiler. Fransa ayak diredi ve gerçek altın standardına dönüş için ısrar etti. Nixon 1972'de başkanlığının ikinci dönemi (daha sonra Watergate skandalıyla sonlanacak) için seçim kampanyasıyla meşguldü ve altına odaklanamadı. Sonuçta, devalüasyon oldu ama resmi altın konvertibilitesine geri dönüş hiçbir zaman gerçekleşmedi.

Ulusararası para kavgası birkaç yıl daha sürdü. Ta ki IMF 1974 yılında altının parasal bir varlık olmadığını beyan edene dek (1970'li yıllarda defterlerinde binlerce ton, bugün 2 bin 814 ton altın tutuyor olmasına rağmen. Bu ABD ve Almanya'dan sonra dünyanın üçüncü istifi).

Bütün bunların sounucunda, benim yüksek lisans sınıfım, altının parasal bir varlık olduğunun öğretildiği son sınıf oldu. Eğer ondan sonra ekonomi okuduysanız altını ancak tarih kitaplarında gördünüz. Kimse altın öğretmedi, kimse altın öğrenmedi. O zaman bugün kimsenin altını anlamadığına şaşırmamak gerek.

Buna rağmen altın ortalıktan tamamen kaybolmadı. 1974 yılında, Başkan Ford, Başkan Franklin Delano Roosevelt'in (FDR) 6102 numaralı başkanlık kararnamesini bozan yasayı imzaladı. FDR, 1933 yılında Amerikan vatandaşlarının altın sahibi olmalarını yasaklamıştı. Altın sahipliği alenen kaçakçılıktı. 1974 yılında, Başkan Ford altını tekrar yasal hâle getirdi. 40 yıldan uzun bir süre sonra Amerikalılar ilk kez yasal olarak madeni altın para veya külçe sahibi olabilecekti. Resmi altın standardı ölmüştü ama artık özel altın standardı başlamıştı.

Şimdi, altın serbestçe işlem görürken, boğa ve ayı piyasalarının başlamasına şahit olduk; altın standardında bunlar yoktu, çünkü fiyat sabitti.

İki büyük boğa piyasası 1971-1980 (altın yüzde 2.200 yükseldi) ve 1999-2011 (yüzde 760 yükseliş) arasında gerçekleşti. Bu iki boğa piyasası arasında (1981-1998 ve 2011-2015) iki ayı piyasası gördük. Ne var ki uzun vadeli trend göz ardı edilemez. 1971'den beri, aradaki iki ayı piyasasına rağmen, altın yüzde 5.000 yükseldi. Yatırımcılar günlük dalgalanmalardan endişe duyuyorlar ve ara sıra meydana gelen düşüşler bu güçlü uzun vadeli dinamiği saklıyor.

Üçüncü büyük boğa piyasası, altın bir önceki ayı piyasasının dibi olan 1.050'yi gördüğünde, 16 Aralık 2015'te başladı. O zamandan beri altın dolar bazında yüzde 70'ten fazla değerlendi. Bu hatırı sayılır bir oran ama son iki boğa piyasasının yükselişleri olan yüzde 2.200 ve yüzde 760 ile karşılaştırıldığında gösterişsiz kalıyor. Bu oluşum, altında bizi çok daha büyük yükselişlerin beklediğini anlatıyor.

Fiyatlarda, hiçbir zaman serisi düz bir çizgi hâlinde hareket etmez. Altında 16 Aralık 2015 ile 6 Temmuz 2016 arasında oluşan büyük rallinin nedeni 2016 başkanlık yarışında olası Hillary Clinton zaferi ve 23 Haziran 2016 Brexit oylamasından kaynaklanan korkuydu. Bunların ardından, kâr satışlarının ve Fed'in faiz oranlarını yükseltmesinin etkisiyle altın şiddetli bir şekilde satıldı. Sonra 1.303 dolara zıpladı, sonra Trump'un seçimleri kazandığı belli olunca tekrar çöktü. Trump'un zaferi, bulunacak yerin hisse senetleri olduğunu işaret edince altın 2016 seçimleri sonuçlandıktan sonra 1.125 dolara çekildi kaldı.

Altın 2017 başından 2019 başına kadar yüksek risk iştahı/düşük risk iştahı dinamiğinde ve Trump'la Çin arasındaki ticaret savaşlarının temposunda yatay seyretti. 20 Haziran 2019'da altının ons fiyatı 1.365'e vurdu; tam da 8 Temmuz 2016'da, Brexit sonrasında bulunduğu yer. Bu süreçte dipler ve tepeler vardı ama uzun vadeli yatırımcının bakış açısından altın üç yıldır yatay hareket ediyordu. Sonra altın fiyatı havai fişek gibi fırladı. 30 Haziran 2020'de 1.800'e vurarak yıllık bazda yüzde 30 getiri vermiş oldu. Bu getirinin arkasındaki motor; düşük faiz oranları, enflasyon korkusu ve pandeminin şirket kârlarını olumsuz etkileyeceğine dair beklentiden kaynaklanan hisse senetleri hakkındaki endişe.

Altın bundan sonra ne yapar?

Altın fiyatlarını üç temel unsur oynatır. Birincisi güvenli liman, o sözde korku faktörü. Bunu jeopolitik gelişmeler, finansal savaş, piyasa çöküşü ve yeni pandemi harekete geçirir. İkinci unsur gerçek faiz oranlarının seviyesidir ki o da zaten nominal oranlarla enflasyonun bir işlevidir. Altının bir verimi yoktur ve yatırımcı dolarlarının peşinde, nakit eş değerlilerle rekabet eder. Gerçek oranlar yükseldiğinde nakit daha cazip hâle gelir. Bu altının dolar fiyatı için iyi olmaz. Üçüncü unsur temel arz ve talepten oluşur. Altın bu anlamda diğer emtialardan farklı değildir. Eğer kötü algılar yüzünden arz fazla, talep azsa bu yine altının dolar fiyatına yaramaz. Herhangi bir zamanda, bu üç unsur yan yana gelir veya gelmez. Üçü birden altın fiyatını destekleyebilir, üçü birden altın fiyatını düşürebilir veya vektörler karışık olur. Bir iki unsur olumsuz etki yaparken üçüncüsü olumlu olabilir.

Korku unsuru oynaktır. Pandeminin erken aşamalarında altın fiyatını yükselten unsurlardan biri korkuydu. Nisan-Haziran 2020 arasında düşen bulaş oranları ve yükselen hisse senedi piyasası korkuyu bir ölçüde dindirdi. Bu duraklama fazla sürmeyecek. Zayıf toparlanma, hisse senedi piyasasında geri çekilme, ikinci bir SARS-CoV-2 bulaş dalgası ve Doğu Asya'da Çin'le çatışma kombinasyonu korkuyu yine gündeme oturtup altın fiyatlarını kısa vadede yukarı itecek.

Fed'in 2015-2018 arasında faiz yükseltip para arzını düşürerek uyguladığı çift doz parasal sıkılaştırma yüzünden gerçek faiz oranları altın için kalıcı bir karşı rüzgâr oldu. Bu artık bitti. Fed şimdi faiz oranlarını sıfıra indirdi (ve süresiz bir şekilde orada tutacak) ve para arzı birkaç ay içinde üç katına çıkacak (3.5 trilyon dolardan 10 trilyona). Nominal oranlar sıfırdayken mütevazı enflasyon bile negatif gerçek oranlar doğuracağından artık karşı rüzgârlar arkadan esmeye başladı.

Üçüncü unsur olarak, temel arz ve talep koşulları altın için hep iyiydi. Çin, Rusya, İran, Türkiye ve diğer ülkeler piyasa düzenini bozacak bir fiyat hareketini tetiklemeden yüzlerce ton altın alımı yaptılar. Aynı süre içinde dünya maden üretimi yatay kaldı. Yıllık küresel altın madeni üretimi 2015'ten beri 3.100 tonda yatay seyrediyor. Altın üretiminde böyle bir fiili tavan oluşmasının nedeni, büyük üretici ülkelerdeki (Çin, Avustralya, Rusya, ABD ve Kanada) çoğu maden projesinin altın fiyatındaki 2103 çöküşü sebebiyle durmuş olması. Bu kapasitenin bir kısmı şimdi geri geliyor ama süreç yavaş işliyor. Kapalı madenlerin tekrar üretime geçmesi ve yenilerinin açılması için gereken sermayenin bulunması, izinlerin alınması ve sondaj ve frezeleme ekipmanının elde edilmesi beş ila yedi arasında bir zaman alabilir. Bu süre içinde, talep kuvvetli kalmaya devam ederken kapasite hâlâ durgun. Bu da yüksek fiyatların reçetesi.

Altını şimdi içinde bulunduğu pandemi sıkışma alanından çıkarıp ons başına 2.000 dolara ve daha üzerine ne taşıyabilir? Üç etmen var:

Birincisi, pandemide yatırımcıları kurtarmak için muazzam miktarlarda basılan paraya tepki olarak dolara olan güvenin kaybolması. Eğer merkez bankaları güveni tekrar yerine koymak için altını bir referans noktası olarak kullanmak ihtiyacını hissederlerse ons başına fiyatın 10.000 dolar veya daha yüksek olması gerekir.

Daha düşük bir fiyat merkez bankalarını pariteyi muafaza etmeye ve para arzını düşürmeye zorlar ki bu son derece deflasyonist olur.

İkinci etmen, altındaki boğa piyasasının aynen devam etmesi. Eğer önceki iki boğa piyasasını referans olarak alırsak, o kazanımların ortalaması ve süreleri 2025 yılı için altının ons fiyatını 14.000 dolara getirir. Evvelki boğa piyasalarıyla şimdiki arasında bir bağlantı olması gerekmiyor ama bunların tarihçesi tahminlerimiz için yararlı bir başlangıç noktası sunuyor.

Üçüncü etmen, yeni bir felaket karşısında panik alımlar. Bu felaket ikinci bir SARS-CoV-2 bulaş dalgası, bir altın borsa yatırım fonunun batması veya COMEX borsasının fiziki teslimat taahhütlerini yerine getirememesi veya beklenmeyen jeopolitik bir olayın patlak vermesi olabilir. Şimdiki altın piyasasındaki değerlemeler bu olasılıkları hesaba katmıyor. Altının yükselmesi için bu üç olayın da birden olması gerekmiyor. Bir tanesi yeter. Bunların hiçbirine olmaz diyemeyiz. Bu olaylar veya başkaları, altını ons başına 2.000'in üzerine, 3.000 dolara ve nihayetinde yukarıda açıklanan nedenlerden dolayı daha yükseklere taşıyabilir.

Genelde altın madenciliği hisseleri altın fiyatını arkadan, bir miktar gecikmeyle takip ederler veya tam tersine altın fiyatları madencilik fiyatlarını izler. Altın 2021'de yükseldikçe altın hisseleri de yükselecekler ama bu yükseliş, külçe fiyatlarındaki yükselişten altı ay ya da biraz daha uzun bir süre sonra gelecek. Bu da altın madenciliği hisselerinin 2021 sonunda hatırı sayılır bir miktar daha yüksek olacağını ima ediyor. Altın fiyatlarının uçtuğunu ama kendi hisselerinin yerinde saydığını izlemek madencilik hisseleri yatırımcılarının sinirlerini bozar, çünkü madencilik hisselerinin arkadan takip ettiğini anlamazlar. Hâlbuki onlar da yükselecektir ama bu biraz zaman alır. Bazen de altın hisseleri külçe fiyatları için bir kaldıraç görevi görür. Bunun nedeni madencilik sektöründeki sabit ve değişken maliyetlerin karışımıdır. Sabit maliyetleri karşılayacak kadar gelir üretmek zaman alır ama bu sağlandıktan sonra artan gelir net değişken maliyetlerin (hayli düşük olabilir) en alt çizgisine iner. O zaman da bu piyasa bu kalıcı gelire bir çarpan uygular ve hisse fiyatları yükselir. Altın fiyatları yüzde 100 yükselirken altın madenciliği hisselerinin yüzde 300 veya daha fazla yükselmesi (yine gecikmeyle) pek de az görülen bir şey değildir.

Altınla altın hisseleri arasındaki bu fiyat dinamiği yerleşiktir ve değişmeyecek. Bu, altın fiyatları yükselince altın madenciliği hisselerinin de otomatik olarak yükseleceği anlamına gelmez. Hisse senetlerinin kendine has özellikleri vardır. Her madencilik şirketi aynı değildir. Fiyatın değerlenmesinde en önemli unsur (altın fiyatı dışında) yönetim ve mühendislik becerisidir. Bazı altın madenleri güçlü finansal kontrollere sahip, deneyimli ekipler tarafından iyi yönetilirler. Diğerleri, kimi kifayetsiz kimi yalan dolan, bugün var yarın yok spekülasyonlardır. Altın fiyatları güçlü olacak. Yönetici ekiplerin tamamı olmayacak. Altın piyasasında yaklaşmakta olan bu fiyat yükselişinde sadece hayli profesyonel ve deneyimli ekiplerce yönetilen altın madenciliği şirketleri kazanacaklar. Daha küçük madenciler daha cazipler, çünkü büyükler bağımsız olarak yeni bir damar keşfetmek yerine küçüklerin rezervlerini satın almayı daha kolay bulduklarından bir ele geçirme primi elde edecekler.

Fiziki külçe altın fiyatı ons başına 1.750 dolardan 2021 başında 2.000'e çıkacak. Sonra da 2025'e kadar 14.000 dolara ulaşma olasılığı var. Bu önümüzdeki dört yıl içinde yüzde 700 getiri demek. İyi yönetilen altın madenciliği şirketlerinin hisseleri aynı dönemde ama altı aylık bir gecikmeyle yüzde 2.000 yükselebilirler.

Gayrimenkul

Bir element (atom sayısı 79) olup her zaman her yerde aynı olan altının aksine iki gayrimenkul parseli hiçbir zaman aynı olmaz. Bu da gayrimenkul değerlemesini bilimden ziyade bir sanat yapar. Ana değerleme değişkenleri; kullanım (konut veya ticari), konum, inşaat kalitesi, yaş, doluluk oranı, kiralar, finansman maliyetleri ve ekonomik koşullarla faiz oranlarının seviyesi gibi temel etmenlerdir. Bu da farklı gayrimenkul yatırımlarını, yukarıdaki etmenlerin karışımına göre cazip ya da pahalı kılar. Gayrimenkul yatırımında her koşulda işleyen bir formül yoktur. Öyleyse, ekonomik tahminlerimiz doğrultusunda şunlar gözüküyor:

Ticari emlak fiyatlarının genel olarak daha düşecek yeri var. Bu hem pandemi kapatmalarının getirdiği zor koşullar hem de yeni çöküş yüzünden. Büyük perakendecilerin iflas etmiş olması, likit olanların bile dükkân kapatmış olmaları, bankaların kredileri geri çekmeleri, bu koşullarda kiracıların ödeme yapmaması, kalan kiracıların hepsinin yeni kira sözleşmesi talep etmesi gibi bu sektöre has olumsuz koşulların yanı sıra deflasyonist trendler de düşüşü derinleştirecek.

Bu kalıcı etmenlere ek olarak, resmi bulandıran bir defaya mahsus etmenler de var. Kiracılar Haziran 2020 ayaklanmaları yüzünden hasar gören mağazaları temizlemek ve tamir etmek için zaman harcayacaklarından tekrar açılışlar uzun sürecek. Üst segment perakendecilerdeki mağaza hasarları ve yağmalama, sigorta maliyetlerini şişirecek. Bazı perakendeciler açmayacak, bazıları nüfusu daha az yoğun yerlere taşınacak ve üst segment alışveriş bölgelerindeki boş yer envanteri artacak. 21 Haziran 2020'de, lüks perakendeci Valentino, New York kentinin Beşinci Caddesi'nin 693 numarasındaki dört katlı gösterişli mağazasının uzun vadeli sözleşmesini sona erdirmek için mülk sahibini mahkemeye verdi. Valentino, dilekçesinde "sosyal ve ekonomik koşullarda, Valentino'nun üst segment perakende işini yürütme kabiliyetini sert bir şekilde engelleyecek ölçüde köklü değişiklikler oldu" diyordu.[5] Bu dava, perakendeci ve müşterilerinin algılarının ne kadar çabuk değişebileceğinin ve ticari emlak fiyatlarının neden düşük kalmaya devam edeceğinin bir kanıtı.

Perakendeciliğe karşı esen rüzgârların yanı sıra depoculuktan üretim bandı işletmelerine kadar birçok ticaret ve sanayi şirketi Minneapolis ve New York gibi sorunlu kentlerden daha güvenli kentlere ve ilçelere taşınacaklar. Bu zaman alacak ve bazı binalar bu süreci boş geçirecekler.

Pandemi ve kapatmaların bariz sonuçlarından bir tanesi de seyahat, konaklama, tatil yeri ve kumarhane sektörünün gördüğü zarardı. Bu zarar kolay telafi edilmeyecek. Geri açılmalar bölük pörçük olacak, sosyal mesafe ve diğer önlemler yüzünden eski kapasiteler düşürülecek; devam eden bulaş korkuları ve azalan harcanabilir gelirler nedeniyle geri açılmalar tamamlansa bile müşteriler tekrar mağazalara akın etmeyecekler.

Bunun ötesinde, ticari büro alanları için artık yeni bir standart oluşacak. Hem işverenler hem de çalışanlar evden çalışma uygulamalarının ne kadar başarılı olduğunu gördüler. Sosyal etkileşim maliyetine rağmen, büyük kentlerdeki yüksek maliyetli kaliteli büro alanlarına olan ihtiyacın azalmasının getirdiği faydalar ortada. Sonuçta kurumsal büro alanına olan talepte ciddi bir düşüş olacak.

Son olarak, pandemi öncesinden kalan sorunlar da var. Bunların en önemlisi, çoğu büyük ABD kentindeki iyi yerlerde büro alanı işletmecisi olan WeWork'ün neredeyse batma noktasına gelmesi. Gayrimenkullerinin çoğuna sahip olmayıp kiralıyorlar ve bu kira sözleşmeleri hep 2017-2019'un yüksek fiyatlar döneminde yapıldı. Küçük işletmeci kiracıların iflas etmiş olmaları ve evden çalışma modelinin artık kabul görmüş olması nedeniyle her yerde WeWork alanları için talep düştü. WeWork; Penn Plaza, Chelsea, Gramercy Park ve Wall Street gibi pahalı bölgelerde yoğunlaşmış 827 bin m² alanın kiracısı olarak New York kentinin en büyük büro alanı müşterisi. WeWork'ün ana kiracı olacağı beklentisiyle, aralarında Brooklyn Navy Yard'daki gösterişli altı katlı Dock 72 tekno merkezinin bulunduğu yeni inşaat projeleri de başlamıştı. Şimdi WeWork yeniden yapılanırken bu ve bunun gibi diğer projeler beklemeye alınacak veya borç ödemelerini geciktirecekler. Sonuç olarak, hem de en kötü zamanda, kiraların daha da düşmesi ve boş binaların daha da artması için baskı artacak.

Özellikle Seattle, Minneapolis, Chicago ve New York gibi bazı kentler bu etmenlerin karışımıyla derinden etkilenecekler. Phoenix-Scottsdale, Miami ve Washington D.C. gibi diğerleri, daha cazip yer alternatifleri sundukları ve daha iyi ekonomik temellere sahip oldukları için daha iyi durumdalar. Her zamanki gibi adres çok önemli.

Ticari emlak fiyatları yeniden toparlanacak ama yakında değil. Uzun vadeli görünüm ne olursa olsun, dip görünmeden yatırım yapmanın bir anlamı yok. Kimse de o dibin ne zaman olacağını öngöremez. Yine de o dibin en erken 2021'in sonundan önce gerçekleşmeyeceğine dair elimizde yeterli bilgi var. Kira sözleşmelerinin yeniden pazarlık konusu yapılması, taşınmalar, iflaslar, mahkeme kararı ile tahliyeler ve evden çalışma devriminin, bu işten daha düşük fiyatlar şeklinde çıkması zaman alacak. Bu gözden ırak tutulmayacak bir sektör ve çıkacak fırsatlar için nakit ve kredi imkânlarının hazır tutulması iyi olur. İçine erken atlamaktan ziyade sabretmek mükâfatını alacaktır.

Konut tipi gayrimenkuller ise farklı bir konu. COVİD-19 (nüfus yoğun yerlerde daha kötü), evden çalışma biçiminin çeşitli ölçülerde sunduğu özgürlük, polisiye müdahalelerin artmasıyla yaygınlaşan kentsel huzursuzluk ve artan suç vakalarından kaçma arzusunun sonucu olarak kentten banliyöye doğru bir göç daha yeni başlıyor. Arzu edilen semtlerde dibi görmüş konut kredisi faiz oranları ile birlikte ayaklanmalara kurban gitmiş kentlerdeki fahiş vergiler bu kararı destekliyor. Ortalama bir Y kuşağı bireyin 2021 yılında 30 yaşına basacağı ve en yaşlı olanının bile 40 olacağı göz önüne alınırsa bu trend demografik olarak da tahrik ediliyor. Var olan konutlar için fırsatlar kısıtlı. Ne var ki sıcak kent bölgelerinden uzak, düşük vergili, iyi okullu cazip beldelerde var olan yeni konut inşaatı fırsatları cazip getiriler üretecek. Aynı altın madenciliği şirketlerinde olduğu gibi, burada da farkı yaratacak olan bu yatırım ünitelerini sunan inşaat ve geliştirme şirketlerinin yönetim kadrolarının deneyimi ve ustalığı olacak. Arizona, Texas ve Florida'daki cazip yerler talep görecek. Ve yatırımcılar Kuzeybatı Pasifik, Rocky Dağları gibi bölgelerle New England bölgesinin dağ ve kıyılarındaki cazip yerlerle birlikte Washington, Wyoming, Tennessee ve New Hampshire gibi gelir vergisi oranı sıfır olan eyaletleri göz ardı etmemeliler.

Özetle, ticari emlak fiyatları henüz dibi görmedi, ama 2021 sonuna doğru seçici bir biçimde olmak koşuluyla cazip yatırım fırsatları sunacak. Konut tipi gayrimenkuller de kentlerden uzak, düşük vergili ve düşük maliyetli bölgelerde; bu fırsatlara sahip bölgelerin deneyimli ve ehil yönetimlere sahip olması koşuluyla bugün cazip.

Nakit

Nakit varlık sınıfları arasında en hafife alınanı. Bu bir yatırımcı hatası, çünkü önümüzdeki iki üç yıl içinde en iyi performans gösterecek varlık sınıflarından biri nakit olacak.

Nakdin hor görülmesinin nedeni düşük getirisinin olması. Bu doğru; getiri oranı neredeyse sıfır. Ne var ki bu gerçeklik birkaç noktayı ıskalıyor. Nominal getiri sıfır olabilir ama gerçek getiri deflasyonist bir ortamda hayli yüksek olabilir. Eğer bankada sıfır getirili 100 bininiz varsa, nominal getiri oranınız sıfırdır. Ama yıllık deflasyon oranı yüzde iki ise, gerçek getiri oranınız yüzde iki olur. Nakit miktar sabit ama satın alma gücü yüzde iki artıyorsa (fiyatlardaki düşüş oranı) gerçek getiri yüzde ikidir. İşin matematiği sezgilerimize aykırı (0 + (-2) = 2) ama doğru işliyor. Deflasyonist bir dünyada nakit, tek haneli oranlarda, düşük de olsa gerçek getiri sağlarken diğer varlık sınıfları değer yitirirler. Bu kazançlı olacak bir varlık tahsisidir.

Nakdin hafife alınan bir başka avantajı da seçenekliliğidir. Bir yatırım yaptığınızda, iyi gitsin gitmesin, varlıklarınızı başka bir taraf yönlendirmek istediğinizde bir çıkış maliyeti bulunur. En azından aracı kurum komisyonları öder veya alım satım fiyatı farklarına maruz kalırsınız (veya her ikisine de). Özel sermaye, gayrimenkul veya hedge fonları gibi likiditesi daha az olan yatırımlarda birkaç yıl çıkış bile yapamayabilirsiniz. Halbuki nakdin çıkış ücreti bulunmaz. Eğer nakdiniz varsa, başkalarının göz ardı ettiği veya göremediği yatırım fırsatlarını yakalayabilecek çevik yatırımcı (şiddetle tavsiye ettiğimiz de bu) olabilirsiniz. Nakit, dünyadaki her varlık sınıfı için sizin alım opsiyonunuz. Bu seçenekliliğin değerini çoğu yatırımcı anlamıyor. Hâlbuki o bir gerçek ve nakit stokunuza değer katacak.

Son olarak, nakit toplam portföy oynaklığınızı düşürür. Nakdin nominal değeri dünyanın hiçbir memleketinde değişmez (hâlbuki gerçek değeri yukarıda açıklandığı gibi dalgalanabilir). Çeşitlendirilmiş bir portföyde hisse senetleri, altın ve tahviller gibi oynak varlıklar vardır. Bu varlık sınıflarının her birinin oynaklığı ile karşılaştırıldığında nakit, portföyünüzün oynaklığını düşürecektir. İşlevsel olarak, portföyün oynaklığını artıran kaldıracın tam tersidir. Bugün dünyada yeteri kadar oynaklık var zaten. Nakit, portföy getirilerindeki dalgalanmayı düzler ve yatırımcıların gece rahat uyumalarına yardımcı olur.

Özet olarak, nakit verimsiz bir varlık değildir. Deflasyon ortamında gerçek getiri yaratır, yatırımcıların çevik olmasını sağlar ve portföy getirilerindeki oynaklığı azaltır. Bu cazip bir üçlü.

ABD Devlet Tahvilleri

ABD tahvillerinin iki ila otuz yıl arasında çeşitli vadelerde olanları var. Genelde, daha uzun vadeli olanlar, değişen faiz oranlarına tepki olarak daha yüksek oynaklık (buna "durasyon" denir) taşırlar ve bu maliyetin karşılığında daha yüksek getirileri olur. Daha uzun vadeliler aynı zamanda daha yüksek sermaye kazancı (oranlar düşerse) veya kaybı (oranlar çıkarsa) potansiyeline sahiptirler. Beş-on yıl vadeliler en tatlılarıdır, çünkü iyi likiditeye, biraz daha yüksek getirilere ve önemli miktarda sermaye kazancı potansiyeline sahiptirler.

Hazine tahvilleri son yıllarda gittikçe artan bir şekilde, faiz oranlarının çok düşük olduğu ve artık sadece yukarıda yer kaldığı iddiası çerçevesinde eleştiriliyorlar. Ayılar (tahvil fiyatlarının düşeceği öngörüsüne sahip olanlar) tarihin en büyük boğa tahvil piyasasının sonuna geldiğimizi ve bizi bir süper-ayı piyasasının beklediğini söylüyorlar. Size tahvillerinizi boşaltmayı, açığa satmayı, hisse senetleri almayı ve oturup keyfinize bakmanızı salık veriyorlar.

En azından Mart 2020'ye kadar bunu yaptılar. Oysa Bill Gross, Jeff Gundlach ve Dan Ivascyn gibi ünlü tahvil piyasası ayıları tamamen yanlış çıktılar. Faiz oranları tarihin en düşük seviyelerinde ama hazine tahvillerindeki sermaye kazançları tarihi olarak büyük olmuş. Bazı daha az bilinen tahvil ayıları, fonları batıp müşterileri kaçınca piyasanın dışına atıldılar bile.

Tahvil ayıları neyi ıskaladılar? Nominal getirilerle gerçek getiriler arasındaki farkı anlamadılar. Nominal getirilerin son kırk yıldır gittikçe daha düşük seviyelere indiği bir gerçek. Tarihin en büyük tahvil piyasası rallilerinden birine şahit olduk. Getiriler sıfıra yaklaşırken partinin sonuna geldik gibi gözüküyor ama öyle değil. Gerçek getiri oranları hiç de düşük değil, hatta bayağı yüksek. Hisse senedi piyasasının 2018'in dördüncü ve yine 2020'nin ilk çeyreğinde çöküşünün nedenlerinden biri de bu. Bir gerçek getiri oranı, nominal getiri (medyada gördüğünüz oran) ile enflasyon arasındaki farktır. Ben 1980'de yüzde 13'ten borç aldım. Bu yüksek bir oran mıydı? Hiç de değil. O zaman enflasyon oranı yüzde 15, gelir vergisi oranı da yüzde 50 idi (benim faizim vergiden düşülebiliyordu). Yani benim gerçek vergi sonrası oranım *negatif* yüzde 8,5 idi ($13 \times 0,50 - 15 = -8,5$). Banka onların parasını almam için bana yüzde 8,5 ödüyordu. Bu bayağı düşük bir oran. Bugün, daha düşük vergi oranları ve daha düşük enflasyonla, gerçek vergi sonrası oranı yüzde -0,75 civarında. Bu da benim 1980'de ödediğim yüzde -8,50'nin fersah fersah üstünde.

Öyleyse, oranlar bugünkü seviyelerinden daha da aşağı gidebilirler mi? Yanıt, evet gidebilirler ve gidecekler. Daha düşük oranlar önümüze negatif oranlar kavramını getirdi. Federal Reserve sıfır sınırında dursa ve Fed fonları için bir negatif faiz politikasını benimsemese dahi bir on yıllık hazine tahvilinin vadeye kadar olan verim oranı piyasada hayli negatif bölgelere inebilir. Bunun nedeni, pozitif nominal verimi olan tahvillerin ikincil piyasadaki alıcılarının, satıcılara tahvilin vadesine kadar yapacağı faiz ödemelerinin şimdiki değerinden daha fazla bir prim teklif edebileceğidir. Bu, alıcı ödediği tam primi gelecek faiz tahsilatlarından hiçbir zaman telafi edemeyeceği için vadeye kadar olan negatif bir verim oranı yaratır. Burada alıcının primi satıcının sermaye kazancıdır. Başka bir ifadeyle, deflasyon bir tehdit olarak duruyorsa ve gerçek verim oranları toparlanmayı canlandıramayacak kadar yüksekse boğa piyasasının daha gidecek yeri çok. Bugün bu her iki durum da hüküm sürüyor. Tahvil piyasasındaki boğa trendi ölmedi, daha çok yolu olabilir.

***

Piyasa koşullarına genel bir bakış, titiz modelleme, doğru tahmin ve varlık sınıfları üzerinde bir araştırma; deflasyona karşı dayanıklı, enflasyona karşı dayanıklı, süregelen kriz içinde varlıkların değerini koruyan ve hem hızlı hem de yavaş toparlanma senaryolarında cazip, riske uyarlanmış getiriler sağlayan en uygun portföy varlık tahsisini görünür kılar. Bu şuna benzer:

Nakit	Yatırım yapılabilir varlıkların yüze 30'u
Altın	Yatırım yapılabilir varlıkların yüze 10'u
Konut gayrimenkulleri	Yatırım yapılabilir varlıkların yüze 20'si
Hazine tahvilleri	Yatırım yapılabilir varlıkların yüze 20'si
Hisse senetleri	Yatırım yapılabilir varlıkların yüze 10'u
Alternatifler	Yatırım yapılabilir varlıkların yüze 10'u

Bu aşamada bazı uyarılar yapmakta fayda var. Başta nakit tahsisi geçici olabilir. Nakit tutma bir seçenek olarak tahsis edilmiş ama 2022 sonlarına doğru yatırımcının görüşleri daha da netleşebilir ve hisse senetlerine (toparlanma beklentilerden daha iyi olursa), altına (enflasyon beklenenden daha önce belirirse) veya ticari gayrimenkule çark etme zamanı gelebilir. Bir "al ve tut" stratejisine en iyi uyanlar altın ve hazine tahvilleri. Altından beklediğimiz kazançlar beş yıl sürebileceğinden kısa vadeli oynaklığa bakarak tahsisleri değiştirmenin gereği yok. Aynı şekilde, hazine tahvilleri de klasik asimetrik işlemler. Oranlar aşağı gidebilir (beklediğim gibi) ama neredeyse kesinlikle yukarı çıkmayacaklar (Fed de öyle söz verdi), dolayısıyla ya para kazanacaksınız ya da varlıklarınızın değerini koruyacaksınız; kaybetme olasılığınız çok düşük. Hisse senetlerine ayırdığınız kısım doğal kaynaklar, madencilik, emtialar, enerji, su, tarım ve savunma ağırlıklı olmalı. Bunlar ayı piyasalarında dayanıklı olacak, boğa piyasalarında üstün performans gösterecek gerçek konjonktür karşıtı hisseler. Gayrimenkul ve altın enflasyona karşı korunma varlıkları. Hazine tahvilleri ve nakit de deflasyona karşı. Bu portföy gerçek bir çeşitleme sunuyor, varlıkların değerini koruyor, şoklara karşı dayanıklı ve önemli bir miktar yukarı potansiyeli var. Pandemiler, depresyonlar, ayaklanmalar ve küresel tehditler çağında bundan iyisi can sağlığı.

Sonuç

Hükûmet refahı eski yerine koyamaz. Bunu sadece girişimciler ve risk alanlar becerebilir. Amerikalılar virüs korkularına hükmetmeyi öğrenip yeniden işe gitme cesaretini göstermeliler. ... Faiz oranları düşük. Petrol son yılların en ucuz seviyelerinde. Enflasyon hâlâ can çekişiyor. İnsanlar eve kapalı kalmaktan bıktılar. İşe gitmek, para kazanmak ve para harcamak istiyorlar.

Eksik olan tek şey güven.

— Victor Davis Hanson, Townhall, 14 Mayıs, 2020[1]

Yoğun bir biçimde birbirlerine dolaşık olan COVİD-19 pandemisi ve Yeni Büyük Çöküş, uzun zamandır süregelen panikler ve çöküşler serisinin içinde yeni bir ara bölüm olmanın çok daha ötesindeler. Bunların listesi kolaylıkla yapılabilir: 1929 hisse senedi piyasası çöküşü ve ilk Büyük Buhran, Ekim 1987'nin ani çöküşü, 1994 Tekila Krizi, 1998 Rusya-LTCM Krizi, 2000 dot.com çöküşü ve 2008 küresel finans krizi. Bu yolda dünya 1957 Asya gribi, 1968 Hong Kong gribi ve 2009 domuz gribinden de nasibini aldı. Bitkin yatırımcı; piyasa çöküşleri veya pandemiler hakkında yeni bir şey yok, içinde bulunduğumuz koşulları daha önce gördük, şimdi farklı değil ve bu da geçer diyebilir.

Bu hata olur. Bu virütik ve ekonomik krizlerin çakışması farklı ve daha kötü. İlk ve en bariz fark bu krizlerin eş zamanlı olması. Hatta, yanlış karantina ve kapatma önlemleri yüzünden biri diğerine sebebiyet verdi. Büyük Buhran yıllarında pandemi yoktu. Asya gribi sırasında piyasalar göçmedi. O krizler sırayla geldiler, eş zamanlı olarak değil. Şimdi hem pandemi hem ekonomik çöküş var ve sosyal kargaşaya doğru sürükleniyoruz. Bu basit bir tesadüf değil. Karmaşık sistem türbülansları diğer karmaşık sistemlerdeki türbülansları da tetikler. Bunun bir örneğini 2011 Mart'ında Japonya'da gördük. Fukuşima'daki deprem tsunamiyi tetikledi, tsunami nükleer reaktörü eritti, o da hisse senedi piyasasını çökertti. Dört karmaşık sistem bir hatalar silsilesiyle birbirinin içine çöktü. Şimdi de pandemi, ekonomik çöküş ve sosyal huzursuzluk bağlamında benzer şeyler oluyor, üstelik hem çok daha büyük çapta hem de Japonya'daki gibi belli sınırlar dâhilinde değil. Bu kapsam ve ölçek farkı sadece aritmetik değil, geometrik büyüme potansiyeline sahip.

Dünya tarihinde dönüm noktaları vardır. Gerçek bir dönüm noktasıyla sıradan bir kriz arasındaki fark olayın kendisi değil ondan sonra ne olduğudur.

1962 Küba Füze Krizi bir dönüm noktasıydı; o krizden sonra Soğuk Savaş bir daha hiç aynı olmadı ve silahlanma yarışını kontrol altına almak için birkaç on yıl boyunca sürecek silahsızlanma anlaşmaları çağının yolunu açtı. 1987'deki ani piyasa çöküşü bir dönüm noktası değildi; New York Hisse Senedi Borsası'na getirilen devre kesici uygulamalardan başka bir fark yaratmadı. 1973 petrol ambargosu bir dönüm noktasıydı; petrolün bir jeopolitik silah olarak kullanıldığı bir çağı başlattı ve Kissinger'in hâlâ yürürlükte olan petrol standardını yarattı. 2008 finansal krizi bir dönüm noktası değildi; geldi geçti. Kısa zaman sonra Wall Street'te işler eski hâline döndü ve tasarruf sahiplerinin kırpılması ve varlık balonlarının yaratılması devam etti. 2020 pandemi ve ekonomik çöküşü bir dönüm noktası, çünkü hayatlarımız bir daha hiç eskisi gibi olmayacak. Olayın bütün etkilerini görmek yıllar alacak ve işler hiçbir zaman eski hâline dönmeyecek. Çöküşler gerçekten farklı.

Bu yeni dönüm noktasının kötü olduğu gibi iyi tarafları da var. Kötü olanların hepsi şimdi etrafımızda. Bu ikiz kriz öncesinde Amerika derin bir şekilde kutuplaşmıştı; şimdi daha da kutuplaşmış vaziyette. Virüsün yayılmasını önlemek amacıyla maske kullanımı gibi konular sadece bilimsel çevrelerle kısıtlı kalmalı ve Amerikan halkına konu hakkında açık ve net bilgi verilmeliydi. Bunun yerine, maske kullanımı "bilime" ve hükûmet kontrolüne saygıyı gösteren ilerici bir sembol hâline sokuldu; maske giymemek ise muhafazakârların devletin çocuk bakıcısı rolünü reddeden "özgürlük" yanlısı yaklaşımının sembolü haline getirildi. Bu bölünme; karantina ve kapatmalar, yeniden açılmalar ve devasa parasal ve mali teşvikler şeklinde gelen politik tepkiye ilişkin daha geniş kapsamlı tartışmalara taşındı. Seattle'den Atlanta'ya kadar uzanan bir coğrafyada ortaya çıkan sosyal kargaşa yeni bir endişe kaynağı olduğu kadar karantina ve kapatmalar sürecinde oluşan sosyal kopukluğun bir semptomuydu. Bu senaryoda ironi hiç eksik olmadı. Meksika ile açık sınır uygulamasını destekleyenler, Rhode Island Valisi eyalet polisine New York plakalı arabaları alıkoyma emri verince birden alkış tutmaya başladılar. Belki de Rhode Island bir duvar inşa etmeli. Elbette bütün bunlar virüsün umurunda bile değildi.

Bu iyi haber olabilir, çünkü durum o kadar ciddi ve sorun o kadar ürkütücü ki belki de Amerikalıların bir ideoloji için değil, Amerika için birlikte çalışmaları zamanı gelmiştir. Müttefiklerin İkinci Dünya Savaşı'ndaki zaferine; cesur askerler, cesur liderler ve İngiltere ve İngiliz Uluslar Topluluğu neredeyse dünyada tek başına kalmışken İngilizlerin gösterdiği metanet gibi birçok şey katkı yaptı. Fakat tarihçiler zaferin arkasındaki en önemli etmenin ABD sanayisi olduğu konusunda hemfikirler. Neredeyse sosyalist olan FDR bile Henry Ford ve Henry Kaiser gibi kapitalist ikonlar ve diğerleriyle el birliğiyle çalışarak o kadar muazzam sayıda gemi, uçak, tank, bomba ve savaş silahı üretti ki ABD ve müttefikleri Almanları, İtalyanları ve Japonları ezip geçti. Düşmanlarımız bize ayak uyduramadılar. Savaş sırasında, büyük ölçekli tarlaların yalnızca orduyu beslemeye ayrılması için evlerinin arkasındaki Zafer Bahçeleri'nde* yetiştirdikleriyle yeni doğmuş bebeklerini doyuran genç ev kadınlarına kadar hepimiz Amerikalıydık. Savaş bittikten sonra politika yapacak yeteri kadar zaman olacaktı. Karşıt liderlerin hırçınlık ve öfkelerini bir kenara bırakmaları için işte bu iş birlikçi yaklaşım gerekiyor. Şimdilik böyle bir işaret yok. Yine de kriz devam edecek ve belki de o gereken nezaket zamanı gelince ortaya çıkacak.

Bu kitap virüs bilimini, pandeminin nedenlerini, karantina ve kapatmaların yarattığı yıkımı, çöküşün derinliğini ve bütün bunlara tepki olarak devreye sokulan para ve maliye politikalarının olası başarısızlığını inceledi. Sosyal kargaşanın büyümesini ve bunun tam da iş insanları siperlerinden çıkarken güveni sarsarak çöküşü nasıl uzatacağını görmek için ışık haznesini iyice araladık. Son olarak öngörücü analitik modeller, çeşitleme ve sağduyunun (bunların üçü de bankacılar ve varlık yöneticilerinin pek sahip olduğu şeyler değil) en uygun karışımını kullanarak pandemi sonrası dünyada varlıkları koruyup gelirleri artırmanın spesifik yollarını sunduk.

ABD ve küresel çaptaki çöküşe bir çözüm önermeden önce sorunun kesin kaynağının belirlenmesi gerekir. Bugün Amerika'nın en büyük ekonomik sorunu borç. Borcun çapı para ve maliye politikalarını köreltiyor. Para politikası başarısız oluyor, çünkü borç konusundaki endişeler Amerikalıların harcama yerine tasarruf yapmayı tercih etmesine neden oluyor. Bu da paranın dolaşım hızını öldürüyor ve para basmayı etkisiz hâle getiriyor. Düşük faiz oranları işe yaramıyor, çünkü o da kişisel amaçlara ulaşmak için bir ön önlem olarak daha fazla tasarrufa yol açıyor. Maliye politikası da aynı nedenlerden dolayı başarısız oluyor. Borç seviyesi bu kadar yüksekken, bu sefer Amerikalıların temerrüt, daha yüksek vergiler ve enflasyon beklentileri artıyor. Bu üç sonuç da gelecek için karamsar beklentileri olanların daha fazla tasarruf etmelerine yol açan birer sebep. 1930'lardakinden daha kötü bir likidite tuzağı içerisindeyiz, çünkü hükûmet kaybolan tüketiciyi yerine koyamaz; burada söz konusu olan hükûmet.

ABD borcunu tanımamak gereksiz, çünkü ABD bu borcu ödemek için hâlâ para basabilir. Daha yüksek vergilerle borç azaltılabilir ama yüksek vergilerin ekonomiye zararı faydasından daha fazla. Büyüyerek borçtan kurtulmak mümkün

---

* ABD yönetimi, İkinci Dünya Savaşı sırasında gıda ihtiyacının karşılanabilmesi için kadınları, evlerinin bahçesinde veya parklarda gıda ürünleri yetiştirmeye çağırmıştı. Bu bahçeler Zafer Bahçeleri olarak adlandırılmıştı. (ç.n.)

(ABD'nin 1945-1980 arası yaptığı gibi) ama bunun için enflasyon gerekir. Borç nominal bir sorundur ve enflasyon gerçek büyüme sağlamasa da nominal büyüme sağlar. Nominal borç kontrol altına alındıktan sonra gerçek büyüme gelebilir. Eğer faiz oranlarından daha yüksek bir enflasyon yaratılabilirse (bu duruma "finansal zorlama" ismi verilir –)* borç eriyip gider. Örneğin, enflasyon yüzde 4 iken faiz oranlarının yüzde 2 olması doların değerini 35 yıl içinde yarıya indirir, yani gerçek borç yükü de yarı yarıya azalır. Fed faiz oranlarını halledebilir ama nasıl enflasyon yaratılabileceğine dair hiçbir fikri yok.

Açık olmak gerekirse, burada "ulusal borcun ödenip bitirilmesi"ni konuşmuyoruz. Buna hiç gerek yok; ABD nin tamamen borçsuz olduğu son tarih 1837 idi. Gerekli olan ulusal borcun sürdürülebilir olması. Borcun gerçek değeri azaldığı ve Borç/GSYİH oranı düştüğü müddetçe nominal değerinin büyümesinde bir sorun yok. Gerçek büyüme bunu halleder. Eğer gerçek büyümeye ulaşılamıyorsa, enflasyon ve nominal büyüme de iş görür.

Yani sorun borcun deflasyonla katlanmasında. Henüz yanıtlamadığımız, bu vahşi manzaradan nasıl çıkılacağı yani yeni çöküşe çare. Bugüne dek bu soruna iki başkan çözüm buldu -Franklin Delano Roosevelt ve Richard Nixon- o çözüm bugün de önümüzde. Çözüm doların devalüe olmasında, ama diğer paralara karşı değil, altına karşı.

1933 yılında, ABD bir bankanın hücum tehdidi altındaydı ve tarihinin en derin deflasyonist evresini yaşıyordu. FDR Mart 1933'te başkan oldu. Amerikalıların varlıklarının değerini koruyabilmek için altın istifledikleri biliyordu. İstifledikleri müddetçe de harcama yapmıyorlardı. Bu durum aynen bugüne benziyor ama şimdi Amerikalılar külçe altın yerine banka hesaplarında dolar istifliyorlar. FDR bir başkanlık kararnamesi çıkartarak tüm altınların ABD Hazine'sine satılması emrini verdi. Hazine bu altınları sabit fiyattan, ons başına 20.67 dolardan alacak ve karşılığında tekrar altına çevrilemeyecek kâğıt para ile ödeme yapacaktı. Aynı bugün Fed'in tahvilleri satın alarak likidite enjekte etmesi gibi, FDR de altın alarak likidite enjekte etti. Başkanlık kararnamesiyle yetinmeyip açık piyasada altın almaya devam etti. Altın ABD'de kıtlaşmaya başladığında yabancı satıcılardan aldı. Her adımda, altın alıp ekonomiye dolar enjekte etti. Başka bir şey daha yaptı. Fiyatı da yavaş yavaş artırdı. Altın alımları Ekim-Aralık 1933 arasında ivme kazanmaya başladığında fiyatı küçük miktarlarda artırdı. Yazar Amity Shlaes hikâyeyi *The Forgotten Man* (Unutulmuş Adam) isimli kitabında şöyle anlatıyor:[2]

---

* Hükûmetin borcu azaltmak için özel sektör fonlarını kendisine kanalize etmesi. Böylece hükûmet çok düşük faiz oranlarında borçlanabilir. (ç.n.)

Bir sabah, FDR ekibine altın fiyatını yirmi bir sent artırmayı düşündüğünü söyledi. "Niye o rakam?" diye sordular. "Şanslı numaram" dedi Roosevelt, "çünkü üç çarpı yedi." Morgenthau sonra şöyle yazdı: "Eğer insanlar altın fiyatını şanslı numaraların bileşimi ile belirlediğimizi bilseler ödleri kopardı."

FDR'nin anlayıp da etrafındakilerin anlamadığı şey, altının fiyatını artırarak fiiliyatta *doları devaüle ettiğiydi*. Bu kadar önem taşıyan ekonomik değişimler kendi başlarına olmaz. Eğer doları devalüe ederseniz altının fiyatı yükselirken *her şeyin fiyatı yükselir*. Bu da zaten FDR'nin amaçladığı şeydi. Enflasyon yaratarak deflasyonun belini kırmak istiyordu. Enflasyon yaratmanın yolu altının dolar fiyatını yükseltmektir. Bu politikanın altınla pek alakası yoktu, tamamen dolarla alakalıydı. FDR 22 Ekim 1933 tarihinde radyoda yaptığı Şömine Sohbeti'nde Amerikalılara planının "doları devamlı kontrol altında tutmak" olduğunu anlattı. Dinleyiciler bunu FDR'nin altın politikasının devam edeceği şeklinde algıladılar. Daha yayın bitmeden vadeli buğday fiyatları yüzde 40 yükseldi. FDR'nin politikası işe yaramıştı. Fiyatlar yükseldi, hisseler ralli yaptı ve ekonomik toparlanma başladı (gerçi 1938'de Fed sayesinde yine raydan çıktı). Düşman deflasyondu; enflasyon FDR'nin dostuydu ve FDR, bankaların ve Fed'in itirazına rağmen altının dolar fiyatını artırarak enflasyon yarattı. Altının dolar fiyatını ons başına 35.00 dolarda sabitleyen (Ağustos 1971'e kadar orada kaldı) yasanın yürürlüğe girmesiyle FDR de para politikasıyla yaptığı bu başarılı deneyini sonlandırmış oldu. Altının dolar fiyatı Mart-Aralık 1933 arasında yüzde 69,3 yükseldi. Altın ağırlığıyla ölçüldüğünde, dolar aynı dönemde yüzde 41 devalüe olmuş oldu. Dokuz ay içinde güçlü bir enflasyon dalgası yaratılmıştı.

Richard Nixon da 1971'de aynı şeyi yapmaya başladı ama bu süreç Nixon'un başkanlıktan ayrılışından altı yıl sonrasına, 1980'e kadar tamamlanmadı. Nixon'un önünde FDR'ninkinden farklı sorunlar vardı. 1971'de deflasyon ciddi bir sorun değildi. Onun yerine, Fort Knox'a* hücum vardı, çünkü kasalarında dolar olan yabancıların dolar-altın maşasına olan güveni kayboluyordu. Nixon 15 Ağustos 1971'de altın penceresini kapatıp dolar sahibi yabancılara ABD varlıklarına yatırım yapabileceklerini ama "geçici olarak" ABD altını alamayacaklarını söyledi. Nixon'un FDR'nin yaptığı gibi doları devalüe ederek yeni bir altın maşası oluşturma planı suya düştü. Ticaret ortakları dalgalı kur rejimine geçtiler ve altın penceresi bir daha hiç açılmadı. 1974 yılında, Amerikalılar 1933'ten beri ilk kez altın sahibi olabileceklerdi. Artık hükûmetin altın standardı yerine özel mülkiyet altın standardı çağı başlamıştı. FDR enflasyon hedefine ulaştıktan sonra yeni altın standardına geri dönerek

---

* ABD'nin resmi altın rezervlerinin büyük bir bölümünün saklandığı Kentucky Eyaleti'ndeki askeri üs. (ç.n.)

fiiliyatta enflasyon cinini yine şişeye koymuştu. 1971'den sonra, altın standardı bir daha hiç geri dönmedi. Enflasyon cini de meydanı boş bulup at koşturdu. 1979'a gelindiğinde enflasyon yüzde 13,3'e vurmuştu. Ocak 1980'de altının ons fiyatı 800 dolara yükseldi. Enflasyon cininin tekrar şişeye sokulması için enflasyonun yüzde 18'e yükselmesi ve 1981-82 arasında şiddetli bir resesyon yaşanması gerekmişti. O zamandan beri bir daha da girmedi.

FDR'nin altın deneyi kontrollü ve başarılıydı. Nixon'unki plansız programsızdı ve feci şekilde çuvalladı. FDR büyümeyi teşvik etti ve ABD'nin ekonomik çöküşten çıkmasına yardım etti. Nixon ise neredeyse hiperenflasyona ve 1973'ten 1981'e üç resesyona sebebiyet vererek kaos yarattı. Bu tarih bize dolar-altın ilişkisine müdahale etmenin bir nükleer reaktördeki kontrol çubuklarıyla oynamaya benzediği gösteriyor. Eğer her şeyi doğru yaparsanız reaktör faydalı bir enerji kaynağı oluyor, eğer bir hata yaparsanız nükleer erimeye neden oluyorsunuz.

Doların avroya veya yene karşı devalüe edilmesini önermek saçmalık. Eğer doları avroya karşı zayıflatırsanız, bu sadece avroyu güçlendirir, ihracat ve turizm fiyatlarını yükselterek Avrupa ekonomisini öldürür. Aynı şey yen için de geçerli. Zaten o ticaret ortaklarınız da misilleme yaparlar. Kur savaşları işe yaramaz. Kur savaşları sıfır toplamlı oyundan da kötüdür, negatif toplamlıdır. İşin gerçeği, tüm kâğıt paralar aynı gemideler. Hepsi aynı anda birbirlerine karşı devalüe olamazlar; bu matematiksel olarak olanak dışı. Eğer enflasyon yaratmak için birçok parayı aynı anda devalüe edip borç yükünü azaltmak istiyorsanız, o paralardan biri olmayan ve karşı koymayacak tarafsız bir ölçme çubuğu gerekir. İşte o ölçme çubuğu altındır.

Ekonomistler üç kuşaktır altını küçümsüyorlar ve ne kadar faydalı bir parasal araç olabileceğini unuttular. Altın standardı ile önleyici bir para politikasının birlikte olamayacağı hurafesi tamamen yanlış. 1913-1971 arasında ABD'de her ikisi de vardı. Altın standardının ya Büyük Buhran'a sebebiyet verdiği ya da ona karşı geliştirilen para politikasını kısıtladığı iddiası da yanlış. Büyük Buhran zamanında, baz para arzının, ons başına 20.67'den değer biçilen ABD altın envanterinin yüzde 250'sine kadar çıkmasına izin verilmişti ama hiçbir zaman yüzde 100'ün üzerine çıkmadı. Başka bir ifadeyle, Fed mevcut altın standardı dâhilinde para arzını ikiye katlayabilirdi ama bunu beceremedi. Büyük Buhran için suçu altında aramayın, suçlu Fed'di.

Üstelik, bugün altının dolar fiyatının yükselmesi için yani bir altın standardı da gerekmiyor. Fed gittikçe yükselen fiyatlarla kolayca altın alabilir ve niyetini herkese önceden açık edebilir. Bu, hazine tahvilleri yerine altın kullanılarak yapılan düz bir açık piyasa operasyonu olur. Altın fiyatı yükseldikçe dolar devalüe olmuş olur (diğer paralar da) ve enflasyon da tıpış tıpış gelir. Enflasyon borcu eritir, ekonomik çöküş biter, gerçek büyüme başlar. Bu program için boşuna umutlanmayın. Her ne kadar Çin ve Rus Merkez bankaları harıl harıl bulabildikleri kadar altın alıyorlarsa da ABD Merkez bankacılarının buna kafası basmıyor. Merkez bankacılarını beklemenize gerek yok. Bugün kendiniz altın alabilirsiniz. Eğer ABD altın fiyatını yükseltmeye karar verirse kazanırsınız. Yükseltmezse, borç ve dolara olan güven kaybı yüzünden zaten yükselecek. Yine siz kazanacaksınız.

Belki de bazılarının beklediği kadar çabuk olmasa da pandemi geçecek. Ölümcül bir ikinci dalganın gelmesi bir olasılık. Gelmesin diye dua edelim. Çöküş de bitecek ama yakınlarda değil. Büyüme kalıcı bir şekilde zayıf, işsizlik kalıcı bir şekilde yüksek olacak. Sosyal hayat tekrar başlayacak, ama aynı olmayacak. Alışacağız ama aynı olmayacak. Sosyal kargaşa, Amerika'yı onu kontrol altına almak isterken zor seçeneklerle karşı karşıya bırakacak noktaya kadar büyüyecek. Kesin olan bir şey var ki o da Amerika ne kadar beklerse o kadar zor seçeneklerle karşı karşıya kalacak. Ortadan yok olmayacak şey ise borç yükü. Borç deflasyona yol açar, deflasyon da borç yükünü ağırlaştırır. Çözüm, deflasyonunun belini kırmak için enflasyon yaratmaktır. FDR bize bunun nasıl yapılacağını gösterdi. Onun çözümü altındı. Bizim bugünkü çözümümüz de aynı.

Teşekkürler

Bu kitap daha önceki kitaplarımdan çok daha az bir zaman içinde yazıldı; belki de son zamanlarda bu çetrefillikte yazılmış herhangi bir kitaptan da çabuk. Bu kestirme yoldan gittiğimiz veya kaliteden ödün verdiğimiz anlamına gelmiyor; öyle yapmadık. Ekibimizin işi bitirmek için harıl harıl ve sorun yaratmadan çalıştığı anlamına geliyor. Bu ekip çalışması için minnettarım. İşi bitirdik.

Yayımcı Adrian Zackheim, Yazı İşleri Müdürü Niki Papadopoulos ve Yazı İşleri Müdür Yardımcısı Kimberly Meilun dâhil olmak üzere Portfolio/Penguin Random House'deki tüm destek ekibine müteşekkirim. Onların müthiş gayretleri, iş yönetmenim ve medya danışmanım Ali Rickards ve editörüm William Rickards'ın mükemmel yardımlarıyla bütünleşti. Her zamanki gibi başroldeki temsilcim Melissa Flashman'ın hızlandırıcı ateşlemesi olmasaydı bu kitap da olmazdı.

Beni başka bir yerden temin edemeyeceğim bolca analiz, haber ve teknik çalışmadan eksik etmeyen bir muhabirler, sosyal medya, meslektaşlar ve dostlar ağım olduğu için şanslıyım. Ne zaman benim bir kitap üstünde çalıştığımı öğrenseler bana bilgi yağdırıyorlar ve bunun için onlara minnettarım. Bu gruba Art Santelli, Larry White, Chris Whalen, Dave "Davos" Nolan, TraderStef, Velina Tchakarova, Maryam Zadeh, Chris Blasi, Terry Rickard, Stephen "Sarge" Guilfoyle, Ronnie Stoeferle ve Mark Valek de dâhil. Hepinize teşekkür ederim.

COVİD zamanında kitap yazmanın, temiz bir bakış açısıyla düşünüp yazabilecek sakin bir yer gereksiniminin ötesinde kendine has zorlukları var. Karantina işleri aşırı sessiz ve aşırı yalnız kıldı. Sosyal etkileşimin çürüyüşünü tarif etmeye çalışırken sosyal etkileşime ihtiyacınız var. İşte bu nedendendir ki büyük bir aileye sahip olmanız bir nimet. Dünyayı karantina altına alabiliriz ama birbirimizi değil. Yazmak bir maraton ve eşim Ann, oğlum Scott, onun eşi Dominique ve çocukları Thomas, Samuel, James ve Pippa, kızım Ali ve eşi Rob (ve yavru kedileri Pliny ve Leo) ve oğlum Will ve eşi Abby'nin (ve yavru köpekleri Ollie ve Reese) sevgi ve destekleri olmasaydı bu maratonu tamamlayamazdım. Hepsi, maddi veya manevi olarak, yüz yüze veya video vasıtasıyla arkamda oldular ve bitiş çizgisini geçmek için ihtiyacım olan cesareti bana aşıladılar. Hepinizi seviyorum.

Ve eğer bu kitapta yanlışlar varsa, sorumluluğu bana ait.

Dipnotlar

Giriş

1. **Tarihsel olarak, pandemiler insanları:** Arundhati Roy, "The Pandemic is a portal," Financial Times, 3 Nisan 2020, www.ft.com/content/10d8f5e8-74eb-11ea-95fe-fcd274e920ca.

2. **Geri normale dönmek zor olacak:** Lionel Shriver'ın The Brendan O'Neill Show ile ilgili mülakatından, *Spiked*, 11 Mayıs 2020, www.spiked-online.com/2020/05/11/there-is-nothing-unprecedented-about-the-virus-itself/.

3. **Yeni Büyük Çöküş hakkında bir kitap yazmak:** Virüsün teknik adı SARS-CoV-2, virüsün yol açtığı hastalığın teknik adı ise COVİD-19. Bu adların anlamı ve bir virüsü adlandırmakla virüsün yol açtığı hastalığı adlandırmak arasındaki fark World Health Organization'un (WHO-Dünya Sağlık Örgütü) internet sitesinde *"Naming the coronavirus disease (COVID-19) and the virus that causes it"* başlığı altında açıklanıyor. www.who.int/emergencies/diseases/novel-coronavirus-2019/technical-guidance/naming-the-coronavirus-disease-(covid-2019)-and-the-virus-that-causes-it.

4. **Virüs hakkında çok şey biliyorlar:** Virüslerin yapısı ve davranışları hakkında geniş bir izahat için bkz. John M. Barry, *The Great Influenza-The Story of the Deadliest Pandemic in History* (New York, Penguin Books, 2018) Chapter Seven.

5. **Virüsler gıda tüketmiyor veya oksijen yakmıyorlar:** Barry, *The Great Influenza-The Story of the Deadliest Pandemic in History*, 98-99.

6. **En iyi tanımını bize Keynes yaptı:** John Maynard Keynes, *The General Theory of Employment, Interest, and Money* (New York, Harvest/Harcourt Inc., 1964), 249.

7. **Hong Kong Gribi olarak biline:** Bkz. Sino Biological Research, *Hong Kong Flu (1968 Influenza Pandemic)*, www.sinobiological.com/research/virus/1968-influenza-pandemic-hong-kong-flu, and Eric Spitznagel, "Why American life went on as normal during the killer pandemic of 1969," *New York Post*, May 16, 2020, https://nypost.com/2020/05/16/why-life-went-on-as-normal-during-the-killer-pandemic-of-1969/.

Birinci Bölüm
Yeni Bir Virüs – Çin'den Yakınınızdaki Bir Kasabaya

1. **"Tüm gerçek bilim insanları sınırlardadır:"** John M. Barry, *The Great Influenza-The Story of the Deadliest Pandemic in History*, (New York, Penguin Books, 2018), 262.

2. **Johnson gazetecilere:** Hannah Hagemann, "U.K.'s Boris Johnson Says His Battle With Coronavirus 'Could Have Gone Either Way'" NPR, 3 Mayıs 2020, www.npr.org/sections/coronavirus-live-updates/2020/05/03/849770082/u-k-s-boris-johnson-says-his-battle-with-coronavirus-could-have-gone-either-way.

3 **Şimdiki kanıtlar hayli güçlü:** Sharon Begley, "New analysis recommends less relian-ce on ventilators to treat coronavirus patients," STAT, 21 Nisan 2020, www.statnews.com/2020/04/21/coronavirus-analysis-recommends-less-reliance-on-ventilators/, ve Arjen M. Dondorp, Muhammad Hayat, Diptesh Aryal, Abi Beane ve Marcus J. Schultz, "Res-piratory Support in Novel Coronavirus Disease (COVID-19) Patients, with a Focus on Re-source-Limited Settings," The American Society of Tropical Medicine and Hygiene, 21 Nisan 2020, www.ajtmh.org/content/journals/10.4269/ajtmh.20-0283.

4 **COVİD-19'un gizemini:** Betsey McKay ve Daniela Hernandez, "Coronavirus Hijacks the Body from Head to Toe, Perplexing Doctors," The Wall Street Journal, 7 Mayıs 2020, www.wsj.com/articles/coronavirus-hijacks-the-body-from-head-to-toe-perplexing-doc-tors-11588864248.

5 **Enstitü Ocak 2020'den beri:** Bill Gertz, "Wuhan lab 'most likely' coronavirus source, U.S. government analysis finds," The Washington Times, 28 Nisan 2020, www.washingtonti-mes.com/news/2020/apr/28/wuhan-laboratory-most-likely-coronavirus-source-us/.

6 **İlk kayda geçen COVİD-19 vakasının:** Josephine Ma, "Coronavirus: China's first con-firmed Covid-19 case traced back to November 17," South China Morning Post, 13 Mart 2020, www.scmp.com/news/china/society/article/3074991/coronavirus-chinas-first-confir-med-covid-19-case-traced-back.

7 **Doğrulanmış toplam vaka sayısı:** Aksi belirtilmedikçe, bu bölümdeki günlük doğrulan-mış vaka ve ölüm verileri, Johns Hopkins Üniversitesi'nin (JHU) Dashboard by the Center for Systems Science and Engineering'den (CSSE) alınmıştır. https://gisanddata.maps.arc-gis.com/apps/opsdashboard/index.html#/bda7594740fd40299423467b48e9ecf6.

8 **Amerikan Girişimcileri Enstitüsü tarafından yapılan:** Derek Scissors, "Estimating the True Number of China's COVIE-19 Cases," The American Enterprise Institute, April 2020, www.aei.org/wp-content/uploads/2020/04/Estimating-the-True-Number-of-Chi-nas-COVID-19-Cases.pdf.

9 **Wuhan'daki ölü sayısının 7.000 olduğuna:** Steve Watson, "US Intel Officials Believe 45,000 Corpses Were Incinerated in One Fortnight In Wuhan," Summit News, 28 Nisan 2020, https://summit.news/2020/04/28/us-intel-officials-believe-45500-corpses-were-inci-nerated-in-one-fortnight-in-wuhan/.

10 **En az sekiz büyük grip pandemisi:** Bkz. Kristine A. Moore, Marc Lipsitch, John M. Bar-ry, ve Michael T. Osterholm, "The Future of the COVID-19 Pandemic: Lessons Learned from Pandemic Influenza," Center for Infectious Disease Research and Policy, University of Minnesota, 30 Nisan 2020, www.cidrap.umn.edu/sites/default/files/public/downloads/cidrap-covid19-viewpoint-part1_0.pdf

11 **Bu uzun kuluçka süresi:** Moore, Lipsitch, Barry ve Osterholm, "The Future of the CO-VID-19 Pandemic: Lessons Learned from Pandemic Influenza," 3.

12 **Virüsünün Çin'deki geçişkenliği:** Roy M. Anderson, Hans Heesterbeek, Don Klinken-berg, ve T. Déirdre Hollingsworth, "How will country-based mitigation measures influen-ce the course of the COVID-19 epidemic?" Lancet, 21-27 Mart 2020, 395.

13 **Bahsedilen dört grip pandemisinin:** Bkz. Moore, Lipsitch, Barry ve Osterholm, "The Fu-ture of the COVID-19 Pandemic: Lessons Learned from Pandemic Influenza," 6.

[14] **Güçlü istatistiksel kanıtlar:** Bkz. Marina Medvin, "Israeli Professor Shows Virus Follows Fixed Pattern," Townhall, 15 Nisan 2020, https://townhall.com/columnists/marina-medvin/2020/04/15/israeli-professor-shows-virus-follows-fixed-pattern-n2566915, ve Isaac Ben-Israel, "The end of exponential growth: The decline in the spread of coronavirus," Times of Israel, April 19, 2020 www.timesofisrael.com/the-end-of-exponential-growth-the-decline-in-the-spread-of-coronavirus/.

[15] **Vakalardaki azalmanın getirdiği rahatlama:** Sheri Fink, "Hospitals Move Into Next Phase as New York Passes Viral Peak," The New York Times, 20 Mayıs 2020, www.nytimes.com/2020/05/20/nyregion/hospitals-coronavirus-cases-decline.html.

[16] **12 Haziran 2020'de yayımlanan bilimsel bir çalışma:** Lizhou Zhang, Cody B. Jackson, Huihui Mou, Amrita Ojha, Erumbi S. Rangarajan, Tina Izard, Michael Farzan ve Hyeryun Choe, "The DG614G mutation in the SARS-CoV-2 spike protein reduced SI shedding and increases infectivity," bioRxiv, (ön-baskı, henüz mesleki değerlemeden geçmiş değil), 12 Haziran 2020, www.biorxiv.org/content/10.1101/2020.06.12.148726v1.full, ve Sarah Kaplan ve Joel Achenbach, "This coronavirus mutation has taken over the world. Scientists are trying to understand why," The Washington Post, 29 Haziran 2020, www.washingtonpost.com/science/2020/06/29/coronavirus-mutation-science/.

[17] **Onu takdir edip önderliğini:** Stephanie Hegarty, "The Chinese doctor who tried to warn others about coronavirus," BBC News, 6 Şubat 2020, www.bbc.com/news/world-asia-china-51364382.

[18] **Küresel enfeksiyonların %95'inin:** William Davis, "How China's Coronavirus Cover-Up Happened," The Daily Caller, 19 Nisan 2020, https://dailycaller.com/2020/04/19/coronavirus-china-activities-timeline-trump-cover-up/.

[19] **14 Ocak 2020'de DSÖ:** Kiernan Corcoran, "An infamous WHO tweet saying there was 'no clear evidence' COVID-19 could spread between humans was posted for 'balance' to reflect findings from China," Business Insider, 18 Nisan 2020, www.businessinsider.com/who-no-transmission-coronavirus-tweet-was-to-appease-china-guardian-2020-4.

[20] **30 Ocak 2020'de DSÖ salgına:** Rachael Rettner, "Coronavirus outbreak is 'public health emergency of international concern,' WHO declares," Live Science, 30 Ocak 2020, www.livescience.com/who-coronavirus-outbreak-emergency-international-concern.html.

[21] **Trump bu kararı:** "Coronavirus: US to halt funding to WHO, says Trump," BBC News, 15 Nisan 2020, www.bbc.com/news/world-us-canada-52289056.

[22] **Çin yetkilileri DSÖ'ye:** Tom Howell ve Dave Boyer, "Trump pulls U.S. out of World Health Organization, slaps penalties on China over Hong Kong action," The Washington Times, 29 Mayıs 2020, www.washingtontimes.com/news/2020/may/29/trump-pulls-us-out-world-health-organization-slaps/.

[23] **Islak pazar yerleri:** Robert G. Webster, "Wet markets—a continuing source of severe acute respiratory syndrome and influenza?", Lancet, 17 Ocak 2004, www.ncbi.nlm.nih.gov/pmc/articles/PMC7112390/.

[24] **Riskli genetik mühendislik deneylerinin:** Shi Zehngli-Li, ve diğ., "A SARS-like cluster of circulating bat coronaviruses shows potential for human emergence," Nature Medicine, 9 Kasım, 2015, www.ncbi.nlm.nih.gov/pmc/articles/PMC4797993/.

[25] **Sert bir şekilde eleştirildi:** Declan Butler, "Engineered bat virus stirs debate over risky research," Nature, 12 Kasım 2015, www.nature.com/news/engineered-bat-virus-stirs-debate-over-risky-research-1.18787.

[26] **Ocak 2018'de, Pekin'deki ABD:** Josh Rogin, "State Department cables warned of safety issues at Wuhan lab studying bat coronaviruses," The Washington Post, 14 Nisan 2020, www.washingtonpost.com/opinions/2020/04/14/state-department-cables-warned-safety-issues-wuhan-lab-studying-bat-coronaviruses/.

[27] **Laboratuvar müdürü Wang Yangi:** Lee Brown, "Wuhan lab admits to having three live strains of bat coronavirus on site," New York Post, 24 Mayıs 2020, https://nypost.com/2020/05/24/wuhan-lab-admits-to-having-three-live-strains-of-bat-coronavirus/.

[28] **Washington Post columnist David Ignatius:** David Ignatius, "How did covid-19 begin? Its initial origin story is shaky," The Washington Post, 2 Nisan 2020, www.washingtonpost.com/opinions/global-opinions/how-did-covid-19-begin-its-initial-origin-story-is-shaky/2020/04/02/1475d488-7521-11ea-87da-77a8136c1a6d_story.html.

[29] **Ölümcül koronavirüsü taşıyan yarasa:** Tom Cotton, "Coronavirus and the Laboratories in Wuhan," The Wall Street Journal, 21 Nisan 2020, www.wsj.com/articles/coronavirus-and-the-laboratories-in-wuhan-11587486996

[30] **Tıp dergisi The Lancet, 24 Ocak 2020'de:** Prof. Chaolin Huang, ve diğ., "Clinical features of patients infected with 2019 novel coronavirus in Wuhan, China," The Lancet, 24 Ocak 2020, www.thelancet.com/journals/lancet/article/PIIS0140-6736(20)30183-5/fulltext#fig1.

[31] **Önleme Merkezi müdürü Gao Fu:** Gu Liping, "Official: Wuhan seafood market may be the victim of coronavirus," Ecns.com, 26 Mayıs 2020, http://www.ecns.cn/news/politics/2020-05-26/detail-ifzwqsxz6424882.shtml.

[32] **Bir makale, virüsün genetik:** Kristian G. Andersen, Andrew Rambault, W. Ian Lipkin, Edward C. Holmes, ve Robert F. Garry, "The proximal origin of SARS-CoV-2," Nature Medicine, Nisan 2020, 450, www.nature.com/articles/s41591-020-0820-9.pdf.

[33] **Zaten o çalışma kısmen Çin:** Bill Gertz, "Coronavirus origins in lab not ruled out by scientific studies," The Washington Times, 21 Nisan 2020, www.washingtontimes.com/news/2020/apr/20/coronavirus-origins-lab-not-ruled-out-scientific-s/.

[34] **Saygın bir virolog olan:** Sharri Markson, "Coronavirus may have been a 'cell-culture experiment' gone wrong," Sky News, 24 Mayıs 2020, www.skynews.com.au/details/_6158843835001.

[35] **Konu henüz kapanmış olmaktan:** B. Sørensen, A. Susrud, ve A. G. Dalgleish, "Biovacc-19: A Candidate Vaccine for Covid-19 (SARS-CoV-2) Developed from Analysis of its General Method of Action for Infectivity," Quarterly Review of Biophysics, 28 Mayıs 2020, www.cambridge.org/core/services/aop-cambridge-core/content/view/DBBC0FA6E3763B0067CAAD8F3363E527/S2633289220000083a.pdf/biovacc19_a_candidate_vaccine_for_covid19_sarscov2_developed_from_analysis_of_its_general_method_of_action_for_infectivity.pdf

[36] **Makalesine göre hem ABD hem:** David Nikel, "Norway Scientist Claims Report Proves Soconavirus Was Lab-Made," Forbes, 7 Haziran 2020, www.forbes.com/sites/davidnikel/2020/06/07/norway-scientist-claims-report-proves-coronavirus-was-lab-made/#7769e43c121d.

37 **Avustralya'nın *Daily Telegraph* gazetesi:** Sharri Markson, "Coronavirus NSW: Dossier lays out case against China bat virus program," The Daily Telegraph, 3 Mayıs 2020, www.dailytelegraph.com.au/coronavirus/bombshell-dossier-lays-out-case-against-chinese-bat-virus-program/news-story/55add857058731c9c71c0e96ad17da60.

38 **Ocak 2020 ortasında:** Minnie Chan ve William Zheng, "Meet the major general on China's coronavirus scientific front line," South China Morning Post, 3 Mart 2020, www.scmp.com/news/china/military/article/3064677/meet-major-general-chinas-coronavirus-scientific-front-line?mod=article_inline.

39 **Çin'in propaganda plânı:** Fu Ying, "Shape global narratives for telling China's stories," China Daily, 4 Nisan 2020, https://global.chinadaily.com.cn/a/202004/21/WS5e9e313ba-3105d50a3d178ab.html.

İkinci Bölüm
100 Gün – Karantinanın Kronolojisi

1 **Trump 31 Ocak 2020 ile 24 Mayıs 2020:** Bkz. "Travelers Prohibited from Entry to the United States," Centers for Disease Control and Prevention, www.cdc.gov/coronavirus/2019-ncov/travelers/from-other-countries.html.

2 **Bazı eyaletlerin karantina talimatları:** Michael J. Reitz, "What's Wrong With Gov. Whitmer's Stay-at-Home Order," Mackinac Center for Public Policy, 15 Nisan 2020, www.mackinac.org/whats-wrong-with-gov-whitmers-stay-at-home-order.

3 **Bazı yasaklar ölümcüldü:** Advisory: Hospital Discharges and Admissions to Nursing Homes," New York State Department of Health, March 25, 2020, http://www.hurlbutcare.com/images/NYSDOH_Notice.pdf.

4 **Vali Cuomo 2 Nisan 2020'de:** Advisory: Hospital Discharges and Admissions to ACFs," New York State Department of Health, 7 Nisan 2020, https://coronavirus.health.ny.gov/system/files/documents/2020/04/doh_covid19_acfreturnofpositiveresidents_040720.pdf.

5 **Bu rakam bütün diğer eyaletlerdekinden:** Bernard Condon, Jennifer Peltz ve Jim Mustian, "AP count: Over 4,500 virus patients sent to NY nursing homes," ABC News, 22 Mayıs 2020, https://abcnews.go.com/Health/wireStory/ap-count-4300-virus-patients-ny-nursing-homes-70825470.

6 **Virüs aşırı yaman:** John M. Barry, The Great Influenza—The Story of the Deadliest Pandemic in History, (New York, Penguin Books, 2018), 358-59.

7 **Dr. Michael Mina şöyle dedi:** Helen Branswell, "Why 'flattening the curve' may be the world's best bet to slow the coronavirus," Stat News, 11 Mart 2020, www.statnews.com/2020/03/11/flattening-curve-coronavirus/.

8 **1918'den alacağımız nihai ders:** John M. Barry, *The Great Influenza—The Story of the Deadliest Pandemic in History*, (New York, Penguin Books, 2018), 460-61.

9 **Bu aşı gerekçesinin bir sorunu var:** Hoover Enstitüsü'nden Peter Robinson ile Dr. Jay Bhattacharya mülakatı, Uncommon Knowledge with Peter Robinson, 11 Mayıs 2020, www.youtube.com/watch?v=289NWm85eas&feature=youtu.be.

[10] **COVİD-19'a çare arayan birçok:** Jo Kahn, "We've never made a successful vaccine for a coronavirus before. This is why it's so difficult," ABC News, 16 Nisan 2020, www.abc.net. au/news/health/2020-04-17/coronavirus-vaccine-ian-frazer/12146616.

[11] **Son CDC tahminlerine göre:** Bkz. "COVID-19 Pandemic Planning Scenarios," Centers for Disease Control and Prevention, 20 Mayıs 2020, www.cdc.gov/coronavirus/2019-ncov/hcp/planning-scenarios.html, ve Daniel Horowitz, "The CDC confirms remarkable low coronavirus death rate. Where is the media?" Conservative Revue, 22 Mayıs 2020, www.conservativereview.com/news/horowitz-cdc-confirms-remarkably-low-coronavirus-death-rate-media/.

[12] **Amerikan Ekonomik Araştırmalar Merkezi'nin:** Audrey Redford ve Thomas K. Duncan, "Drugs, Suicide and Crime: Empirical Estimates of the Human Toll of the Shutdown," American Institute for Economic Research, 28 Mart 2020, www.aier.org/article/drugs-suicide-and-crime-empirical-estimates-of-the-human-toll-of-the-shut-down/.

[13] **Walnut Creek, California'daki:** Andrew Mark Miller, "California doctors say they've seen more deaths from suicide than coronavirus since lockdowns," Washington Examiner, 21 Mayıs 2020, www.washingtonexaminer.com/news/california-doctors-say-theyve-seen-more-deaths-from-suicide-than-coronavirus-since-lockdowns.

[14] **Yüz maskesi gibi basit bir konu:** Alexandra Kelley, "Fauci: why the public wasn't told to wear masks when the coronavirus pandemic began," The Hill, 16 Haziran 2020, https://thehill.com/changing-america/well-being/prevention-cures/502890-fauci-why-the-public-wasnt-told-to-wear-masks.

[15] **25 Haziran 2020'de:** Lisa Lerer, "It's a Pandemic, Stupid," The New York Times, 25 Haziran 2020, www.nytimes.com/2020/06/25/us/politics/tom-frieden-coronavirus.html.

[16] **Karantina uygulanmasını destekleyenler:** Paul Krugman, "How Many Will Die for the Dow?" The New York Times, 21 Mayıs 2020, www.nytimes.com/2020/05/21/opinion/trump-coronavirus-dow.html.

[17] **CDC Kasım 2006'da yayımlanan:** Robert J. Glass, Laura M. Glass, Walter E. Beyeler ve H. Jason Min, "Targeted Social Distancing Designs for Pandemic Influenza," Centers for Disease Control and Prevention, Emerging Infectious Diseases Journal, Vol.12, Number 11, Kasım 2006, https://wwwnc.cdc.gov/eid/article/12/11/06-0255_article.

[18] **Yazarların alıntı yaptığı katkıcılardan:** "Coronavirus: Prof. Neil Ferguson quits government role after "undermining" lockdown," BBC News, 6 Mayıs 2020, www.bbc.com/news/uk-politics-52553229.

[19] **İşte o CDC raporu:** "Interim Pre-pandemic Planning Guidance: Community Strategy for Pandemic Influenza Mitigation in the United States—Early, Targeted, Layered Use of Nonpharmaceutical Interventions," Centers for Disease Control and Prevention, Şubat 2007, www.cdc.gov/flu/pandemic-resources/pdf/community_mitigation-sm.pdf.

[20] **Bush kuş gribi salgını:** Eric Lipton ve Jennifer Steinhauer, "The Untold Story of the Birth of Social Distancing," The New York Times, 22 Nisan 2020 www.nytimes.com/2020/04/22/us/politics/social-distancing-coronavirus.html.

[21] **Obama hükümetinin başlattığı:** Noreen Qualls, ve diğ., "Community Mitigation Guidelines to Prevent Pandemic Influenza—United States, 2017," Centers for Disease Control and Prevention, Morbidity and Mortality Weekly Report, 21 Nisan 2017, www.cdc.gov/mmwr/volumes/66/rr/rr6601a1.htm.

22 **2017'nin nihai plânının:** "Frequently Asked Questions: Pandemic Flu and the Updated Community Mitigation Guidelines," Centers for Disease Control and Prevention, Nonpharmaceutical Interventions (NPIs), 3 Ağustos 2017, www.cdc.gov/nonpharmaceutical-interventions/tools-resources/faq-pandemic-flu.html.

23 **Henderson'un 2006 yılında:** Thomas V. Inglesby, Jennifer B. Nuzzo, Tara O'Toole ve D. A. Henderson, "Disease Mitigation Measures in the Control of Pandemic Influenza," Biosecurity and Bioterrorism: Biodefense Strategy, Practice, and Science, Volume 4, Number 4, 2006, https://pubmed.ncbi.nlm.nih.gov/17238820/.

24 **Bir karantinanın dinamikleri:** Laura Spinney, Pale Rider—The Spanish Flu of 1918 and How It Changed the World, (New York, Public Affairs, 2017).

Üçüncü Bölüm
Yeni Büyük Çöküş

1 **Bu trajik COVİD-19 şokunu:** Mohamed A. El-Erian, "Why Are Stocks Soaring in the Middle of a Pandemic," Foreign Policy, 29 Mayıs 2020, https://foreignpolicy.com/2020/05/29/stock-market-rally-coronavirus-pandemic/.

2 **Bu çöküş zaten halihazırda:** Hannah Miller ve Christina Cheddar Berk, "JC Penney could join a growing list of bankruptcies during the coronavirus pandemic," CNBC, 15 Mayıs 2020, www.cnbc.com/2020/05/15/these-companies-have-filed-for-bankruptcy-since-the-coronavirus-pandemic.html.

3 **Diğer ekonomik performans ölçütleri:** "U.S. Entered a Recession in February: Live Updates," The New York Times, 8 Haziran 2020, www.nytimes.com/2020/06/08/business/stock-market-today-coronavirus.html.

4 **24 Haziran 2020'de revize ettiği:** Martin Crusader, "IMF downgrades outlook for global economy in face of virus," Associated Press, 24 Haziran 2020, https://apnews.com/2be55cbdf80ca8049655570c6f756027.

5 **24 Haziran 2020'de, New York:** Dana Rubinstein ve Christina Goldbaum, "Pandemic May Force New York City to Lay Off 22,000 Workers," The New York Times, 24 Haziran 2020, www.nytimes.com/2020/06/24/nyregion/budget-layoffs-nyc-mta-coronavirus.html.

6 **ABD'nin yıllık gerçek GSYİH:** Kimberly Amadeo, "U.S. GDP by Year Compared to Recessions and Events," The Balance, 13 Mart 2020, www.thebalance.com/us-gdp-by-year-3305543, ve "Annual Gross Domestic Product and real GDP in the United States from 1930 to 2020," 2 Haziran 2020, www.statista.com/statistics/1031678/gdp-and-real-gdp-united-states-1930-2019/.

7 **24 Haziran 2020'de yayımlanan:** "UCLA Anderson Forecast says U.S. economy is in "Depression-like crisis" and will not return to pre-recession peak until 2023," UCLA Anderson Forecast, 24 Haziran 2020, www.prnewswire.com/news-releases/ucla-anderson-forecast-says-us-economy-is-in-depression-like-crisis-and-will-not-return-to-pre-recession-peak-until-2023-301082577.html.

8 **Mart 2020'de bir Federal Reserve:** Òscar Jordà, Sanjay R. Singh ve Alan M. Taylor, "Longer-run economic consequences of pandemics," Federal Reserve Bank of San Francisco Working Paper 2020-09, Mart 2020, www.frbsf.org/economic-research/files/wp2020-09.pdf.

Dördüncü Bölüm
Borç ve Deflasyon Ekonomik Toparlanmayı Raydan Çıkartıyor

[1] **En parlak MPT yandaşlarından biri de**: Stephanie Kelton, *The Deficit Myth: Modern Monetary Theory and the Birth of the People's Economy*, (New York, Public Affairs, 2020).

[2] **Aslında MPT yandaşları**: George Friedrich Knapp, *The State Theory of Money*, (Eastford, CT: Martino Fine Books, 2013).

[3] **Kelton bu sistemin çalışabilmesi için**: Ibid., 161.

[4] **9 Haziran 2020'de *The New York Times*'a**: Stephanie Kelton, "Why I'm Not Worried About America's Trillion-Dollar Deficits," The New York Times, 9 Haziran 2020, www.nytimes.com/2020/06/09/opinion/us-deficit-coronavirus.html.

[5] **Bu harcama cümbüşü**: Kelsey Snell, "Here's How Much Congress has Approved For Coronavirus Relief So Far And What It's For," NPR, 15 Mayıs 2020, www.npr.org/2020/05/15/854774681/congress-has-approved-3-trillion-for-coronavirus-relief-so-far-heres-a-breakdown.

[6] **Açık bütçe harcamalarının**: John Maynard Keynes, *The General Theory of Employment, Interest, and Money*, (New York, Harcourt, 1964).

[7] **ABD için özellikle önem taşıyan**: Carmen Reinhart ve Kenneth Rogoff, "Debt and growth revisited," VOX CEPR Policy Portal, 11 Ağustos 2010, https://voxeu.org/article/debt-and-growth-revisited.

Beşinci Bölüm
Medeniyetin İnce Yaldızı

[1] **Yabancı adam semere atlayıp**: Katherine Ann Porter, "Porter-Collected Stories and Other Writings," (New York, The Library of America, 2008), 282.

[2] **Yine de yalnız değildi**: İspanyol gribinin zamanın sanat ve edebiyatı üzerinde bıraktığı etki hakkında geniş bir inceleme için bkz. Laura Spinney, "Pale Rider-The Spanish Flu of 1918 and How it Changed the World," (New York, Public Affairs, 2017), 261-271. Yine bkz. Patricia Clifford, "Why Did So Few Novels Tackle the 1918 Pandemic," Smithsonian Magazine, Kasım 2017, www.smithsonianmag.com/arts-culture/flu-novels-great-pandemic-180965205/.

[3] **Son olarak, Laura Spinney ve**: Laura Spinney, "Pale Rider- The Spanish Flu of 1918 and How it Changed the World, (New York, Public Affairs, 2017), ve Catharine Arnold, "Pandemic 1918," (New York, St. Martin's Griffin, 2018).

[4] **Barry çağdaş tıp dergilerinde**: John M. Barry, "The Great Influenza—The Story of the Deadliest Pandemic in History," (New York, Penguin Books, 2018), 378-388.

[5] **Ünlü psikiyatr Karl Menninger**: Karl A. Menninger, "Influenza and Schizophrenia. An Analysis of Post-Influenzal 'Dementia Precox,' as of 1918 and Five Years Later," American Journal of Psychiatry, Vol. V, No. 4, Nisan 1926, 31, https://ajp.psychiatryonline.org/doi/pdf/10.1176/ajp.82.4.469

[6] **Laura Spinney de "gribi 1919'un başında:** Laura Spinney, "Pale Rider- The Spanish Flu of 1918 and How it Changed the World, (New York, Public Affairs, 2017), 265.

[7] **31 Mart 2020 tarihinde:** Neo Poyiadji, Gassan Shahin, Daniel Nourjaim, Michael Stone, Suresh Patel ve Brent Griffith, "COVID-19-associated Acute Hemorrhagic Necrotizing Encephalopathy: CT and MRI Features," Radiology, 31 Mart 2020, https://pubs.rsna.org/doi/10.1148/radiol.2020201187.

[8] *Psychology Today* **dergisi Dr. Eugene Rubin'in:** Eugene Rubin, M.D., Ph.D., "Effects of COVID-19 on the Brain," Psychology Today, 30 Nisan 2020, www.psychologytoday.com/us/blog/demystifying-psychiatry/202004/effects-covid-19-the-brain.

[9] **Köklü bir madde bağımlılığı:** Nicole LaNeve, Editor, "Drug and Alcohol Use Increase During COVID-19," The Recovery Village, 29 Mayıs 2020, www.therecoveryvillage.com/drug-addiction/news/drug-alcohol-use-rising-during-covid/.

[10] **ABD Ulusal Sağlık Enstitütüleri:** Sarah L. Hagerty ve Leanne M. Williams, "The impact of COVID-19 on mental health: The interactive roles of brain biotypes and human connection," U.S. National Library of Medicine, National Institutes of Health, 5 Mayıs 2020, www.ncbi.nlm.nih.gov/pmc/articles/PMC7204757/.

[11] **Johns Hopkins Üniversitesi Bloomberg:** Christine Vestal, "Fear, Isolation, Depression: The Mental Health Fallout of a Worldwide Pandemic," Stateline, The Pew Charitable Trusts, 12 Mayıs 2020, www.pewtrusts.org/en/research-and-analysis/blogs/stateline/2020/05/12/fear-isolation-depression-the-mental-health-fallout-of-a-worldwide-pandemic.

[12] **Gittikçe artan sayıda araştırma:** SARS-CoV-2'nin nörolojik etkileri hakkındaki araştırmaların iyi bir genel değerlendirmesi için bkz. Megan Molteni, "What Does Covid-19 Do to Your Brain?" Wired, 15 Nisan 2020, www.wired.com/story/what-does-covid-19-do-to-your-brain/.

[13] **Reuters, Arkansas, Hawaii, Kentucky ve:** Douglas Ernst, "Coronavirus USA: States explore house arrest technology to enforce quarantines," The Washington Times, 7 May 2020, www.washingtontimes.com/news/2020/may/7/coronavirus-usa-states-explore-house-arrest-techno/.

[14] **Tanınmış tarihçi Victor Davis Hanson:** Victor Davis Hanson, "Not-So-Retiring Retired Military Leaders, National Review, 7 Haziran 2020, www.nationalreview.com/2020/06/not-so-retiring-retired-military-leaders/.

[15] **Antifa zaten tetikte bekliyordu:** Bill Gertz, "Antifa planned anti-government insurgency for months, law enforcement official says," The Washington Times, 3 Haziran 2020, www.washingtontimes.com/news/2020/jun/3/antifa-planned-anti-government-insurgency-george-f/.

[16] **London School of Economics:** Branko Milanović, "The Real Pandemic Danger Is Social Collapse," Foreign Affairs, 19 Mart 2020, www.foreignaffairs.com/print/node/1125708.

[17] **Kitabım** *Aftermath'in* **(Akıbet):** James Rickards, *Aftermath-Seven Secrets of Wealth Preservation in the Coming Chaos*, (New York, Portfolio, 2019).

Altıncı Bölüm
Pandemi Sonrası Dünyada Yatırım Yapmak

[1] **Bana göre en olağanüstü şey:** H. G. Wells, "The War of the Worlds," (New York, Signet Classics, 2007), 38.

[2] **Wells manzarayı şöyle tasvir etti:** H. G. Wells, "The War of the Worlds," (New York, Signet Classics, 2007), 184-185.

[3] **Yeni yatırımcı Dayanis Valdivieso:** Gregory Zuckerman ve Mischa Frankl-Duval, "Individuals Roll the Dice on Stocks as Veterans Fret," The Wall Street Journal, 9 Haziran 2020, www.wsj.com/articles/individuals-roll-the-dice-on-stocks-as-veterans-fret-11591732784.

[4] **Bugün analistlerin yazar Garahm Allison'un:** Bkz. Graham Allison, "Destined for War—Can America and China Escape Thucydides' Trap?" (Boston, Mariner Books, 2018).

[5] **Valentino'nun iddianamesi:** Priscilla DeGregory, "Valentino sues NYC landlord to get out of 5th Ave lease amid pandemic," New York Post, 22 Haziran 2020, https://nypost.com/2020/06/22/valentino-sues-nyc-landlord-to-get-out-of-5th-ave-lease/.

Sonuç

[1] **Hükümet refahı geri yerine koyamaz:** Victor Davis Hanson, "Losing Our Fears, in War and Plague," Townhall, 14 Mayıs 2020, https://townhall.com/columnists/victordavishanson/2020/05/14/losing-our-fears-in-war-and-plague-n2568733.

[2] **Yazar Amity Shlaes hikâyeyi:** Amity Shlaes, "The Forgotten Man—A New History of the Great Depression," (New York, Harper Perennial, 2008), 148.

Seçili Kaynaklar

MAKALELER

Advisory: Hospital Discharges and Admissions to Nursing Homes," New York State Department of Health, 25 Mart 2020.

Advisory: Hospital Discharges and Admissions to ACFs," New York State Department of Health, 7 Nisan 2020.

Amadeo, Kimberly "U.S. GDP by Year Compared to Recessions and Events," *The Balance*, 13 Mart 2020.

Andersen, Kristian G.; Rambault, Andrew; Lipkin, W. Ian; Holmes, Edward C. ve Garry, Robert F., "The proximal origin of SARS-CoV-2," *Nature Medicine*, Nisan 2020.

Anderson, Roy M.; Heesterbeek, Hans; Klinkenberg, Don ve Hollingsworth, T. Déirdre, "How will country-based mitigation measures influence the course of the COVID-19 epidemic?" *Lancet*, 21-27 Mart 2020, 395.

Begley, Sharon "New analysis recommends less reliance on ventilators to treat coronavirus patients," *Stat News*, 21 Nisan 2020.

Bell, Stephanie, "The Role of the State and the Hierarchy of Money," *Cambridge Journal of Economics*, 2001, erişim tarihi 9 Ocak 2019.

Ben-Israel, Isaac, "The end of exponential growth: The decline in the spread of coronavirus," *Times of Israel*, 19 Nisan 2020.

Branswell, Helen, "Why 'flattening the curve' may be the world's best bet to slow the coronavirus," *Stat News*, 11 Mart 2020.

Brown, Lee, "Wuhan lab admits to having three live strains of bat coronavirus on site," *New York Post*, 24 Mayıs 2020.

Butler, Declan, "Engineered bat virus stirs debate over risky research," *Nature*, 12 Kasım 2015.

Chan, Minnie, ve William Zheng, "Meet the major general on China's coronavirus scientific front line," *South China Morning Post*, 3 Mart 2020.

Chen, Sharon; Che, Claire ve Gale, Jason, "China's New Outbreak Shows Signs the Virus Could be Changing," *Bloomberg News*, 20 Mayıs 2020.

Clifford, Patricia, "Why Did So Few Novels Tackle the 1918 Pandemic," *Smithsonian Magazine*, Kasım 2017.

Condon, Bernard; Peltz, Jennifer ve Mustian, Jim, "AP count: Over 4,500 virus patients sent to NY nursing homes," *ABC News*, 22 Mayıs 2020.

Corcoran, Kiernan, "An infamous WHO tweet saying there was 'no clear evidence' COVID-19 could spread between humans was posted for 'balance' to reflect findings from China," *Business Insider*, 18 Nisan 2020.

"Coronavirus: Prof. Neil Ferguson quits government role after "undermining" lockdown," *BBC News,* 6 Mayıs 2020.

"Coronavirus: US to halt funding to WHO, says Trump," *BBC News,* 15 Nisan 2020.

Cotton, Tom, "Coronavirus and the Laboratories in Wuhan," *The Wall Street Journal,* 21 Nisan 2020.

Davis, William, "How China's Coronavirus Cover-Up Happened," *The Daily Caller,* 19 Nisan 2020.

Dondorp, Arjen N.; Hayat, Muhammad; Aryal, Diptesh; Beane, Abi ve Schultz, Marcus J., "Respiratory Support in Novel Coronavirus Disease (COVID-19) Patients, with a Focus on Resource-Limited Settings," *The American Society of Tropical Medicine and Hygiene,* 21 Nisan 2020.

du Toit, Pieter, "Inside SA's frightening Covie-19 projections and why transparency is important," news24, 20 Mayıs 2020.

El-Erian, Mohamed A., "Why Are Stocks Soaring in the Middle of a Pandemic," *Foreign Policy,* 29 Mayıs 2020.

Ernst, Douglas, "Coronavirus USA: States explore house arrest technology to enforce quarantines," *The Washington Times,* 7 Mayıs 2020.

Fink, Sheri, "Hospitals Move Into Next Phase as New York Passes Viral Peak," *The New York Times,* 20 Mayıs 2020.

"Frequently Asked Questions: Pandemic Flu and the Updated Community Mitigation Guidelines," Centers for Disease Control and Prevention, Nonpharmaceutical Interventions (NPIs), 3 Ağustos 2017.

Gertz, Bill, "Antifa planned anti-government insurgency for months, law enforcement official says," *The Washington Times,* 3 Haziran 2020.

Gertz, Bill, "Coronavirus origins in lab not ruled out by scientific studies," *The Washington Times,* 21 Nisan 2020.

Gertz, Bill, "Wuhan lab 'most likely' coronavirus source, U.S. government analysis finds," *The Washington Times,* 28 Nisan 2020.

Glass, Robert J.; Glass, Laura M.; Beyeler, Walter E. ve Min, H. Jason, "Targeted Social Distancing Designs for Pandemic Influenza," *Centers for Disease Control and Prevention, Emerging Infectious Diseases Journal,* Vol.12, Number 11, Kasım 2006.

Hagemann, Hannah "U.K.'s Boris Johnson Says His Battle With Coronavirus 'Could Have Gone Either Way,'" *NPR,* 3 Mayıs 2020.

Hagerty, Sarah L. ve Williams, Leanne M., "The impact of COVID-19 on mental health: The interactive roles of brain biotypes and human connection," U.S. National Library of Medicine, National Institutes of Health, 5 Mayıs 2020.

Hanson, Victor Davis, "Losing Our Fears, in War and Plague," *Townhall,* 14 Mayıs 2020.

Hanson, Victor Davis, "Not-So-Retiring Retired Military Leaders, *National Review,* 7 Haziran 2020.

Hegarty, Stephanie, "The Chinese doctor who tried to warn others about coronavirus," *BBC News*, 6 Şubat 2020.

Horowitz, Daniel, "The CDC confirms remarkable low coronavirus death rate. Where is the media?" *Conservative Revue*, 22 Mayıs 2020.

Howell, Tom ve Boyer, Dave, "Trump pulls U.S. out of World Health Organization, slaps penalties on China over Hong Kong action," *The Washington Times*, 29 Mayıs 2020.

Huang, Prof. Chaolin, et. al., "Clinical features of patients infected with 2019 novel coronavirus in Wuhan, China," *Lancet*, 24 Ocak 2020.

Ignatius, David, "How did covid-19 begin? Its initial origin story is shaky," *The Washington Post*, 2 Nisan 2020.

Inglesby, Thomas V.; Nuzzo, Jennifer B.; O'Toole, Tara ve Henderson, D. A., "Disease Mitigation Measures in the Control of Pandemic Influenza," *Biosecurity and Bioterrorism: Biodefense Strategy, Practice, and Science*, Volume 4, Number 4, 2006.

"Interim Pre-pandemic Planning Guidance: Community Strategy for Pandemic Influenza Mitigation in the United States—Early, Targeted, Layered Use of Nonpharmaceutical Interventions," Centers for Disease Control and Prevention, Şubat 2007.

Kahn, Jo, "We've never made a successful vaccine for a coronavirus before. This is why it's so difficult," *ABC News*, 16 Nisan 2020.

Kelton, Stephanie, "Why I'm Not Worried About America's Trillion-Dollar Deficits," *The New York Times*, 9 Haziran 2020.

Korber, B., Fischer, W. M.; Gnanakaran, S.; Yoon, H.; Theiler, J.; Abfalterer,W.; Foley, B.; Giorgi, E. E.; Bhattacharya, T.; Parker, M. D.; Partridge, D. G.; Evans, C. M.; de Silva, T. I., "Spike mutation pipeline reveals the emergence of a more transmissible form of SARS-CoV-2," *bioRxiv*, 30 Nisan 2020.

Krugman, Paul, "How Many Will Die for the Dow?" *The New York Times*, 21 Mayıs 2020.

LaNeve, Nicole, Editor, "Drug and Alcohol Use Increase During COVID-19," The Recovery Village, 29 Mayıs 2020.

Liping, Gu, "Official: Wuhan seafood market may be the victim of coronavirus," Ecns.com, 26 Mayıs, 2020.

Lipton, Eric ve Steinhauer, Jennifer, "The Untold Story of the Birth of Social Distancing," *The New York Times*, 22 Nisan 2020.

Ma, Josephine, "Coronavirus: China's first confirmed Covid-19 case traced back to November 17," *South China Morning Post*, 13 Mart 2020.

Markson, Sharri, "Coronavirus may have been a 'cell-culture experiment' gone wrong," *Sky News,* 24 Mayıs 2020.

Markson, Sharri, "Coronavirus NSW: Dossier lays out case against China bat virus program," *The Daily Telegraph*, 3 Mayıs 2020.

McKay Betsey ve Hernandez, Daniela, "Coronavirus Hijacks the Body from Head to Toe, Perplexing Doctors," *The Wall Street Journal*, 7 Mayıs, 2020.

Medvin, Marina, "Israeli Professor Shows Virus Follows Fixed Pattern," *Townhall*, 15 Nisan 2020.

Menninger, Karl A., "Influenza and Schizophrenia. An Analysis of Post-Influenzal 'Dementia Precox,' as of 1918 and Five Years Later," *American Journal of Psychiatry*, Vol. V, No. 4, Nisan 1926.

Milanović, Branko, "The Real Pandemic Danger Is Social Collapse," *Foreign Affairs*, 19 Mart 2020.

Miller, Andrew Mark, "California doctors say they've seen more deaths from suicide than coronavirus since lockdowns," *Washington Examiner*, 21 Mayıs 2020.

Miller, Hannah ve Berk, Christina Cheddar, "JC Penney could join a growing list of bankruptcies during the coronavirus pandemic," *CNBC*, 15 Mayıs 2020.

Molteni, Megan, "What Does Covid-19 Do to Your Brain?" *Wired*, 15 Nisan 2020.

Moore, Kristine A.; Lipsitch, Marc; Barry, John M. ve Michael T. Osterholm, "The Future of the COVID-19 Pandemic: Lessons Learned from Pandemic Influenza," Center for Infectious Disease Research and Policy, University of Minnesota, 30 Nisan 2020.

Nikel, David, "Norway Scientist Claims Report Proves Coronavirus Was Lab-Made," *Forbes*, 7 Haziran 2020.

Poyiadji, Neo; Shahin, Gassan; Nourjaim, Daniel; Stone, Michael; Patel, Suresh ve Griffith, Brent, "COVID-19-associated Acute Hemorrhagic Necrotizing Encephalopathy: CT and MRI Features," *Radiology*, 31 Mart 2020.

Qualls, Noreen, et. al., "Community Mitigation Guidelines to Prevent Pandemic Influenza—United States, 2017," Centers for Disease Control and Prevention, Morbidity and Mortality Weekly Report, 21 Nisan 2017.

Redford, Audrey ve Duncan, Thomas K., "Drugs, Suicide and Crime: Empirical Estimates of the Human Toll of the Shutdown," American Institute for Economic Research, 28 Mart 2020.

Reinhart, Carmen ve Rogoff, Kenneth, "Debt and growth revisited," VOX CEPR Policy Portal, 11 Ağustos 2010,

Reitz, Michael J., "What's Wrong With Gov. Whitmer's Stay-at-Home Order," Mackinac Center for Public Policy, 15 Nisan 2020.

Rettner, Rachael, "Up to 25% of people with COVID-19 may not show symptoms," *Live Science*, 1 Nisan 2020.

Rettner, Rachael, "Coronavirus outbreak is 'public health emergency of international concern,' WHO declares," *Live Science*, 30 Ocak 2020.

Rogin, Josh, "State Department cables warned of safety issues at Wuhan lab studying bat coronaviruses," *The Washington Post*, 14 Nisan 2020.

Rubin, M.D., Ph.D., Eugene, "Effects of COVID-19 on the Brain," *Psychology Today*, 30 Nisan 2020.

Scissors, Derek, "Estimating the True Number of China's COVIE-19 Cases," The American Enterprise Institute, Nisan 2020.

Sherfinski, David ve Dinan, Stephan, "Unemployment more lucrative than work for most would-be recipients in extension: CBO," *The Washington Times*, 4 Haziran 2020.

Sino Biological Research, *Hong Kong Flu (1968 Influenza Pandemic)*.

Snell, Kelsey, "Here's How Much Congress has Approved For Coronavirus Relief So Far And What It's For," *NPR*, 15 Mayıs 2020.

Sørensen, B.; Susrud, A.; and Dalgleish, A. G., "Biovacc-19: A Candidate Vaccine for Covid-19 (SARS-CoV-2) Developed from Analysis of its General Method of Action for Infectivity," *Quarterly Review of Biophysics*, 28 Mayıs 2020.

Spitznagel, Eric, "Why American life went on as normal during the killer pandemic of 1969," *New York Post*, 16 Mayıs 2020

"U.S. Entered a Recession in February: Live Updates," *The New York Times*, 8 Haziran 2020.

Vartabedian, Ralph, "Scientists say a now-dominant strain of the coronavirus appears to be more contagious that original," *Los Angeles Times*, 5 Mayıs 2020.

Vestal, Christine, "Fear, Isolation, Depression: The Mental Health Fallout of a Worldwide Pandemic," *Stateline*, The Pew Charitable Trusts, 12 Mayıs 2020.

Watson, Steve, "US Intel Officials Believe 45,000 Corpses Were Incinerated in One Fortnight In Wuhan," *Summit News*, 28 Nisan 2020.

Webster, Robert G., "Wet markets—a continuing source of severe acute respiratory syndrome and influenza?" *Lancet*, 17 Ocak 2004.

"What do you like most about working from home?" Pioneer Institute, 11 Haziran 2020.

Ying, Fu, "Shape global narratives for telling China's stories," *China Daily*, 4 Nisan 2020.

Zehngli-Li, Shi, et. al., "A SARS-like cluster of circulating bat coronaviruses shows potential for human emergence," *Nature Medicine*, 9 Kasım 2015.

Zuckerman, Gregory ve Frankl-Duval, Mischa, "Individuals Roll the Dice on Stocks as Veterans Fret," *The Wall Street Journal*, 9 Haziran 2020.

KİTAPLAR

Allison, Graham. *Destined for War—Can America and China Escape Thucydides' Trap?* Boston: Mariner Books, 2018.

Arnold, Catharine. *Pandemic 1918*. New York: St. Martin's Griffin, 2018.

Barry, John M. *The Great Influenza—The Story of the Deadliest Pandemic in History*. New York: Penguin Books, 2018.

Berenson, Alex. *Unreported Truths about COVID-19 and Lockdowns: Part 1: Introduction and Death Counts and Estimates*. New Providence: Bowker, 2020.

Boccaccio, Giovanni. *The Decameron*. New York: W. W. Norton & Company, 2013.

Camus, Albert. *The Plague*. New York: Vintage International, 1991.

Crosby, Alfred W. *America's Forgotten Pandemic*. New York: Cambridge University Press, 2010.

Davies, Pete. *The Devil's Flu—The World's Deadliest Influenza Epidemic and the Scientific Hunt for the Virus That Caused It.* New York: Henry Holt and Company, 2000.

Fang, Fang. *Wuhan Diary.* New York: HarperCollins, 2020.

Garrett, Garet. *A Bubble That Broke The World.* Boston: Little, Brown, and Company, 1932.

Grant, James. *The Forgotten Depression—1921: The Crash That Cured Itself.* New York: Simon & Shuster, 2014.

Kelton, Stephanie. *The Deficit Myth: Modern Monetary Theory and the Birth of the People's Economy.* New York: Public Affairs, 2020.

Keynes, John Maynard. *The General Theory of Employment, Interest, and Money.* New York: Harcourt, 1964.

Knapp George Friedrich. *The State Theory of Money.* Eastford, CT: Martino Fine Books, 2013.

Porter, Katherine Anne. *Porter—Collected Stories and Other Writings.* New York: The Library of America, 2008.

Rappleye, Charles. *Herbert Hoover in the White House—The Ordeal of the Presidency.* New York: Simon & Schuster, 2016.

Reinhart, Carmen M. and Rogoff, Kenneth S. *This Time is Different—Eight Centuries of Financial Folly.* Princeton: Princeton University Press, 2009.

Rickards, James. *Aftermath—Seven Secrets of Wealth Preservation in the Coming Chaos.* New York: Portfolio, 2019.

Shlaes, Amity. *Coolidge.* New York: HarperCollins, 2013.

Shlaes, Amity. *The Forgotten Man—A New History of the Great Depression.* New York: Harper Perennial, 2008.

Spinney, Laura. *Pale Rider—The Spanish Flu of 1918 and How it Changed the World.* New York: Public Affairs, 2017.

Taylor, Frederick. *The Downfall of Money—Germany's Hyperinflation and the Destruction of the Middle Class.* New York: Bloomsbury Press, 2013.

Wells, H. G.. *The War of the Worlds.* New York: Signet Classics, 2007.